殷周青銅器綜覽

殷周時代青銅器之研究

袁錫本書署端

第一卷

【日】林巳奈夫 著

【日】廣瀬薫雄
近藤晴香 譯
郭永秉 潤文

上海古籍出版社

圖書在版編目(CIP)數據

殷周青銅器綜覽. 第一卷. 殷周時代青銅器之研究／
(日)林巳奈夫著;(日)廣瀨薰雄等譯;郭永秉潤文. —
上海:上海古籍出版社,2017.5 (2021.2重印)
ISBN 978-7-5325-8351-5

Ⅰ. ①殷… Ⅱ. ①林… ②廣… ③郭… Ⅲ. ①青銅器
(考古)—研究—中國—商周時代 Ⅳ. ①K876.414

中國版本圖書館 CIP 數據核字(2017)第 033729 號

責任編輯:吳長青
封面設計:何　暘
技術編輯:富　强

原 書 名:殷周青銅器綜覽一——殷周時代青銅器の研究
原 作 者:林　巳奈夫
原出版者:吉川弘文館

殷周青銅器綜覽:殷周時代青銅器之研究(第一卷)
(全二册)

[日]林巳奈夫　著　[日]廣瀨薰雄、近藤晴香　譯
郭永秉　潤文
上海世紀出版股份有限公司
上 海 古 籍 出 版 社　出版
(上海瑞金二路 272 號　郵政編碼 200020)
(1)網址:www.guji.com.cn
(2)E-mail:guji1@guji.com.cn
(3)易文網網址:www.ewen.co
上海世紀出版股份有限公司發行中心發行經銷
上海麗佳製版印刷有限公司印刷
開本 787×1092　1/8　印張 121.5　插頁 8　字數 700,000
2017 年 5 月第 1 版　2021 年 2 月第 3 次印刷
印數:1,601—2,200
ISBN 978-7-5325-8351-5
K·2288　定價:1500.00 元
如有質量問題,請與承印公司聯繫

林 巳奈夫（HAYASHI Minao）

1925年出生於日本神奈川縣。1950年京都大學文學部史學科畢業，1950年至1953年在京都大學大學院文學研究科讀研究獎學生。1957年被聘爲京都大學人文科學研究所助手，1968年任助教授，1975年任教授，1983至1988年任東方部主任，1989年退休，被授予名譽教授。1975年獲文學博士學位，1985年因《殷周青銅器綜覽》第一卷的出版被授予日本學士院獎。2006年去世。

主要研究對象是商周秦漢時代的文物。研究特徵在於，不僅研究文物本身，也十分關注古文字資料和古文獻，力圖在文字資料中尋找證據。尤其致力於文物上所見的各種紋飾的研究，並把那些紋飾和文獻記載結合起來作解釋。

主要著作有《中國殷周時代的武器》（京都大學人文科學研究所，1972年）、《漢代的文物》（京都大學人文科學研究所，1976年）、《漢代的諸神》（臨川書店，1989年）、《中國古代的生活史》（吉川弘文館，1992年）、《龍的故事》（中公新書，1993年）、《中國文明的誕生》（吉川弘文館，1995年）、《中國古玉器總說》（吉川弘文館，1999年）、《中國古代的諸神》（吉川弘文館，2002年）等。

目前有三部著作被譯爲中文：《中國古玉研究》（吉川弘文館，1991年；［臺北］藝術圖書公司，1997年，楊美莉譯）；《神與獸的紋樣學：中國古代諸神》（吉川弘文館，2004年；三聯書店，2009年，常耀華等譯）；《刻在石頭上的世界》（東方書店，1992年；商務印書館，2010年，唐利國譯）。

　　1981年2月，王世民先生作爲中國社會科學院考古、古代史學者代表團成員去日本訪問時，在京都地區學術界的歡迎晚宴上。左爲秋山進午先生，中爲王世民先生，右爲林巳奈夫先生。

照片由王先生提供

　　1991年在東京大學東洋文化研究所松丸先生研究室。後排左起：西江清高、李峰、鈴木 敦、飯島武次；前排左起：松丸道雄、徐天進、林巳奈夫。

照片由徐先生提供

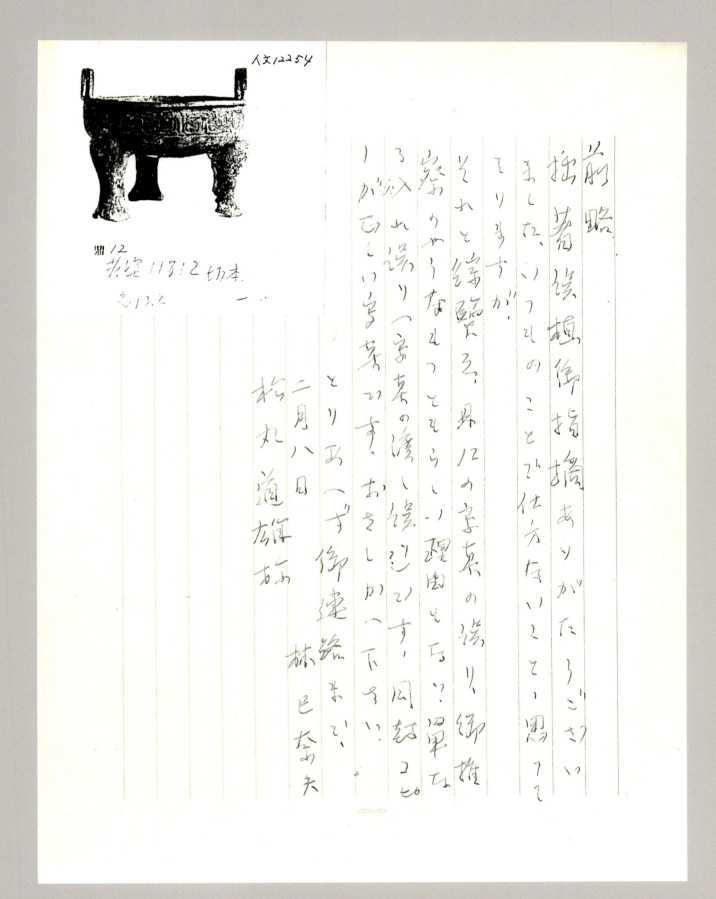

前略.

拓著後頻御指摘ありがたうございま
した.いづれのことで仕方ないとて思つて
をりますが,

それと鼎蓋ふ,罘12の字裏の端り御擬
寄わがちやうなよつてもらひ理由もない.罘單な
る剥れ端り一字裏の濱い端ひ了,同封了て
しがよしい手紙で,おをしか下さい.
とりあへず御連絡まで.

二月八日
松丸道雄様

林巳奈夫

林先生與松丸先生書

林巳奈夫先生書簡

這是1985年2月8日林先生致松丸道雄先生的信。
原信錄文如下：

　　拙著誤植御指摘ありがたうございました。いつものことで仕方ないことゝ思っ
ておりますが。
　　それと綜覽三、鼎12の寫眞の誤り、御推察のやうなもっともらしい理由もない、
單なる入れ誤り（寫眞の渡し誤り？）です。同封コピーが正しい寫眞です。おさし
かへ下さい。
　　とりあへずご連絡まで。
　　二月八日
　　　　　　　　　　　　　　　　　　　　　　　　　　　　　　　林巳奈夫
　　　　　　　　　　　　　　　　　　　　　　　　　　　　　松丸道雄樣

　　【說明】此信大意如下：

　　多謝吾兄向我指出誤植。我覺得這是常有的事，無法避免。
　　另外，吾兄指出的《綜覽》三・鼎12照片的錯誤，並不像吾兄所推測那樣有什
麼合理的理由，只是貼錯了（傳錯了？）照片而已。隨信附上的複印件才是正確的照
片，請替換。
　　特此回覆。

　　“鼎12”的照片上有“考資11812”、“坂本”、“高13.2”、“人文12254”的
批注。據松丸先生介紹，前三條是林先生的筆迹，最後一條可能是當時任京大人文研
研究補助員的中原和子先生（參看本卷後記）的筆迹。“考資”是“京都大學人文科
學研究所考古資料”的簡稱，“11812”是這份資料的編號。“坂本”指坂本不言堂
的主人坂本五郎，這條批注說明這件器是坂本五郎帶來請京大人文研的學者鑒定的，
這張照片係鑒定時所拍攝。“高13.2”是器高13.2釐米的意思。“人文12254”似是與
“考資”不同的另外一個系統的編號，但其具體含義目前難以確知。
　　感謝松丸先生提供此信複印件，讓我們能夠一睹林先生的手澤。

目　　録

序

　　林巳奈夫先生 1925 年 5 月生於日本神奈川縣藤澤市。父親是專業極爲廣泛的著名在野思想家、評論家林達夫先生，林巳奈夫先生在父親的巨大影響下長大成人。他在湘南中學、第一高等學校文科唸書後，就讀於京都大學文學部史學科，以考古學爲專業，接着就讀於京都大學大學院，其後作爲父親擔任總編輯的《世界大百科事典》的編輯，在平凡社工作了一段時間。他在 1957 年被聘用爲京都大學人文科學研究所助手，其後任助教授、教授，在 1989 年以 63 歲的年齡退休；在這期間，1975 年獲文學博士學位，1985 年因本書的出版而被授予日本學士院獎。

　　林先生的研究對象可以説大致是商周秦漢時代的文物，他研究方法的很大特徵之一是不僅研究文物本身，還在中國古文獻中尋找根據，尤其把文物上多見的各種各樣的紋飾和文獻記載結合起來研究那些紋飾的含義。他對古文獻也具有淵博的知識，而且還十分關注古文字。這樣的研究中國考古的學者，除了林先生以外，我不知道在日本還有第二位。

　　本書《殷周青銅器綜覽》全三卷（四册）的日文原版在 1984 年～ 1989 年刊行，B4 版共 2169 頁，本書所收商周青銅器的器影有 5271 器（第一卷圖版册收錄 3542 器的器影，第三卷圖版册收錄 1729 器的器影），堪稱巨著（據我了解，過去出版的收錄器影的著錄書中，收錄數量最多的當是如下兩部：容庚《商周彝器通考》收錄 991 器，陳夢家《美國所藏中國銅器集錄》* 收錄 845 器）。林先生計劃撰寫這部巨著的緣由與我有千絲萬縷的關係。因此，爲了敘述本書出版原委，權作此序文，儘管其中涉及一些個人私事。

　　1956 年，我是東京大學文學部東洋史學科的學生。有一天，因爲在當時的東京大學，甲骨金文方面的書最全的是中國哲學科研究室，我在那裏攤開甲骨著錄學習，那時有一個不認識的人過來跟我説話。這就是我和林先生的第一次見面。當時林先生是京大大學院的研究獎學生，卻去了東京的出版社平凡社工作，參加乃父林達夫先生擔任總編輯的《世界大百科事典》的編輯工作。當時他可能覺得攤開甲骨拓本集蒐集資料的學生很稀奇，但他自己也是不去工作而來東大看書的。我們都缺少研究領域相同的朋友，因此很快就成爲了好朋友。翌年，林先生回京都任人文科學研究所助手，而我畢業於東京大學大學院碩士課程，任東京大學東洋文化研究所助手，但我們仍然保持交流。在當時的日本學界，研究商周時代的學者少之又少。

　　因爲東洋文化研究所助手的任期是六年，我得在 1966 年春離開研究所，尋找另外一份工作。那個時候，早已相識的澳大利亞國立大學（The Australian National University）的巴納（Noel Barnard）先生與我聯繫。當時他在籌劃新的商周青銅器銘文著錄書的出版，爲此邀請我到他的大學共同編纂這部書。

---

* 譯按：據王世民先生告知，此書於 1947 年在芝加哥完稿的英文原本，書名是 *Catalogue of Chinese Bronzes in American Collections*，1962 年由科學出版社出版的中文本，書名被改爲《美帝國主義劫掠的我國殷周銅器集錄》（1977 年經由汲古書院〔東京〕出版的松丸道雄先生改編本，書名則爲《殷周青銅器分類圖錄》）。現在經王世民等先生整理，將於 2017 年由中華書局仍依其英文原稿書名《美國所藏中國銅器集錄》出版。因而此處徵得松丸先生的同意，採用原書書名。

當時，我在過去的約十年裏只顧着甲骨文研究，覺得我得把自己的研究範圍擴大到金文，因此答應了巴納先生的邀請赴澳，合同期限爲三年。巴納先生在我讀研究生時在東洋文化研究所做過兩三年的訪問學者，我們是在那個時候認識的。

我決定去 A.N.U. 的很重要的理由之一是，大學附近有國立圖書館（The Australian National Library），它所收藏的金文、青銅器的著作很全面，我在那裏可以隨意利用其藏書。這些圖書本來是著名的中國青銅器學者葉慈（Parcival Yetts）先生（倫敦大學教授）的藏書，我可以把一臺小卡車的書運到我在大學的一間辦公室利用。

然而我和巴納先生一開始商量怎麼編纂金文著錄，就陷入了僵局。巴納先生對金文有獨特的看法，懷疑有很多銘文係後代僞造。因爲此事涉及很多問題，在此不詳述。我們每天討論不休，但也没能達成一致。

我通過幾封信把這些討論的内容告訴了京大人文研的林巳奈夫先生。林先生以此爲契機開始關注這個問題，到了 1968 年 11 月，在人文研與當時已經退休的貝塚茂樹先生等約十名學者建立了“金文辨僞之會”，定期開會進行討論。這個研究會討論郭沫若《兩周金文辭大系》所收宗周金文約 200 器的真僞，在 1973 年 1 月討論完畢，最後由參會者舉行座談會作了總結，以此結束。這個研究會的目的是這樣的：西周長銘過去一直是學者的研究對象，其真僞從來没有被人懷疑過；如果我們硬要對這些西周長銘提出疑問，會是怎樣？我們是從這個角度試圖重新探討金文的。换句話說，我們的目的不是找出應該剔除的金文。人文研的這個研究會每月開兩次。我自從 1969 年從澳大利亞回國後，也幾乎每次都從東京去參加。

1970 年，我重回東大東洋文化研究所任職，決定在研究生的課堂上繼續討論這個問題，與幾位研究生一起探討《兩周金文辭大系》宗周部分。在這個過程中，我逐漸開始認爲所謂“辨僞問題”不應該像巴納先生那樣主張否定論，而有必要重新探討。其原因之一是，當時我不僅研究金文的鑄造技術，還試圖闡明青銅器本身的鑄造方法，要從這個角度去判斷那些商周青銅器是用商周時代的技術製作的，還是用春秋戰國時代以後取而代之的新技術（失蠟法）製作的。爲此我把大量時間投入到這個辨別方法的探索中。當時在東京和京都間經常聯繫，交流了我們在“辨僞之會”後發生的器物觀察方法的變化。此後我撰寫了《西周青銅器製作的背景》（《東洋文化研究所紀要》第 77 册，1977 年 3 月。後收入《西周青銅器及其國家》，東京大學出版會，1980 年 6 月）一文，大大改變了我過去的看法。其實我在暗裏以這篇文章與長年困擾我的“辨僞問題”告了别。

在這段期間，林先生似乎也並不滿意“辨僞之會”的結束方式。“辨僞之會”結束後，他開始用他自己的方法對青銅器資料進行蒐集和整理（林先生所在的人文研，經由梅原末治、水野清一兩位教授積蓄了大量的調查資料，研究環境可能是當時世界上最好的），而且他也逐漸開始覺得“辨僞之會”的結束方式不太好。

可能是因爲這個原因，林先生跟我商量說：“‘辨僞之會’討論的許多長銘青銅器收藏在臺北故宫。我們一起去調查原器吧。”我當場就同意了。我們從臺北故宫得到的回覆是“我們不允許拍攝和採集銘拓，但如果你們只看原器，我們歡迎”。後來樋口隆康先生也加入了這個計劃，我們三人從 1974 年 3 月到 4 月在臺灣待了四十幾天，仔細觀察了約九十器，並詳細記錄了觀察結果。

我們每天請臺北故宫的人員從展廳拿出三到五件青銅器，輪流做記錄。在做記錄時，我們尤其注意範痕（器物鑄造時，銅液從範與範之間的縫隙溢出，冷却後留下的毛刺）、銘文和墊片的關係。臺北故宫爲我們的調查準備了房間，天天把青銅器運到這個房間，其中包括毛公鼎、散氏盤、宗周鐘等被稱爲“臺北故宫鎮館之寶”的重器。現在回想當年的事，我們對他們的厚意感激不盡。

對我們而言，我們三人的那次調查從根本上推翻了上述“辨僞之會”積累的種種疑問。“辨僞之會”

時，因爲我們對某些器的某些部分有"疑問"，所以纔不敢遽下結論，說"真僞待考"云云。但在臺北故宮親眼看了許多原器後，我們抱有的疑問幾乎全部都冰釋了。——通過那次調查，我得到了如下結論：以前，尤其從巴納先生以來，一直被認爲是真器真銘的有銘青銅器的真實性受到懷疑，但現在看來一點也沒有理由懷疑它們係後代僞造。我至今衷心感謝臺北故宮博物院的相關人員允許我們調查那些青銅器，並給我們提供最大方便。

似乎林先生也在那次調查後，對怎麼看待商周青銅器這個問題心裏有了底。我認爲，林先生認真開始準備本書撰寫的是在那次調查以後。

幾年之後，可能是本書第一卷的原稿剛寫完不久的時候，林先生告訴我完稿的大概情況，並向我提出一個請求。他說：

> 其實我把稿子給關西（即京都、大阪）的幾家出版社看過，要他們出這部書，但一家也沒有答應。你能不能找找東京的能幫我出書的出版社？

我覺得這是相當艱鉅的任務，但我們之間有如上所述的深交，而且我由衷地欽佩林先生的努力，因此答應他說"努力試試"。

在東京的出版社不勝枚舉，但我考慮了種種原因，看上了離東京大學很近的以歷史書籍出版爲事業的吉川弘文館。然而當時我和這家出版社沒有打過交道，於是我馬上想到的是吾師三上次男先生。我把情況告訴了三上師，並請他幫助，三上師立刻應諾。我從他那兒得到"吉川弘文館基本同意出版，並且說爲了考慮出版事宜，請林先生帶着資料上京進行面談"的回音，僅是其數日後的事。

我寫了這麼多，是因爲如下理由：起初林先生對中國青銅器感興趣，不斷摸索，最後下定決心要解決當時的混亂狀態，爲此建立了"辨僞之會"，這纔有了本書撰寫的想法。"辨僞之會"建立後的經過與我也密切相關，因此我想講述一下這件往事。此外，我很高興能夠爲《殷周青銅器綜覽》中文版的出版也出了一臂之力，想必地下的林先生也由衷地高興和感謝這次意料之外的出版。在本書中文版付梓之際，我希望根據我的記憶盡量詳細地記錄這段較長的本書前史，因此寫下這篇文章。我想說明林先生當初覺得有必要撰寫這部大著的根本原因，正在於上文所講到的深刻苦惱。而且當年參與此事的幾位學者業已與我們幽明永隔，現在只剩下我一人。我也想把這篇小文奉獻給他們，安慰他們的靈魂。

2016年8月

八十二叟　松丸道雄

序

　　林巳奈夫氏は、1925 年 5 月、日本神奈川県藤澤市に生まれた。父は、極めて広範な分野の著名な在野の思想家・評論家の林達夫氏で、林氏はその影響を強く受けつつ、成人した。湘南中学、第一高等学校文科を経て、京都大学文学部史学科で考古学を専攻、同大学院に進んだが、一時、父親が総編集長を務めていた『世界大百科事典』の編集者として、出版社・平凡社に勤務、1957 年、京都大学の人文科学研究所の助手に採用されて以降、助教授・教授を経て、1989 年、63 歳で停年退官した。その間、1975 年に文学博士号を取得、1985 年には本書によって、日本学士院賞を授与された。

　　林氏の研究対象は、凡そ殷周時代から秦漢に至る間の遺物といってよいが、そのひとつの大きな特色は、単に遺物のみに限定せず、中国の古文献中に根拠を求めようとしたこと、殊に遺物に多く見られる様々な文様を文献中の記載と関連させて、その意味を考察するといった手法に、その特色があった。古文献にも該博な知識をもち、更に古文字にも充分な関心をもった中国考古学者を、私は他に知らない。

　　さて、本書『殷周青銅器綜覧』3 巻（全 4 冊）の日本語原書は、1984 年〜 9 年間に刊行された、B 4 版 2,169 頁に及び、集録する殷周青銅器の器影も 5,271 器（第一巻図版・3,542 器、第三巻図版・1,729 器）を収める巨冊である（それまでの著録類で器影全形を収めたものでは、容庚『商周彝器通考』の 991 器、陳夢家『美帝国主義劫掠的我国殷周銅器集録』の 845 器あたりが最も多いものである）。この巨著は、実は本書が企画される前段階では、私自身がかなり様々に関わっていたので、私事にも亙ることにはなるが、その経緯を記して、序文に換えさせていただきたい。

　　1956 年の或る日、私は東京大学文学部東洋史学科の学生であったが、東京大学では、当時、甲骨金文関係の図書は、中国哲学科の研究室に揃っていたので、そこで甲骨著録を拡げて勉強している時、見知らぬ人に声をかけられた。それが、当時、京大大学院の研究奨学生であったが、東京の出版社・平凡社に勤務し、ご尊父の林達夫氏が総編集長を務めていた『世界大百科事典』の編集に参加していた林氏との初対面であった。甲骨の拓本集を拡げて資料集めをしている学生を珍しいと思ったようだが、彼も平凡社の仕事をさぼって、勉強しに来ていたのだった。お互い、同じ研究領域の友人が乏しいだけに、すぐに親密になった。翌年、林氏は人文科学研究所の助手として京都に戻り、私は東大大学院修士課程から、東大・東洋文化研究所の助手になり、親交は続いた。当時の日本では、殷周時代を専攻する研究者は、極く限られていたのである。

　　その後私は、東洋文化研究所の任期を六ヶ年とする助手制度により、1966 年春に研究所を退職して他に就職口を探さなくてはいけなくなったとき、かねて知り合っていた濠州国立大学 (The Australian National University) の Noel Barnard 氏から声がかかって、氏がかねて計画していた殷周青銅器銘文の新著録を、二人で作るため、彼の大学に来ないか、との誘いを受けた。それまで 10 年ほど、甲骨文の勉強ばかりしていて、金文にも自分の研究領域を拡げねばと考えていた私は、これに応じて、3 年間の契約で、渡濠することとした。Barnard 氏は、私の院生当時、東洋文化研究所の外国人研究者として2〜3年、在留している当時、面識があったためである。

　　私がA. N. U. 行きを決断した理由のひとつに、大学近傍の国立図書館（The Australian National Library）にある殆ど完璧な金文・青銅器の蒐書が利用できることも大きかった。これは、中国青銅器研究者としても著名なParcival Yetts氏（London大学教授）のCollectionをそっくり購入したもので、小型トラック一杯分を大学の私の研究室に運び込み、使用することができた。

　　しかし、Barnard氏と金文著録をどのように作るかについて相談をはじめて、すぐに行き詰ってしまった。氏は、金文について独特の考え方をもっており、多くの銘文は、後世の偽作ではないかと疑っていた。そこには様々な問題が伏在しているので、この小文では避けるが、氏との議論は、連日果てしなく続き、容易に合意点に達しなかった。

　　私はこの論争の内容を、幾度かの手紙で京大人文研の林巳奈夫氏に伝えた。氏はこれを端緒としてこの問題に強い関心を寄せ、1968年11月に至って、当研究所において、すでに退官していた貝塚茂樹先生をはじめとする略十名の研究者とともに「金文弁偽の会」と称する定期研究会を立ち上げるに至ったのである。この研究会は1973年1月までで郭沫若『両周金文辞大系』の宗周金文約200器の検討を終え、纏めとして、参加者による座談会を行なって、幕とした。この研究会は、あくまで、従来研究対象とされ、疑問視されたことのなかった長文の西周器銘文に、敢て疑問点を挙げてみるとどうなるか、という観点から、再検討を試みることを目的としたものであり、排除すべき金文を摘出することを目的としたものではなかった。私も、1969年にオーストラリアから帰国後、月2回開かれるこの人文研・研究会には、毎回、東京から日帰りで参加させてもらった。

　　一方、私は1970年に東大東洋文化研究所に復職後は、大学院ゼミとして、この問題を継続的に採り上げることとし、数名の大学院生諸君とともに、同じ『両周』宗周部分の検討をはじめた。そして、その過程で次第に、"弁偽問題"は、かねて疑問としていた、Barnard氏流の否定論ではなく、改めて再検討しなくてはならないのではないか…と思うようになっていった。ひとつには、そのころ、私は、金文の鋳造技術だけではなく、青銅器そのものの鋳造技法を追求し、その面から検討すべき殷周青銅器が殷周時代の技法（外笵分割法）で作られたのか、春秋戦国時代以降、それにとって代った技法（多くは蠟模法）による作例かを見極めるための方法の探索に時間をかけた。当時、屢々、東京と京都で連絡し合って、「弁偽の会」以後の我々の器物の観察法の変化について、話し合った。そして、それまでの見方を大幅に改める内容の「西周青銅器製作の背景」（『東洋文化研究所紀要』第77冊、1977年3月。のち『西周青銅器とその国家』東京大学出版会、1980年6月所収）を書いて、暗にそれまで長年かかえ込んできた「弁偽問題」との訣別を表明した。

　　林氏もまた、この間、「弁偽の会」の終り方に満足しなかったようで、そのあとから、彼なりのやり方で、青銅器資料の本格的蒐集（林氏所属の人文研には、梅原末治、水野清一両教授による大量の調査資料の蓄積があって、おそらく世界一の環境であった）・整理を開始した。そして、次第に、彼もまた、「弁偽の会」での終り方ではいけない、と感じはじめていた。

　　その揚句であったろう。林氏から、「「弁偽の会」で問題にした長文の銘を持つ青銅器が台湾故宮にたくさんある。原器を調査に行って見ようではないか」と持ちかけられ、即座に賛成した。故宮からは、「撮影・採拓はさせないが、原器を観察するだけであれば、歓迎する」との回答を得た。樋口隆康氏も同道することになり、3人で、1974年3、4月の40数日間滞在、約90器にのぼる長文銘青銅器を、つぶさに観察、その結果を克明にノートすることを得た。

　　連日、3〜5器程度を陳列中の硝子ケースから出してもらって、交代でノートを作る。各器とも、鋳バリ（外笵の合わせ目）や銘文と塾片（spacer）の関係については、とりわけ注意して、ノートを作った。毛公鼎、散氏盤、宗周鐘といった、"台湾故宮・鎮館の重器"と称されるものも含めて、連日、調査のために用意された部屋に次々と運び込んでくださって、今思い出しても、その厚遇に感謝の他ない。

　この３人の調査は、我々にとっては、前述の「弁偽の会」で積み重ねた数々の疑問を、根底から覆すものだった。「弁偽の会」では諸器各々のある部分についての「疑問」を懐いていたからこそ、"真偽後考…"などと、結論を先送りにするような結果になっていたのだが、故宮で数々の原器を実見し、我々の懐いていた疑問は、殆どすべて氷解していった。——この調査で、我々は、それまで提起され、特にBarnard氏以来、これまで真器真銘とされてきた金文銘をもつ青銅器が、後世の偽作と疑う理由が全くない、と結論づけることができた。この調査を許され、最大限の便宜を与えて下さった故宮博物院当事者に、今も心から感謝している。

　林氏も、この調査の後、殷周青銅器に対してどのように考えたらよいかについて、腹が据ったようだった。本書作成を本格的に準備しはじめたのは、この調査後だったろう、と私は考えている。

　その数年後、本書第一巻の原稿が完成した直後だったろう。その成稿の概略を伺ったのち、

　　　実は、関西（京都・大阪）の出版社のいくつかに、原稿を見せて出版を頼んでみたが、どこも引き受けてくれない。君、東京の出版社でどこか出してくれるところを探してみてくれないか？

との依頼を受けた。仲々の大役と思ったが、元より前述来の深い関わりのあること、林氏の努力に心から敬意を込めつつ、「努力してみる」との約束をした。

　東京の出版社は無数にあるが、諸般を考慮の上、東大ごく近くの歴史書出版を専門とする吉川弘文館に目をつけた。但し、私はこの出版社とそれまで関わりをもったことがない。すぐ思いついたのは、わが師・三上次男先生であった。事情を伝え、お力添えを願ったところ、即諾を得、先生から「書店から受諾の方向で検討するので、資料を揃えて面談に上京されたい、とのことでした」とのご返事を得たのは、僅か数日後のことであった。

　これまで長々と書いてきたのは、本書がそもそも、林氏の研究関心がこの面に向いて、試行錯誤しながらも、結局、この混迷をなんとかせねばならぬ、と腹を決めて、「弁偽の会」を立ちあげてからの経緯には、私も深く関わってきたので、そのことを述べておきたかったためである。また、中国語版が刊行されることになったことについても、私が、僅かながらお手伝いできたことを歓ぶとともに、地下の林氏も、予想外の出版に心から喜び、かつ感謝していることを想いつつ、本書成立に至る長い前史を、記憶の限り記しておきたいと考えて、この文章を記した。林氏が、なぜこのような大著を作らねばならぬかと考えたその根底には、ここに記したような、大きな葛藤があったことを記しておきたかったこと、そして、このことに関わった何人かの人々も、すでに幽明を異にしてしまって、今は私ひとりが生き残っている。その鎮魂のためにも、この小文を捧げたい。

2016年8月

八十二叟　松丸道雄

《殷周青銅器綜覽》中文版序言

　　日本學士院會員、著名中國青銅器研究專家林巳奈夫教授（1925—2006）的權威著作《殷周青銅器綜覽》，即將由上海古籍出版社出版中文譯本。這是一件值得欣喜的好事，將大有益於學林。這部大書是迄今爲止最爲完備的、集大成的青銅器研究著作，翻譯工作甚爲繁難，是在東京大學名譽教授松丸道雄先生的指導下，經由目前在中國工作、學習的兩位日本青年考古學者廣瀨薰雄先生和近藤晴香小姐，與中國青年學者郭永秉先生合作完成的，大家應該向他們致敬。現承松丸教授專函誠邀，共同爲林教授這部巨著的中譯本作序。這使我有些不敢當，自知雖曾涉足殷周青銅器研究，但少有成就；繼而念及國內目前健在的同行學者中，以我和林教授相識最早，交往稍多，因而又感到義不容辭。

　　早在 1966 年 5 月，林巳奈夫教授作爲中國美協邀請的日本中國美術史代表團成員來我國訪問，我即與他相識。代表團中的日本考古學家杉村勇造、關野雄二位先生，曾於 1957 年參加原田淑人爲團長的第一個日本考古代表團來新中國訪問，彼此早已非常熟悉，小山富士夫和林巳奈夫則是初次會面。5 月 24 日下午，該代表團訪問中國科學院考古研究所，本人陪同夏鼐先生接待。28 日晚又在民族飯店促膝座談。座談時，夏先生與杉村、關野兩位老朋友，親切地無話不談；我則與林先生談話較多。那時，我三十歲剛過，林先生年長十歲，風華正茂，承他見贈《殷周青銅彝器的名稱和用途》、《中國先秦時代的馬車》、《周禮考工記的車制》、《長沙出土戰國帛書考》等抽印本，使我獲得很多教益。

　　我與林先生交談，留下深刻的印象。獲知他就讀京都大學文學部史學科和任職該校人文科學研究所時期，師從日本老一輩中國古代史權威貝塚茂樹，因而具有深厚的先秦文獻根底；又了解到，林先生具有相當的田野考古經歷，曾參加水野清一、樋口隆康先後率領的京都大學學術調查隊，三次前往伊朗、阿富汗、巴基斯坦，探查與佛教起源有關的遺迹，並進行一定規模的考古發掘，因而熟知現代考古學研究的理念與方法。當時，他已經開始致力於殷周銅器的研究，關注先秦時代的禮制和鬼神問題。由於殷周銅器與禮制也是我感興趣的課題，所以感到和他有共同語言。我認識到研究殷周銅器，雖然不能佞信禮學文獻的有關記載，但需要在禮制研究方面下功夫。尤其難忘的是，他曾提出一份謀求提供的考古文獻清單，那是根據我們在《考古》雜誌定期發表的《中國考古學論著目錄索引》，開列在日本無法看到的一些論文的目錄，主要發表於若干大學學報和地方刊物。經請示上級主管部門，因爲都是國內發行的刊物，一律不准對外提供。後來林先生再三壓縮，最後懇切要求僅提供鄒衡的《試論殷墟文化分期》一文（《北京大學學報》1964 年發表）。即便這樣，我們向上級主管部門申明，《北京大學學報》的要目曾逐期在《人民日報》刊佈，並無保密內容，仍然未能得到批准。當年對外學術交流如此封閉，我們愛莫能助，林先生只好遺憾地作罷。這件事反映了林先生求知如渴的執着精神，也表明他專攻殷周銅器的起點甚高，“大處着眼，小處着手”，既從判明殷周銅器的名稱和用途入手，又高屋建瓴地關注殷周文化的考古學分期。他在 1958 年即已發表《殷文化的編年》一文（見《考古學雜誌》43 卷第 3 號），根據安陽殷墟和鄭州二里岡的遺址發掘資料，以及殷墟甲骨文，率先進行殷文化編年的探討。林先生趁來訪之便，急切地尋覓鄒衡的《試論殷墟文化分期》一文，以期相互參照，是可以理解的（林先生後來發表的文章表明，遲至 1970 年代後期他纔看到鄒衡的文章）。

　　此後，我們經歷了“文化大革命”的劫難，再與日本學者恢復聯繫已是 1970 年代。閱讀林先生

1972 年出版的《中國殷周時代的武器》一書，獲知他根據發掘出土和傳世資料，結合《考工記》的有關記載，對過去不被重視的殷周時代各類兵器的形制演變，進行了全面的斷代研究。書中"附論一"的兩篇文章：《殷後期文化的初步編年》和《春秋戰國時代文化的初步編年》，都是在最新田野考古成果的基礎上探討殷周文化的編年。前文以考古所安陽隊 1960 年代劃分的殷墟文化四期爲基礎，結合早年殷墟發掘資料，討論殷代後期陶器和青銅器的年代，並未涉及有銘文的傳世銅器。後文以洛陽中州路、陝縣虢國墓、壽縣蔡侯墓等發掘資料爲基礎，探討春秋戰國青銅器的年代，涉及少數有銘文的傳世銅器。隨後，林先生又在書中增加題爲《根據銘文可以知道絕對年代的春秋戰國時代青銅器》的"附論二（補説）"，對春秋戰國時代有銘文的傳世銅器作了較多的補充。

後來看到，林先生與關野雄等先生共同將《長沙馬王堆一號漢墓》譯成日文。這是"文化大革命"開始以後出版的第一部大型考古報告，我因曾參與該書的修改定稿，感到分外親切。這一時期的交往使我了解到，林先生不僅關注殷周時代田野考古工作的進展，而且在梳理傳世有銘文銅器的圖像方面下過一番功夫，編輯出版了《三代吉金文存器影參照目録》一書。同時，他又注意對殷周銅器常見紋飾的研究，以及先秦時代玉器和漢代文物的研究。1978 年林先生在《東方學報》第 50 册發表《殷西周間青銅容器的編年》一文，根據年代比較明確的二十餘件殷末周初有銘文銅器，對鼎（圓鼎）、方鼎、鬲鼎（分襠鼎）、觚形尊、卣、簋六種器形進行編年研究，探討殷周間銅器形制、紋飾和銘文的演變。又看到《甲骨學》第 12 期發表的《關於歐洲博物館所見中國古代青銅器的若干問題》，知道林先生曾考察流散歐洲各國的殷周銅器。從而進一步認識到，他佔有的殷周銅器資料相當豐富，在研究方法上也更加成熟。其主要特點是：在密切關注殷周時代考古學文化分期的前提下，兼顧考古發掘出土銅器和傳世有銘文銅器，通盤進行銅器形制和紋飾的排比分析。但是，對他將完成怎樣規模的專著尚不知曉。

1981 年 2 月，我作爲王仲殊先生率領的中國社會科學院考古、古代史代表團成員，第一次前往日本各地訪問。2 月 19 日京都的日本歷史考古學者在桃園亭中國餐館舉行盛大的歡迎晚宴，我被安排與林先生同桌。席間高興地得知，他的殷周銅器專著行將完成，但由於部頭較大，出版事宜尚待落實。

1985 年春季，我們興奮地收到林先生寄贈中國社會科學院考古研究所的《殷周時代青銅器之研究》（《殷周青銅器綜覽》第一卷），方知這是一部規模宏大的皇皇巨著。瀏覽之下，深感其佔有資料之廣博，分析研究之細緻，實屬前所未有，因而由衷地驚訝和嘆服。

該卷上册文字部分，第一編屬緒論性質，其中"發現、搜集、研究史"一章所述之詳，極大地超過此前的同類著作。林先生在對中國、日本和歐美有關著作的恰當評述中，進一步闡明自己的研究方法。而第一編的主體，"青銅器種類的命名"、"殷、西周時代禮器的類別與用法"兩章，是他精心鑽研青銅器的基礎性工作，由前曾在《東方學報》（京都）發表的《殷周青銅器的名稱及用途》、《殷、西周時代禮器的類別與用法》二文訂補而成，所論五個大類（食、酒、盥洗、樂、雜）的六十來種器物，對禮書有關記載和宋代以來金石學家的考證，旁徵博引，認真梳理，從禮制上探討青銅器的類別與用法，例如詳盡論述禮器之既用於祭祀又用於宴饗，考察酒器中盛鬱鬯與盛醴、盛酒及溫酒之不同，進而追索禮器組合的演變與禮制的變遷，等等。雖然在與禮書的對照上，間或有學者對個別考證有所質疑，但其研究方向是正確的，突出貢獻也是肯定的。上册第二編，對殷代至春秋早期的青銅器進行研究，林先生首先論證殷代和西周時代缺乏可靠的絕對年代資料，對於殷周銅器研究只能進行相對年代的分期：殷代銅器的分期參照考古所安陽隊分期和鄒衡殷墟文化分期而有所調整，西周和春秋戰國則因已有的考古分期中銅器資料較少而無法依從，所以都按年代各自劃分爲早、中、晚三期。隨後，分別論述 26 種銅器形制的時代演變，45 種紋飾和 13 類銘文書體的時代演變。林先生強調，進行銅器形制的類型學研究，注意紋飾和銘文的考察，主要應該注意"側視形"的觀察。我們理解，所謂"側視形"，應指通常從銅器圖像上觀察到的正投影形態。根據整體輪廓判別年代的方法無疑是正確的。值得注意的是，林先生考察殷周銅器用途和時代演變時，尤其注重出土墓葬中的器物組合和同銘文的器物組合狀況，例如第一編第四章之末有八個附表，詳細列舉鄭州白家莊、輝縣琉璃閣、黃陂盤龍城商代中期墓，及安陽小屯商代中晚期墓同出青銅器，殷墟西區各墓區同出主要陶器和青銅器（或仿銅器），安陽以外商代、西周墓葬同出青銅器、傳世同銘文青銅器、長安張家坡和客省莊西周墓同出陶器，等等情況。在第二編第一章第三節之後，不僅附有二十多種各型器物的型式變遷圖表，而且附有 119 組 "同時製銘青銅器表"。如此種種，充分反映他具有田野考古的基本素養，把握田野考古的研究方法，而這正是過去殷周銅器研究者往往未能做到的。

第一卷下册圖版部分，根據上册所作殷周銅器類型學的系統研究，將從鼎、鬲、甗到樂器和雜器，共計五十多種 3500 餘件銅器的圖像，按照器類、年代和型式編號排列，實際是一部相當齊全的殷周青銅器的集成性圖譜。每個圖像都注明所屬分期和型式、高度、出土地或收藏處。有銘文的銅器，則將銘文拓片附於右側，以便參考。由於印刷精良，銅器圖像和銘文的幅面雖小，卻都相當清晰。

記得我們收到《殷周青銅器綜覽》第一卷《殷周時代青銅器之研究》時，正值社科院考古所承擔的國家重點科研項目《殷周金文集成》進入具體編纂階段。我們當即將該書提借為金文集成編輯組的常備書，用以隨時查閱。在編纂工作中深刻地感到，這部巨著為殷周青銅器及銘文研究提供極大的方便。不僅省卻許多翻檢之勞，而且由於隨時查驗書中的圖像，既便於把握許多銅器銘文的年代，又得以糾正某些銅器銘文因過去未見圖像所導致的器類錯誤。考慮到當時國內諸多考古研究、教學單位尚未見及該書，特由陳公柔先生撰寫評介文章，在《考古》1986 年第 3 期上予以推薦。

後來，又承林先生陸續寄贈 1986 年出版的《殷周青銅器綜覽》第二卷，1989 年出版的《殷周青銅器綜覽》第三卷。第二卷《殷周時代青銅器紋飾之研究》，其正文部分所作紋飾研究，對饕餮紋用力最多，兼及龍、鳳凰、其他動物形、人形、幾何形，等等。附有紋飾圖像 236 幅，圖版部分則有紋飾圖像 2572 幅。第三卷《春秋戰國時代青銅器之研究》，其正文部分在器形時代演變的研究中，注意進行地方型的區分，附有 "同墓出土青銅器群圖表" 1060 器、"各器各型之形制的時代演變圖" 564 器，圖版部分則有銅器圖像 3057 幅。

統觀《殷周青銅器綜覽》第一、二、三卷，正文部分的附圖不計，圖版部分收錄的殷周銅器和紋飾圖像，合計多達萬幅有餘，並且每一幅圖像都在卷末明確交代資料來源。其中，世界各國主要博物館收藏的重要殷周銅器，截至 1970 年代中國各地殷周墓葬和遺址出土的典型銅器，無不網羅殆盡。僅此即可想見林先生對殷周銅器資料佔有的宏富，充分顯示他三十餘年如一日殫精竭慮、執着耕耘的艱辛。

回顧殷周青銅器研究發展的歷史，中國宋代形成獨立學問的金石學開其先河，諸多銅器的名稱、用途都是呂大臨《考古圖》等書考定的，一些器物部位和紋飾的名稱也沿用至今。但是，清代和民國時期的金石學者，大都側重於銅器銘文的考釋，而忽視形制與紋飾的考察，未能進行斷代和分期的研究。二十世紀三四十年代，郭沫若將考古類型學方法應用於銅器銘文研究，著成《兩周金文辭大系》，初步建立金文斷代研究的體系；容庚著成《商周彝器通考》，開始關注銅器形制與紋飾的研究，又都對中國銅器分期研究作出劃時代的貢獻。李濟、郭寶鈞根據考古發掘資料，分別進行小屯出土青銅器和商周銅器群的研究，有其可貴的貢獻，但未涉及傳世重要的有銘文銅器。陳夢家先後著有《中國銅器概述》（見於《海外中國銅器圖錄》）、《中國銅器綜述》（見於《美國所藏中國銅器集錄》和《西周銅器斷代》，對青銅器的分期與分域研究，特別是對郭沫若創立的標準器斷代法有較大的發展。陳先生更加注意考古出土銅器與傳世有銘銅器的結合，努力挖掘銅器資料內在的多方面聯繫，對中國銅器研究有重要的推進作用。但因陳先生所處時代的局限和遭遇的不幸，未能推向更高的境界。日本學者的殷周銅器研究，濱田耕作、梅原末治為收集流散日本和歐美的傳世銅器作過有益的貢獻，但他們編撰的基本上仍然是金石學式圖錄，既不考慮禮制方面的問題，又缺乏斷代分期，並未真正運用現代考古學方法進行研究。

隨後，對佛教藝術研究卓有貢獻的水野清一，偶爾涉及殷周青銅器的編年，但其研究未能深入；樋口隆康的《西周銅器之研究》，根據新出銅器群系聯相關資料進行分期斷代研究，比其前輩有了明顯的進步，卻沒有在此基礎上繼續前進。真正集殷周銅器研究之大成，蔚爲壯觀的還是林巳奈夫先生。他的輝煌巨著《殷周青銅器綜覽》，佔有資料之宏富，分析問題之深入細緻，後來居上，堪稱二十世紀殷周銅器研究的豐碑。林先生於 2004 年榮膺日本學術界最高榮譽稱號——日本學士院會員（即院士），成爲與濱田耕作、原田淑人、末永雅雄比肩的又一位傑出考古學者。林巳奈夫先生第一次以"中國考古學"專業名義獲此殊榮，實至名歸，當之無愧。

我與林巳奈夫先生的最後兩次會面是在 1992 年，至今記憶猶新。一次是 1992 年 8 月，在上海博物館舉辦的吳越地區青銅器研究研討會上，林先生作了題爲《關於長江中下游青銅器的若干問題》的講演，我講述《略說吳地發現的春秋後期青銅禮器》。會後，林先生準備去洛陽等地考察，我介紹他去找考古所洛陽工作站的負責人，此行取得滿意的收穫。再一次是同年 10 ～ 11 月，我應松丸道雄教授的邀請去日本考察東京等地收藏的殷周銅器，曾於 11 月 6 日下午在東京大學東洋文化研究所東亞考古研究室，作了以《春秋戰國葬制中樂器和禮器的組合情況》爲題的講演。退休後居住在東京地區的林先生特地前來交流，並曾誠摯地互相討論，情意殷殷宛如昨日。

我與林巳奈夫先生的交往已有整整五十年了，撫今追昔，益發感佩林先生堅韌不拔的治學精神。現在，我們高興地看到，林先生巨著出版以後的二三十年以來，中國各地陸續出土大批年代明確的殷周青銅器，僅西周時期的重點考古發掘就有：山西曲沃晉國墓地、河南平頂山應國墓地、三門峽虢國墓地、湖北隨州葉家山曾國墓地、陝西韓城芮國墓地，以及寶雞石鼓山墓地等等。同時又看到，中國的後繼學者致力於全面整理殷周銅器資料，分門別類進行新的系統研究，已經取得顯著的成績，日本年輕的青銅器研究者也正在成長。展望未來，可以相信，林巳奈夫先生的《殷周青銅器綜覽》中文版出版以後，殷周銅器研究在已有的堅實基礎上，通過中日兩國學者的共同努力，必將進一步發展，不斷取得新的令人欣喜的成績。

王世民

2016年1月7日，時年八十又一

譯者前言

　　本書是日本學者林巳奈夫先生（1925—2006）的著作《殷周青銅器綜覽》（東京：吉川弘文館，下簡稱 "《綜覽》"）的中文譯本。《綜覽》共三卷，第一卷《殷周時代青銅器之研究》於 1984 年出版，第二卷《殷周時代青銅器紋飾之研究》於 1986 年出版，第三卷《春秋戰國時代青銅器之研究》於 1989 年出版。我們也擬分別出版每一卷的中譯本。在第一卷出版之際，先交代一下必須要說明的一些情況。

　　本書首先由廣瀨薰雄、近藤晴香分工翻譯，其後近藤翻譯部分由廣瀨全面進行修改，以統一翻譯風格。翻譯完成後，由郭永秉潤文。所謂潤文的意思是，不看原書，只對譯稿從中文表達的角度進行修改。我們借鑒古代譯經的故事，使用 "潤文" 一詞表述郭永秉的工作。然後，廣瀨參考郭永秉的修改意見再作修改，廣瀨與郭永秉二人經過商討最終定稿。

　　本書書名使用了 "殷周" 一詞，這是出於尊重原書書名的緣故。但在正文中，我們按照當今中國學界一般的習慣，一律使用 "商" 來表示殷商的意思。因此書名和正文用詞不統一，難免有些扞格之處，請讀者諒解。

　　《綜覽》每一卷由正文和圖版兩部分構成，此次出版的中譯本的圖版使用了原書的掃描件。我們曾經向林夫人和吉川弘文館打聽過《綜覽》原稿之事，但非常遺憾，最終沒能找到原稿。如果我們根據本書的出處目錄重新搜集本書中所用的圖，應該能夠製作出清晰度與原書不相上下的圖版。但本書圖版是林先生花費了大量心血製作的，每張圖的大小和位置都經過了他的精心設計，即使有了圖版中使用的所有圖，我們也無法復原林先生原稿的面貌。此外，搜集圖版的巨大工作量，也勢必影響譯稿的出版進度，因此我們只能利用原書圖版，這一點也請讀者諒解。

　　此次翻譯，爲了讀者的方便，加了一些譯按。譯按主要解釋如下幾種情況：（1）原書中有些論述在行文上明顯有問題（例如前後說法有矛盾），但我們不能擅改原文的意思，因此出注說明原文的情況。（2）有時候無法按照原文的說法直接翻譯（例如林先生使用日語固有的語詞的時候），因此出注說明我們的翻譯和原文說法不同之處。（3）林先生經常用日本傳統物品作比喻，但這種比喻恐怕只有日本人纔能看懂，因此出注說明這些比喻的意思。（4）如果本書引用的器影、拓本、論文等的著錄情況在原書出版後有了新的情況（例如外文論著後來有了中文翻譯，當時未刊的論著後來正式出版等），儘量出注加以介紹。（5）如果原書的說明不夠詳細，出注補充一些說明（例如，本書有些地方的論述只有了解林先生的以往研究纔能看懂，而林先生也並未在本書中仔細交代他以往研究的內容。考慮本書的主要對象是不懂日語的人，我們出注簡單介紹林先生的主要意思）。總而言之，加譯按的目的是對翻譯中的技術性問題作解釋說明，譯按基本不涉及學術性問題。換句話說，即便林先生的看法有值得商榷之處，或原書出版後出現了嚴重影響林先生結論的新材料和新研究成果，我們也沒有加譯按。

　　自從我們開始計劃《綜覽》的翻譯以來，松丸道雄先生一直關心此事，並予以大力幫助。起初我們能夠順利地聯繫到林夫人和吉川弘文館，端賴松丸先生的協調聯繫之力；我們每次遇到本書中不好懂的地方，也都向他請教。譯稿完成後，還承蒙松丸先生爲本書賜序。爲本書賜下另一篇序文的王世民先生也是經過松丸先生的介紹纔聯繫到的。譯者雖然曾在某次研討會上見到過王先生，但完全沒有與他有過交流。王先生對此並不以爲意，不但爽快地答應下來，還很快地完成了這篇長序，並經常和我們聯繫，對本書的一些翻譯提出了修改意見，也給我們提供一些需要參考的論著的信息。裘錫圭先生也一直關心此書翻譯之事，並應我們之請爲本書題簽。對像我們這樣的年輕學者而言，這三位前輩學者的幫助無疑是極大的鼓勵，我們至爲感激。在此向三位先生致以由衷的感謝。

　　最後，向本書的原作者林巳奈夫先生表示無上的敬意。

譯者、潤文者

2016年4月20日

《殷周青銅器綜覽》中譯本凡例

一、引書簡稱的格式如下：

1. 基本格式爲"（人名）（發表年）：（頁碼）"。

2. 引用日本人的著作時，人名只寫姓。 【例】林 1980，貝塚 1946:62

3. 引用中國人著作時，人名寫姓名。 【例】李學勤 1981，李濟 1948:7—9

※ 原書基本上只寫中國人的姓，如"李 1948"、"李 1981"等。但按照原書的體例，讀者往往分別不出是誰（日本人則沒有這個問題）。而且原書偶爾有"郭寶鈞 1959"、"周永珍 1981"等例子，體例本來不統一。因此我們統一採用"（中國人姓名）（發表年）：（頁碼）"的格式，以便閱讀查檢。

4. 如果作者有兩個人以上，即使引用中國人的著作，也按照原書的格式引。 【例】俞、高 1978—9，馬等 1981

5. 頁碼前還有"上册"、"下册"、"第一卷"等信息時，採用"（人名）（發表年）：（卷數等），（頁碼）"的格式。 【例】容庚 1941:上，7—9。容媛 1936：卷 2，1 葉

※ 引用頁數的時候，省略"頁"。引用葉數的時候，保留"葉"。

二、原書引古書時，標點只用圈點。此次改用新式標點。

三、原書中有時使用民國年號，後加西曆（如"民國十八年（1929）"）。此次省略民國年號，直接用公曆。但清代以前的年號仍然保持原書原貌（如"嘉慶九年（1804）"）。

四、爲便閱讀，注釋採用脚注形式，編號格式使用〔1〕、〔2〕、〔3〕、〔4〕……，編號方式採用連續編號。

五、"譯按"放在當頁底端，編號格式使用 *、†、‡、§，編號方式採用每頁重新編號。

第一編　總　　論

第一章　前　言

我爲本書取名《殷周時代青銅器之研究》。殷周時代大概相當於公元前第二千年中期到公元前三世紀後期，與中國的青銅器時代差不多一致。在這個時代，國家最重要的大事是祭祀與軍事[1]。當時人認爲，祭祀是饗宴祖先神或自然神，以保證他們子孫的繁榮及提供物質好處的行爲，與軍事一樣都是關係到國家存亡的要事。商周時代青銅器中與軍事有關的兵器，我過去另撰專書加以討論[2]，因此本書只討論祭祀用的青銅器。書題只説"青銅器"是爲了避繁。

祭祀用器在當時人的心目中是怎樣的東西呢？它們在古籍中被稱爲彝器。"彝"是"常"的意思，彝器是在祭祀祖先的廟裏常用的樂器和飲食器等[3]。這些彝器不僅有今日還存在不少的青銅器，也有木器、竹器、陶器等[4]。本書之所以只討論青銅器是因爲其他材質的器物殘存的資料很零碎，難以作爲一個有系統的對象進行研究。

不僅商周時代，此後的時代也製作青銅彝器。本書之所以只討論商周時代是因爲這個時代青銅器的製作非常盛行[5]，將青銅器用於祭祀、饗宴禮儀的傳統延續不絶，而此後的秦代斷絶了這個傳統[6]。

在流傳到現代的商周時代遺物中，青銅彝器是當時人的心血凝結最多的作品之一。這應該不僅是

---

〔1〕《春秋左氏傳》成公十三年："國之大事，在祀與戎。"

〔2〕林1972。

〔3〕《春秋左氏傳》襄公十九年"季武子以所得於齊之兵作林鐘……臧武仲謂季孫曰……且夫大伐小，取其所得以作彝器"杜注云："彝，常也，謂鐘鼎爲宗廟之常器。"昭公十五年"諸侯之封也，皆受明器於王室，以鎮撫其社稷，故能薦彝器於王"杜注云："彝，常也，謂可常寶之器，若魯壺之屬。"

　　鐘、鎛是懸掛在舉行祭祀、儀式的建築中庭裏常設的支架（簨簴）上。《周禮・春官宗伯・小胥》："正樂縣之位，王宮縣，諸侯軒縣，卿大夫判縣，士特縣。"鄭注云："樂縣謂鐘磬之屬縣於簨簴者。鄭司農云：'宮縣四面縣，軒縣去其一面，判縣又去其一面，特縣又去其一面。'"這個意思是説天子在中庭的周圍懸掛鐘磬的樣子呈口字形，諸侯是匚字形，卿大夫是Ⅱ字形，士只掛一列。諸侯型的例子有曾侯乙墓的出土文物（隨縣擂鼓墩一號墓考古發掘隊1979，圖版壹。與磬一起掛，呈匚字形）；士型的例子雖然不多，但有信陽長臺關一號墓的例子（中國科學院考古研究所1962，圖版柒拾）。《儀禮・燕禮》"樂人縣"注云："縣鐘磬也。國君無故不徹縣。言縣者，爲燕新之。"《禮記・曲禮下》云："大夫無故不徹縣。"可見當時人認爲鐘是常設在中庭裏的東西。

　　飲食器的常設和鐘的常設，二者涵義是否一樣，不太清楚。西周早、中期青銅器銘文裏常見作"寶障彝"一句；西周中期以後的青銅器銘文有冠"障"的器種名，如"障鼎"、"障簋"。此"障"可以理解爲放置在祭祀場所、不搬來搬去使用的意思（本書第一編第四章第二節之三）。上引"宗廟之常器"的解釋應該是籠統説明這種使用方法的。

〔4〕刻着與青銅器相同紋飾的，用朱砂彩繪的木製容器在腐朽後地上留下的壓痕，早在1930年代安陽殷墟的發掘時有發現（梅原1959）。近年在河北藁城發現刻着龍紋，塗朱紅、黑漆的商代中期木器的漆片（河北省博物館、河北省文管處、臺西發掘小組1974，圖版壹，47頁）。西周時期的例子有湖北蘄春出土漆器（中國科學院考古研究所湖北發掘隊1962，圖一一），春秋早期的例子有三門峽市上村嶺出土的漆器豆（中國科學院考古研究所1959，圖版肆壹，2）。至於春秋晚期的木製彝器，過去我們根據陶製明器推測其存在（林1980:28—42）。在傳世的中國古籍中，彝器用木器或陶器，這一點凌廷堪在《禮經釋例》中已有討論（器服之例上。參看林1980:9—10）。

〔5〕遺物的例子有西漢孝文廟銅鍾（關野1925—7，圖版830—2，本文219—224頁）。其銘文云："孝文廟銅鍾，容十斗，重冊七斤，永光三年六月造。"永光三年是公元前31年。

〔6〕我們通過考古遺物可以知道戰國時代晚期還存在西周時代彝器實物及其仿製品，以及春秋晚期彝器的傳世品，並可以推測使用這些彝器的禮儀延續到了那個時代。但在與禮有關的典籍中，這些典籍當是最後在漢代被編成我們現在能看到的狀態，關於這些彝器只有片斷的信息。據此可以推測秦代斷絶了這個傳統（參看林1980）。

因爲商周時代的彝器是用於國家重大儀式之祭祀的小道具，也是因爲彝器具有紀念品的性質。西周時代的青銅彝器中有不少是因爲自己或世代有功勳，被周王授予職務，鑄銘文説明其由來的[7]。春秋、戰國時代也有不少銘文是爲炫耀自己的本事[8]或紀念自己的戰功[9]鑄刻的。這些東西都是在祭祀、饗宴時被陳設，洋洋得意地展示給參與者的。春秋、戰國時代，爲了紀念戰勝，用從敵人那兒虜獲的青銅器鑄造彝器。我們從這個習俗也能看到青銅彝器的紀念物性質[10]。如果是西方世界，在這種場合，可能會做一件勝利者自己的雕塑或建造一處紀念建築物吧。隨着時代的發展，很大的青銅彝器開始出現。但即使是高度僅 20 ～ 30 釐米的普通大小的彝器，不管其大小，也具有威風凜凜的氣質。這也應該來自青銅彝器的紀念物性質。

衆所周知，商周時代是當時的一手史料極爲缺乏的時代，青銅彝器爲這個時代的各種研究領域提供了極其重要的資料：作爲祭祀用的工具，它是這個時代的各種神、精靈及象徵符號的淵藪；有不同用途的各種器物及這些器物的組合，反映着當時人對祖先及祖先祭祀的觀念；銘文告訴我們作器的意圖，但作器的行爲與社會機構、國家權力的機制有密切的關係；作爲類似紀念品的東西，它在客觀地表現這個時代的審美理念，等等。

過去，容庚先生的《商周彝器通考》是這個領域唯一的概論著作，但這本書是用中文寫的，不適於一般人利用。這本書出版的是 1941 年，至今已經過去了 43 年，目前資料劇增，研究也進步了不少。商周青銅器研究，不用説一般人，連有志於專門研究這個領域的人也難以着手。整理自己到目前爲止得到的關於商周彝器的知識，把它與盡量收集代表性器物照片的圖版一起出版，爲今後研究導夫先路，是我撰寫此書的緣由[11]。

---

[7]　第二編第三章第二節二之表。

[8]　從春秋時代開始出現明説 "用吉金自作" 的金文（第二編第三章第二節之四）。

[9]　如鳳羑鐘（林 1972：585—594）。戰國時代，彝器作爲把要傳給後代的事情記錄的媒體出現，如《吕氏春秋·審分覽·慎勢》云："功名著乎槃盂，銘篆著乎壺鑑。"

[10]　注〔3〕所引《春秋左氏傳》襄公十九年條就是其例。戰國時代的金文也有説 "戰獲兵銅"，用它鑄造鼎的例子（郭沫若1957：釋，168 葉）。秦始皇統一天下後，收繳天下的兵器，把它們集中於咸陽，並熔化，鑄造了懸掛編鐘的支架之金人十二座，這也是同一個習俗的空前規模的承襲。《周禮·春官》有典庸器一官，它掌管收藏樂器和庸器，其注云："庸器，伐國所藏之器，若崇鼎、貫鼎及以其兵物所鑄銘也。"此官專門掌管從征伐的國家虜獲的彝器，及用虜獲的兵器鑄造的有銘文的彝器。這些記載證明以上所寫習俗並不特殊。

[11]　本書没有討論商周時代青銅彝器的起源及製造技術。我們之所以不討論起源問題是因爲到目前爲止能討論這個問題的資料太不充分了，省略關於製造技術的章節是因爲篇幅的考慮。最早極力主張商周青銅器用陶範鑄造，是巴納先生的論文（Barnard1961、1963）。較早通過科學發掘所發現的青銅器及陶範的觀察進行詳細研究的有萬家保先生的一系列論文（李、萬 1964、1966、1968、1970、1972，萬家保 1975、1980 等）。中國大陸有不少商周時代青銅器鑄造作坊遺址的發掘調查報告（持井 1980：187—188），但關於發掘出來的範，還没有可觀的研究（洛陽博物館 1981，洛陽文物工作隊 1983）。郭寶鈞 1981 中到處有根據青銅器的觀察得到的關於鑄造技術的精辟見解，其後有一些很好的觀察結果也被發表，這個方面的研究迅速地發展起來了（華等 1981、馮等 1981、湯文興 1981、馮等 1982）。此外，關於商周青銅器的技術方面，如合金、鑄造、合金的成分、銹、鑲嵌等，我們想推薦蓋頓斯先生的著作（Gettens1969）作爲很有用的參考書。

第二章　發現、蒐集、研究史

第一節　中　　國

戰國時代晚期，西周時代的青銅古彝器還有所留傳，也有其仿製品；隨着那些青銅彝器的留傳，以之進行的祭祀和儀禮的傳統也應該留傳下來了。這一點，我們在討論燕下都 16 號墓隨葬器物等時進行過討論[1]。因此可以説，商周時代的青銅彝器開始令人好奇，被當作古藝術品並進行考證，是這個時代之後的事。

一、漢～唐

漢到魏晉南北朝時代，偶爾有人玩賞從地下出土的古器物。西漢文帝之子梁孝王擁有價值千金的鸜尊，將它視作寶貝，此事見《漢書》[2]；梁劉之遴收集古器數十百種，其中有一件上有錯金銘文的、能盛一斛的甌，有建平二年銘的扁壺，有"秦容成侯適楚之歲造"銘的鐏等，此事見《梁書》[3]。玩賞古銅器的人似乎不止他們。衡陽和南昌的漢代墓葬分別出土了殷代的觶、爵和瓿，是其證明[4]。

要談與商周青銅器的學問研究有關的故事，我們不得不引張敞的考證。《漢書・郊祀志下》云：

> 是時，美陽得鼎，獻之。下有司議，多以爲宜薦見宗廟，如元鼎時故事。張敞好古文字，桉鼎銘勒而上議曰："臣聞周祖始乎后稷，后稷封於斄，公劉發迹於豳，大王建國於郊梁，文武興於酆鎬。由此言之，則郊梁豐鎬之間周舊居也，固宜有宗廟壇場祭祀之臧。今鼎出於郊東，中有刻書曰：'王命尸臣："官此栒邑，賜爾旗鸞黼黻琱戈。"尸臣拜手稽首曰："敢對揚天子丕顯休命。"'臣愚不足以迹古文，竊以傳記言之，此鼎殆周之所以襃賜大臣，大臣子孫刻銘其先功，臧之於宮廟也。……不宜薦見於宗廟。"

張敞從歷史地理的角度解釋出土地點，而且雖然節略了一部分，但正確地讀出銘文的大意。現在能看到許多西周金文，將張敞的解釋與這些西周金文的字句相比較，就能很清楚地看出張敞正確地理解了銘文。貝塚茂樹先生對張敞作評價説："解讀作爲古文字的金文的人，張敞是第一個。在這個意義上，

---

[1]　林 1980。
[2]　《文三王傳》："初，孝王有鸜尊，直千金，戒後世善寶之，毋得以與人。"
[3]　《劉之遴傳》："之遴好古愛奇，在荆州聚古器數十百種。有一器似甌，可容一斛，上有金錯字，時人無能知者。又獻古器四種於東宮。其第一種，鏤銅鷗夷槤二枚，兩耳，有銀鏤，銘云'建平二年造'。其第二種，金銀錯鏤古鐏二枚，有篆銘云'秦容成侯適楚之歲造'。其第三種……。"
[4]　《衡陽苗圃蔣家山古墓清理簡報》，《文物參考資料》1954 年第 6 期。江西省文物管理委員會 1965。

張敞可以説是金石學的鼻祖。"[5]

到了魏晉南北朝，魏王肅看到動物形的容器出土，用這個資料想像《周禮》所見象尊的形狀[6]，梁劉杳認爲它是《周禮》所見犠尊[7]。

但這種事情在漢至魏晉南北朝時代屬於例外，一般都是以迷信的態度看待青銅彝器[8]。例如漢武帝時，因爲寶鼎出土，改元爲元鼎[9]；出土的鼎被獻給武帝，臣下們把它和傳説中的帝王鑄鼎的故事聯繫起來作解釋[10]。魏晉南北朝時代也從同樣的觀點向政府報告青銅彝器的出土，並加以記録。這些《宋書·符瑞志下》有記載。

此後的唐代，如果説是與金石有關的事，唐初石鼓文在鳳翔縣陳倉被發現，並流行[11]；也有一些青銅彝器出土的記録[12]，但研究方面似乎没有任何可講的事[13]。

二、宋～明

時代經過五代以降到宋代，到了十一世紀，在知識分子間，對古代遺物感興趣，用其爲資料作考證的風氣開始出現。《金石録》引用如下故事：咸平三年（1000），乾州（今陝西乾縣）向政府獻古銅器，此器方形四足，有二十一字銘文。真宗讓儒臣作考證，句中正和杜鎬對其銘文作了考釋，認爲這是史信父甗。句中正引《説文》"甗，甑也"，《墨子》"夏后鑄鼎，四足而方"等[14]。北宋時代青銅彝器研究的開頭差不多在此[15]。

到了十一世紀中期，政府製作禮樂器時，開始參考古銅彝器。歐陽修《集古録跋尾》記載如下故事：景祐年間（1034—1038），政府修整音樂官大樂的樂器，重新鑄造編鐘。其原料裏有一件古鐘，因爲上面有銘文，没有被銷毁。其銘文爲"寶龢鐘"。歐陽修任太常禮院長官時，檢查樂器，敲擊這個古鐘，聲音與以前王朴所作鐘的夷則清聲一致。王朴鑄造的鐘的形狀也與這件古鐘一致[16]。慶曆年間

---

[5]　貝塚 1946:62。

[6]　《詩·閟宮》孔疏所引："大和中，魯郡於地中得齊大夫子尾送女器，有犠尊，以犠牛爲尊。然則象尊，尊爲象形也。"

[7]　《梁書·劉杳傳》云："嘗於（沈）約坐語及宗廟犠樽，約云：'鄭玄答張逸謂爲畫鳳皇尾娑娑然。今無復此器，則不依古。'杳曰：'此言未必爾。按古者樽彝，皆刻木爲鳥獸，鑿頂及背，以出内酒。頃魏世魯郡地中得齊大夫子尾送女器，有犠樽作犠牛形；晉永嘉賊曹嶷於青州發齊景公冢，又得此二樽，形亦爲牛象。二處皆古之遺器，知非虚也。'約大以爲然。"

[8]　衞聚賢 1937:53。此外參看貝塚 1946:60—61。

[9]　《漢書·武帝紀》。

[10]　《漢書·郊祀志上》。

[11]　貝塚 1946:67—68。

[12]　白川 1962—1982:41 輯，34—43。

[13]　唐代有吳協《三代鼎器録》（《説郛》本）。但容媛認爲此書爲宋以後人所作，而託名唐人者（容媛 1936：卷2，1 葉）。

[14]　《金石録》卷十一，甗："右甗銘。案《真宗皇帝實録》：咸平三年，乾州獻古銅鼎，狀方而四足，上有古文二十一字。詔儒臣考正，而句中正、杜鎬驗其款識，以爲史信父甗。中正引《説文》'甗，甑也'，又引《墨子》'夏后鑄鼎，四足而方'，《春秋傳》'晉侯賜子產二方鼎'，云：'此其類也。'"

[15]　衞聚賢 1937:68—69。貝塚 1946:69。貝塚先生對這個風氣的由來作過説明：南唐的舊臣、降宋後也做官的徐鉉似乎爲校正《説文》文字搜求過古代文字資料，留下了秦始皇會稽刻石的摹刻；與徐鉉時代幾乎相同的郭忠恕蒐集古文字資料編《汗簡》；五代、宋初，徐鉉、郭忠恕喚起的古文蒐集的興趣並不滿足於古文經的抄本、魏三體石經、秦漢刻石，他們想尋找更可靠的古文資料，爲了滿足這個興趣，便開始研究起古代銅器銘文（68 頁）。今按，這個時代興起了用古代遺物作考證的精神，古銅器研究也是以同樣的精神進行的。這樣説明應該更確切。貝塚先生的解釋並没有説明這種考證精神究竟是因爲什麽原因在這個時代興起、發展的。

[16]　卷一·古器銘："景祐中，修大樂，冶工給銅更鑄編鐘，得古鐘，有銘於腹，因存而不毁，即寶龢鐘也。余知太常禮院時，嘗於太常寺按樂，命工扣之，與王朴夷則清聲合。初，王朴作編鐘皆不圓。至李照等奉詔修樂，皆以朴鐘爲非，及得寶龢〔鐘〕，其狀正與朴鐘同，乃知朴爲有法也。"

（1041—1048），葉清臣任長安長官時，得到了秦公鐘，把它獻給政府。根據大樂考證，其音是大呂[17]。皇祐三年（1051），皇帝下詔，拿出祕閣（宮中的書庫）和太常所藏三代鐘鼎器，讓太樂參考禮樂器的形制和大小。又下詔做銘文拓本，把它賜給宰相，丞相平陽公命令國子監書學楊元明做釋文[18]。從這些故事可以知道，當時朝廷試圖按照古法製作禮樂器，把古彝器作爲參考。最後介紹的楊元明對自己所做釋文加器物圖，編了《皇祐三館古器圖》[19]。這就是收録器物圖和銘文釋文的青銅器圖録的濫觴。

比以上的故事稍微晚一點的時候，有一位叫劉敞的人。他被任命爲今陝西省方面的軍事長官，在長安熱衷於蒐集古物。他把銘刻資料提供給歐陽修[20]，也把自己所藏青銅器的圖和銘文摹本刻在石上，編《先秦古器記》。這是嘉祐八年（1063）的事。此書今已散佚，沒有流傳[21]。收録器物圖的書此外還有時代再晚一點的李公麟《考古圖》五卷，此書也沒有流傳到現在[22]。

歐陽修（？—1072）《集古録跋尾》收録十幾件先秦古器銘文的題跋。白川靜先生對此作如下評價：

> 《三館古器圖》、《先秦古器記》亡佚的現在，歐陽氏《跋尾》是能讓我們了解宋代金文學草創期學術的珍貴資料。《集古録》的編纂醸成了金文學發展的機運，爲宋代金文學的成立起了指導作用。……此書把器銘作爲古代研究的史料，從歷史的角度作解釋，採用了歷史學方法。[23]

這個時代，除了上面介紹的祕閣和太常外，收藏古銅器的私人也多起來了。呂大臨編纂的《考古圖》有元祐七年（1092）的序，此序列舉了收藏家，其中除了與宮廷有關的官府外，還有三十七家私人收藏家[24]。此書圖片部分是器物圖和銘文摹本，銘文摹本下附釋文；在各器的標題下注明收藏者；正文部分原則上記録關於出土地的傳説、器的大小和容量，有時候對器名和用途作考證，也引用劉敞、楊元明、李公麟對器物的意見。

《考古圖》具備關於青銅彝器起碼需要的所有記録，即器形、銘文圖版、銘文釋文、器的大小等記録、銘文的考證、關於器名和用途的説明等。它早在北宋時代建立了這個體例，這個功績非常大。此後編的許多著録沒有器形圖，而只收録銘文。即使到現在，也刊行關於銘文的記録極其不完全的、只收録器形的圖録[25]。如果與這些後代的書相比，《考古圖》的這個特徵更加值得給予很高的評價。

但有些在《考古圖》的時候可以説是創見的看法到現代還被信從，反而妨礙着正常的判斷，我們不得不對此慨嘆。例如：

> 凡稱甲乙，以祖父加之者，疑皆商器也。[26]

---

[17]　黃伯思《東觀餘論·秦昭和鐘銘説》："此鐘蓋慶曆年中葉翰林清臣守長安所得，上之大樂，攷之音中大呂。"

[18]　翟耆年《籀史》上卷·皇祐三館古器圖條："皇祐三年，詔出祕閣及太常所藏三代鐘鼎器，付修太樂所，參較齊量。又詔墨器歉以賜宰執，丞相平陽公命承奉郎知國子監書學楊元明南仲釋其文。楊敍云：'……今一以隸寫之，以俟博古者。所圖太公匜、伯教父盉……。'"

[19]　上注引文末尾有"所圖太公匜云云"，據此可知此書有器物圖。

[20]　《集古録跋尾》卷一·敦医銘："嘉祐六年，原父以翰林侍讀學士出爲永興軍路安撫使，其治在長安。原父博學好古，多藏古奇器物，而咸鎬周秦故都，其荒基破冢，耕夫牧兒往往有得，必購而藏之。以余方集録古文，乃摹其銘刻以爲遺。"

[21]　容庚 1935:680。

[22]　元祐五年（1090）序（《籀史》上，李伯時考古圖五卷）。

[23]　白川 1962—1982:41 輯，61。

[24]　《考古圖》卷首。

[25]　例如梅原 1933—1935、梅原 1959—62。

[26]　《考古圖》卷 4，38 葉。

就是説，吕大臨懷疑如果在銘文中出現祖、父字加天干的人名，這件器物便是商代的。他認爲根據銘文所見祖先名的型式可以確定器物的年代。令人吃驚的是這一想法到現在還有人相信，如馬衡、陳夢家、水野清一等[27]。

《考古圖》記録關於出土地點的傳説，有時候也記録關於伴出遺物的傳説。濱田耕作先生稱讚這一點，認爲這個信息有考古學上的意義[28]。的確，對銘文中"從彝"的解釋是根據幾件器物成套出土的事實得出來的，很有新意，可以説至今仍有價值。我們説的是關於單夔癸彝（即我們所謂卣的器）的記述：

> 按：……初，河濱岸崩，聞得十數物。今所存者，此彝外尚有五物，形制多不同，今列于後。皆曰："單作從彝。"疑五物者爲此彝陪設，故謂之從彝。以器銘不著其名故，皆附于後。[29]

此後列舉了單夔從彝一、二、三、四、五。其器類，按照我們採用的名稱，分別是方鼎、觚、簋、盃、甒。這些器物中，第一件銘文很長，剩下的五件只説同一個人作從彝。而且知道這些器物是同時出土的，因此吕大臨想出"陪設的彝"這一解釋[30]。

如果説是同一墓葬出土的彝器根據銘文可以知道是同時製作的，這個傳説應該基本可以相信。但如果没有這種旁證，我們怎麼能辨別從農民或盜掘者手中購買彝器的古董商人所説出土地名的真僞呢[31]？《鄴中片羽》、《河南安陽遺寶》等書的存在説明現代還有人相信宋代關於出土地的傳説，但這種態度不外是批判精神的缺乏。

容庚先生指出器之類别始於《考古圖》[32]。我們用目録的形式表示容先生文章的意思：

```
卷一　鼎屬　鼎
卷二　鼎屬　鬲，甗，鬻
卷三　簋屬　敦，簋，盨，匜，匜，鋪
卷四　（無屬名）彝，卣，尊，壺，罍
卷五　爵屬　爵，觚，斝
　　　豆屬　豆，鐙
　　　雜食器　盃，盦，瓿
卷六　（無屬名）盤，匜，盂
　　　（無屬名）弩機，戈，削
卷七　（無屬名）鐘，磬，錞
（卷八—十　玉器、秦漢器，從略）
```

---

[27] 林 1978：3—12。

[28] 瀧、内藤 1919，彝器部解説。

[29] 《考古圖》卷 4，7—8 葉。

[30] 貝塚先生贊同濱田先生的看法，對《考古圖》記録關於出土地點的傳説給予了很高的評價，卻竟然説"但（吕大臨）似乎不知道彝不是特稱而是總稱。即使知道，也没把這個理解貫徹到底。其實他所謂彝這一器類下包含着應該稱爲卣、甗、盃、簋的器。"（貝塚 1946：78）這是一個大誤會。

[31] 安陽殷墟出土的甲骨當初被説出土於湯陰，是膾炙人口的事。這是爲了不讓競爭對手知道正確的出土地點（貝塚編 1967：12）。也有時候冒充有名的地方的出土文物，以使文物好賣出去。二十世紀三四十年代，輝縣的出土文物作爲安陽的出土文物被賣（中國科學院考古研究所 1956：144）。

[32] 容庚 1941：上，20。

貝塚先生對這個類別沒有加以説明，但指出吕大臨意識到分類的體系，即卷一、二是食器中的烹飪器，卷三是食器中的盛器，卷四是酒器中的盛器，卷五是酒器中的飲器，卷六是水器，卷七是樂器[33]。

宋代最大的商周彝器收藏家是以藝術愛好者著名的徽宗。《博古圖録》就是他藏在宣和殿的藏品的圖録。此書據説是黄長睿等於大觀（1107—1110）初年奉徽宗之命編修，王黼於宣和五年（1123）以後重修的[34]。將古器分爲鼎、尊罍等二十類，每類有總説，每器有圖，並記録大小、容量、重量、銘文和紋飾的解釋。容庚先生云：

> 每據實物以訂《三禮圖》之失。宋代所出之器，多見于此書，圖繪亦精，惜並元至大重修本亦不得見耳。[35]

現在看嘉靖七年蔣暘翻至大本，其圖還能讓人想像原本的圖，確實生動得令人想到原物的面貌。

《考古圖》對器類的命名有不統一的地方，如同一型式的器物有時叫鬲，有時叫盉[36]，容庚先生收集過這種不統一的例子[37]。《博古圖録》的命名比《考古圖》有統一性，不管是使用當時的名稱正確命名的例子，還是沒有什麼根據就使用古籍所見名稱的例子，都成爲後世命名青銅彝器器類的模範。

此外，《博古圖録》在各器的解説中給紋飾起饕餮、蟠螭等名並加以説明，也有不少地方説明這些紋飾被用在該器的意義[38]。這些紋飾的名稱也一直被沿襲下去。

這部圖録中有許多條解説把對器物的印象當作朝代的特徵加以説明，如"渾厚純質，斷商器也"，"氣韻頗古，真商盛時器也"之類[39]。這種説明是很隨便的，但羅列這種很主觀的印象的語彙以斷定朝代歸屬的作法也一直被承襲下去。

北宋時代高漲起來的古銅器蒐集、研究之風氣隨着靖康之變（1126—1127），一下子就衰落了。入侵汴京的金軍把宋室的銅器藏品和宫中的其他物品一起掠奪回去了。這些銅器在正隆三年（1158）被銷毁[40]。

《博古圖録》所收器物有893件，而南宋張掄《紹興内府古器評》只收70件。南宋古銅器研究用實物進行研究的機會變得很少，因此此書所關心的只限於銘文。只有紹興年間（1131—1162）刊行的《續考古圖》按照《考古圖》的體例包括器形圖記録私人收藏的青銅器。此外南宋這方面的書都只記録銘文，如薛尚功《歷代鐘鼎彝器款識法帖》，紹興十四年（1144）刊；王俅《嘯堂集古録》，淳熙三年（1176）跋；王厚之（大概是紹興時期的人）《鐘鼎款識》等。

元、明時代，我們所討論領域的研究沒有新的進展。但我們需要記住一點：水野清一先生指出"元、明時代沒有古銅器研究。但青銅器收藏和觀賞隨着文人愛好的深化而越來越盛行，其底層擴大。例如《博古圖録》在元至大年間重修，此後刊行了六、七次；《考古圖》也刊行了好幾次。"[41]

---

[33] 貝塚 1946:77。

[34] 容庚 1935:665—668。

[35] 容庚 1941:上，259。

[36] 卷2，13葉；卷5，10葉。

[37] 容庚 1941:上，19。但容庚也犯了注[30]所介紹的錯誤。

[38] 如"脰飾饕餮，間之雲雷，亦以貪者懲也"（卷1，15葉，商乙毛鼎），"二器皆以蟠虬爲之飾，亦以示其不可妄動之意"（卷4，8葉，周蟠虬鼎二）等。

[39] "是器耳爲絢狀，腹足無紋，渾厚純質，斷商器也"（卷1，21葉，商素腹寶鼎），"其形制比商器復加文緟，三足皆作饕餮，氣韻頗古，真商盛時器也"（卷1，22葉，商若癸鼎），"觀其腹出雲氣，足著饕餮，制甚古而韻不凡，非周室無以作此"（卷2，29葉，周雕公緘鼎）。

[40] 《大金國志》卷14，3葉："正隆三年……詔平遼宋所得古器，年深歲久，多爲妖變，悉命毁之。"

[41] 水野 1968:19。

三、清

　　清朝的先秦青銅器銘文研究始於清代考據學的創始者顧炎武（1612—1680）和朱彝尊（1629—1709）。前者有《金石文字記》六卷，後者在《曝書亭集》四十六卷中收録青銅器銘文的考釋[42]，但清代青銅器研究史上很重要的事件是《西清古鑑》的出版。因爲清廷蒐集的青銅器很多，乾隆帝命梁詩正等爲之編書。此書爲銅版印刷，是四十卷的大部頭書，容庚先生根據《國朝宮史》的記載說是乾隆二十年（1755）刊行[43]。此書按照《博古圖》的體例，由器形圖、銘文摹本和說明構成。容庚先生對此書曾給予如下評價：

　　　　此書雖仿《博古圖》而作，而圖像銘文皆縮小，不若《博古》之逼真；解說亦淺陋。所收彝器一千四百三十六，鏡九十三，僞者十三四，蓋非佳書。然以政府之力，決非私人收藏所可及，去僞存真，猶可得千器。元明兩朝彝器之學中衰，清代之復興，此書實導其先路，其功不可没也。[44]

　　嘉慶元年（1796），錢坫出版了自己所藏銅器的目録《十六長樂堂古器款識考》（四卷）。此書不僅收録器銘，也收録器形圖。過去著録的銘文都是臨摹，所以不很準確，而此書首次採用把紙鋪在拓本上摹寫的摹本。嘉慶九年（1804），阮元刊行了《積古齋鐘鼎彝器款識》（十卷）。此書是作爲宋薛尚功《歷代鐘鼎彝器款識法帖》的續編做的。貝塚先生給此書如下定位：

　　　　錢氏圖録雖然規模不大，但從學問的角度來說很出色，卻幾乎不怎麽流行。與此相比，阮元升遷到總督的大官，誘掖許多後進學者，嘉慶、道光年間在學界具有領袖地位。因此他撰寫的《積古齋鐘鼎彝器款識》非常流行，只收録拓本和考釋的編輯方式成爲此後的金文資料集的定型，把銘文和器形分開討論的研究方法形成了清朝金文學的基本傾向。以乾隆帝《西清古鑑》的編纂刊行爲契機興起的古銅器玩賞的好古風氣，由阮元的著作與訓詁學結合起來，把銘文作爲研究對象，導致了以文字學研究爲主體的清朝金文學的成立。[45]

　　此後，從十九世紀到二十世紀初，商周青銅器的收藏者、學者的人數頗多。容庚先生在《商周彝器通考》中設《收藏》一章，對每一個收藏者介紹其簡歷和主要收藏品。容庚先生的研究很詳細，請讀者參看此書，我們不一一引用。這些收藏者中對我們有用的是把收藏品的圖片和銘文出版的人。我們從容庚先生的研究挑出了這種人（[a]表示自藏品的圖録，[b]表示除自藏品外自己蒐集的其他拓本也一起收録的圖録）[46]：

　　　　張廷濟（1768—1848）《清儀閣所藏古器物文》[a]，民國十四年（1925）刊。
　　　　朱爲弼（1771—1840）《敬吾心室彝器款識》[b]，光緒三十四年（1908）刊。

---

[42]　白川 1962—1982:42 輯，108—112。
[43]　容庚 1941：上，259。
[44]　同上。乾隆帝的銅器圖録還有《寧壽鑑古》（十六卷）、《西清續鑑甲編》（二十卷，附一卷）、《西清續鑑乙編》（二十卷），但都到了二十世紀纔刊行。清宮收藏的銅器中流傳到民國革命的器被編入故宮博物院，其圖録是"國立故宮中央博物院"聯合管理處編《故宮銅器圖録》（二册），1958 年在臺北出版。
[45]　貝塚 1946:88。
[46]　關於這些圖録的內容，參看下引書的解說。容庚 1941：上，《著録》章。白川 1962—1982:42 輯，125—139。

吳榮光（1773—1843）《筠清館金文》[b]，道光二十二年（1842）刊。

曹載奎（1782—1852）《懷米山房吉金閣》[a]，道光二十年（1840）刊。

劉喜海（1793—1852）《清愛堂家藏鐘鼎彝器款識法帖》[a]，道光十八年（1838）刊。《長安獲古編》[a]，光緒三十一年（1905）刊。

吳式芬（1796—1856）《攈古録金文》[b]，光緒二十一年（1895）刊。

吳雲（1811—1883）《兩罍軒彝器圖釋》[a]，同治十一年（1872）刊。

陳介祺（1813—1884）《簠齋吉金録》[a]，民國七年（1918）刊。

陳承裘（1827—1895）《澂秋館吉金圖》[a]，民國二十年（1931）刊。

潘祖蔭（1830—1890）《攀古樓彝器款識》[a]，同治十一年（1872）刊。

吳大澂（1835—1902）《恆軒吉金録》[a]，光緒十一年（1885）刊。《愙齋集古録》[b]，民國七年（1918）刊。

端方（1861—1911）《陶齋吉金録》、《陶齋吉金續録》[a]，光緒三十四年（1908）刊。

方濬益（？—1899）《綴遺齋彝器款識考釋》[b]，民國二十四年（1935）刊。

没有出版圖録的收藏者雖然在此不列舉，但葉志詵、斌良、李宗岱收藏了一百到兩百件器，此外還可以舉出幾個收藏二三十件的人。如下所述，現代日本的商周彝器的收藏規模大都在幾十件以下。如果考慮到這一點，當時的情況只能用壯觀之類的詞來形容。可惜的是，這個時期的著録，如果只研究某件器的流傳情況，還能用得上。但其器形圖是畫的，銘文也是摹本。只看這些書，我們連器物的真僞也難以判定，器形學研究更談不上。這些書中對我們現在的銘文考釋有用的地方也不多。

陳介祺善於青銅器的鑑定，雖然没有留下著作，但寫給江南學者的信被編爲《簠齋尺牘》出版[47]。有人説此書在鑑定銅器銘文時可以參考[48]，但要從影印的手寫信中找出這種有意義的條文，只有下很大的功夫纔能做到。

吳大澂《説文古籀補》（光緒七年〔1881〕刊，在光緒二十四年〔1898〕增訂）按照《説文》的順序排列金文，加上出處，也有若干考證，對學者大有裨益。這是金文字典的濫觴，後來經過丁佛言《説文古籀補補》（1930年刊）、强運開《説文古籀三補》（1935年刊）的增訂，最終發展出容庚《金文編》（1938年刊，1959年增訂）的形式。

此外，在清末青銅器研究的領域，不能忘記大儒孫詒讓的成果。光緒十六年（1890）刊行的《古籀拾遺》是校訂薛尚功《鐘鼎彝器款識》、阮元《積古齋鐘鼎彝器款識》、吳榮光《筠清館金石録》等所收器的銘文釋文，並作文字考釋的書；有光緒二十九年（1903）序的《古籀餘論》（1929年刊）是《攈古録金文》釋文的校訂和文字考釋，其中有不少可取的意見[49]。

四、民國以後

1911年辛亥革命發生，著名金文學者、古物收藏家的羅振玉（1866—1940）帶着自己的收藏品，與歷史研究的後起之秀王國維（1877—1927）一起亡命日本。他們與内藤虎次郎、狩野直喜、富岡謙藏等

---

〔47〕 目前有兩種版本：第一種是寫給吳大澂的信的影印本五册；另一種是收集寫給潘祖蔭（一～三）、王懿榮（四～七）、鮑庚（八、九）、吳雲（十二）、其他（十、十一）的信的上海商務印書館十二册本。附帶講，在讀這種書的時候，如果要從金石家的字號查本名，松丸道雄所編《新編金石學録》（1976年，東京）很方便。

〔48〕 貝塚1946:90—91。

〔49〕 此外《籀高述林》（1916年刊）也收録毛公鼎、克鼎等金文的考釋。

日本學者交往，與幾個收藏家有聯繫，出版甲骨資料[50]。這些事都廣爲人知，但他們在日本的時候對青銅器和銘文研究方面留下了怎樣的影響是不清楚的。王國維在商周青銅器研究的領域有像《國朝金文著錄表》這樣的基礎性工作[51]，《說斝》、《說觥》等器名考證[52]，幾件金文的跋文和考釋[53]，但他不是專門研究這個領域的人。雖然如此，在日本有爲數不少的人走上從事中國古代研究道路的原因之一，便是被王氏論文所吸引。貝塚茂樹是其中的一個[54]，筆者也是[55]。

青銅器圖版的珂羅版印刷，以下一節介紹的住友氏收藏品《泉屋清賞》（1911—1916年）爲最早。中國人印的最早的珂羅版印刷圖錄是羅振玉在京都印刷的自藏青銅器的圖錄《夢郼草堂吉金圖》（三卷，續一卷，1917年）。珂羅版印刷的器形圖版能夠讓我們看到器形的照片，大大提高了圖錄作爲研究資料的價值。

此後到1940年代初，有相當數量的有關圖錄在中國出版。我們先看收錄器影的圖錄[56]：

> 容庚《寶蘊彝器圖錄》二冊，北平，1929年。
> 容庚《頌齋吉金圖錄》一冊、續錄二冊，北平，1933年。
> 容庚《武英殿彝器圖錄》二冊，北平，1934年。
> 于省吾《雙劍誃吉金圖錄》二卷，北平，1934年。
> 劉體智《善齋吉金錄》二十八冊，1934年。
> 容庚《海外吉金圖錄》三冊，北平，1935年。
> 商承祚《十二家吉金圖錄》二冊，北平，1935年。
> 羅振玉《貞松堂吉金圖》三卷，1935年。
> 黃濬《鄴中片羽》初集二冊、二集二冊、三集二冊，北京，1935年、1937年、1942年。
> 容庚《善齋彝器圖錄》三冊，北平，1936年。
> 黃濬《尊古齋所見吉金圖》四卷，北平，1936年。
> 容庚《西清彝器拾遺》一冊，北京，1940年。
> 孫海波《河南吉金圖志賸稿》一冊，北京，1939年。
> 李泰棻《癡盦藏金》一冊、續一冊，北京，1940年、1941年。
> 于省吾《雙劍誃古器物圖錄》二卷，北京，1934年。
> 梁上椿《嚴窟吉金圖錄》二卷，北京，1944年。
> 陳夢家《海外中國銅器圖錄》第一輯二卷，北平，1946年。
> 榮厚《冠斝樓吉金圖》三卷、補遺一卷，京都，1947年。

此外這個時期有一些歐洲人在中國收藏文物，由歐洲人對此加以解說並在北京出版：

> Gustav Ecke: *Frühe Chinesischen Bronzen aus der Sammlung Oskar Trautmann*, Peking, 1939
> Gustav Ecke: *Sammlung Lochow, Chinesische Bronzen*, I, II, Peking, 1943, 1944

---

[50] 貝塚1967:39—40、48。
[51] 王國維1915。
[52] 王國維1921:3。
[53] 王國維1921:18、王國維1927—8。
[54] 貝塚1979:2。
[55] 我在讀研究生的時候讀王國維的文章，王氏把新發現的實物資料和傳世文獻的記載結合起來作考證，其新穎的考證方法和王氏的才氣使我入迷。
[56] 關於1941年以前出版圖錄的內容和評價，容庚《商周彝器通考》之《著錄》章扼要地作説明，可以參看。

在這些書中，容庚先生的《頌齋吉金圖錄》不僅收錄器形照片、銘文拓本、釋文、考釋，還收錄紋飾拓本，其體例頗爲完備。民國時期此後的幾部銅器圖錄也採用了這個體例。

過去，只能通過銘文或銘文和可靠度很低的器形圖了解彝器。因爲這些收錄器形照片和紋飾拓本的圖錄的出版，我們纔能將銘文、器形、紋飾都用作研究對象。

青銅器銘文集的印刷開始使用石印是二十世紀初，光緒二十八年（1902）出版的劉心源《奇觚室吉金文述》最早。石印本和木刻本不同，可以清楚地知道原本的樣子（就是通過石印本纔能知道那些書所收拓本的大部分不是原器的拓本，而是翻印本）。光緒三十四年（1908）的《陶齋吉金錄》也採用了同一個印刷方法。到了民國，也開始使用珂羅版，提高了銘文集的利用價值。其中屬於早期的有這兩部書：

> 鄒安《周金文存》六卷，附補遺，1916 年。
> 羅振玉《殷文存》二卷，1917 年。

前者收錄 1945 件，其中也包括兵器。但各卷有補遺，編得不太好，不好用。後者認爲有圖像符號的銘文及有天干祖先名的銘文是殷代銘文，便按照這個理解收集這種銘文。與《殷文存》所收銘文屬同一類而未收錄於《殷文存》的銘文見這部書：

> 王辰《續殷文存》二卷，北平，1935 年。

羅振玉蒐集《攈古錄金文》、《愙齋集古錄》之前的著錄書都沒有收錄的金文，編了這部書：

> 《貞松堂集古遺文》十六卷、補遺三卷、續編三卷，1930 年、1931 年、1934 年。

所收銘文是摹本，此書也收錄釋文和收藏信息，有些器還有考釋。羅振玉接着 1936 年出版了這部書：

> 《三代吉金文存》二十卷

此書所收器的時代限於商周。除了彝器外，此書還收兵器、雜器，共收 4835 件器的銘文。此書以羅氏蒐集的拓本爲主，再加上收錄從已經出版的金文集複製過來的拓本。他先排除以當時的水平認爲是僞刻的銘文，收錄當時可知的幾乎所有銘文。重複著錄、把一件器誤認爲兩件等無謂的錯誤，此書幾乎沒有。從拓本排列的順序也能真切地感覺出編者的素養和學問水平。只可惜此書只有拓本和目錄，收藏、釋文、考釋、著錄等説明都沒有。關於這些信息，參看這部書是最簡便的方法：

> 周法高等編《三代吉金文存著錄表》二册，臺北，1979 年。

在《三代吉金文存》出版的前一年，這部書出版了：

> 劉體智《小校經閣金文拓本》十八卷，1935 年。

除商周金文外，此書還收漢代以後的容器、鏡子、佛像等銘文，共收錄 6456 件器的拓本。《三代吉金文存》是在日本印刷的很精良的珂羅版印刷，而此書是石印本，也有重複著錄的器物。但此書蒐集了當時能蒐集到的所有拓本，因此也有一些資料價值很高的器物。附帶説，要檢索金文資料，下面這部書很方便：

福開森《歷代著録吉金目》，長沙，1939 年。

但此書收録的是《小校經閣金文拓本》以前的書的信息[57]。

與這些青銅器及銘文拓本的精良的印刷出版相平行，陸續有商周青銅器大批出土的報導。1923 年新鄭南門外發現春秋中期青銅器[58]，同年渾源李峪出土春秋後期青銅器[59]，1923 ～ 1924 年和 1931 ～ 1932 年壽縣附近出土戰國時代的兵器、車馬器和戰國時代的青銅彝器[60]。1920 年代在李峪、壽縣附近發現的這些遺物有不少被賣到歐洲去，喜龍仁（Siren）認爲它們屬於以公元前三世紀爲中心的時代，爲中國青銅器設定楚秦式一類，給這個領域的研究打開了新的局面[61]。

1928 ～ 1929 年，洛陽附近有大規模的古墓盜掘[62]。其大量的出土文物中有令方彝、尊，臣辰卣、尊，鬲氏鐘等有重要銘文的銅器。關於令方彝、尊，羅振玉、鮑鼎、吳其昌、唐蘭、馬敍倫、陳夢家等學者發表了考釋[63]；關於鬲氏鐘，劉節、吳其昌、唐蘭、徐中舒、温廷敬等學者紛紛發表研究成果[64]。約於 1927 年發現的禺邗王壺，唐蘭、陳夢家、孫海波等學者有過考釋[65]。這些後起學者接替老一輩學者緊跟着新資料的發現進行考釋，學界呈現出空前的盛況。

民國在革命後經過了幾年，近代國家的體制漸漸建立起來了。1928 年，中央研究院歷史語言研究所成立，開始考古調查。其第一件工作是長年任盜掘者破壞的安陽殷墟的學術發掘工作，到 1937 年進行了十五次發掘調查[66]。1931 年濬縣辛村西周墓的盜掘極其猖獗，翌年中央研究院對其進行了學術調查[67]。1935 年在汲縣山彪鎮、輝縣琉璃閣，1937 年在輝縣琉璃閣分別發掘被盜掘的春秋後期至戰國時代的墓地[68]。宋代以來數百年，能看到的資料只有偶然發現的出土文物，以及從這些器物上獲得的銘文拓本。中央研究院積極的考古調查本該讓這個黑暗時代就此結束，學者能得到出土遺迹、出土情況、同出遺物等信息完備的研究資料進行研究。但偏在這個時候發生了那可恨的“盧溝橋事變”，接着戰火不斷擴大。發掘調查中斷，學者不得不在日本的佔領下，同時爲了躲避戰火而去了鄉下，忍受不自由的生活。這些二戰前進行的發掘也在簡報發表後過去了好多年，到了 1948 年纔開始出版一系列安陽報告書[69]，到現在（1983 年）仍然沒有全部發表[70]。至於濬縣、汲縣、輝縣的發掘，只有殘存在大陸的不完

---

[57] 要在《三代吉金文存》中找到用此書查到的器，可先用此書查《小校經閣金文拓本》的著録信息，再查林 1971 中的《小校經閣金文拓本目録》下欄所載《三代》的著録信息即可。

[58] 容庚 1941：上，7—9。遺物收入孫海波 1937。

[59] 容庚 1941：上，9—10。遺物收入商承祚 1936、梅原 1936。

[60] 容庚 1941：上，12—14，李景聃 1936，Karlbeck1955：41—43。

[61] Siren1929:68—82。附帶説，喜龍仁所謂楚秦式的遺物，梅原先生把它稱爲戰國式作介紹（梅原 1936）。

[62] 容庚 1941：上，10—11。亦參看 White1934。

[63] 羅振玉 1929，鮑鼎 1929，吳其昌 1931，唐蘭 1931，馬敍倫 1931，陳夢家 1936。

[64] 劉節 1931、1931a，吳其昌 1931a，唐蘭 1932，徐中舒 1932，温廷敬 1935。

[65] 唐蘭 1937，陳夢家 1937，孫海波 1939：考釋。

[66] 《安陽發掘報告》1—4，胡厚宣 1955a：43—121。

[67] 郭寶鈞 1936，孫海波 1937a。

[68] 石璋如 1952。

[69] 董作賓 1948。

[70] 聽説《小屯》第一本、《甲編》、《侯家莊》第一本正在準備，第九本雖然正在編輯但編輯工作停滯，《小屯》第三本、《甲編》下由於李濟先生去世沒有出版計劃。

整資料被發掘參與人發表而已[71]。

　　時間稍微回到前面，上面介紹的 1920 年代末到 1930 年代圖録、銘文資料集的出版，及後起優秀學者的研究論文的發表，給商周青銅器研究帶來很大的進步。就影響力而言，郭沫若《兩周金文辭大系》值得大書特書。郭沫若（1892—1978）於 1927 年到 1937 年間亡命日本期間，在甲骨文、金文、古代史領域作了非常豐富的研究著述活動[72]，1932 年由東京文求堂出版了《兩周金文辭大系》。此書在 1935 年經過改訂，成爲《兩周金文辭大系圖録》五册、《考釋》三册[73]。如《考釋》第一版的序文所説，此書試圖把渾沌不清的兩周金文整理成爲有歷史系統之條貫，將西周器按照年代順序排列，東周器按照國别排列。關於國别排序，因爲依據的是銘文中透露國别的字，没什麼特別需要説明的。然而爲確定西周銘文的年代，此書不採取根據後代曆術推算銘文所見紀年的方法，因爲商周古曆迄未確知。此書採用的是根據彝器銘文和器物本身推定年代的方法。就是説，以銘文所見王名可確知年代的器爲中心，根據人名、事迹尋找此器和它器的脈絡，加上參照文字字體，銘文語法，及器物的花紋、形式，考慮器和器之間的先後關係。郭氏根據這個方法排列了西周器 162 器、列國器 161 器。

　　郭氏的這部《大系》，除了銘文圖録和別册的考釋外，在圖録目録的後面還有《列國標準器年代表》，以年表的形式列舉列國器中可以確定年代的器。另外，爲了讓讀者可以了解圖録所收銘文的器物形制，按照器類排列器的圖或照片，編成《圖編》，並在《圖編》前面加《兩周金文辭大系圖編序説——彝器形象學試探——》。郭氏在此將商周青銅器分爲四期：

第一　濫觴期　大率當于殷商前期，但還没有發現
第二　勃古期　殷商後期及周初成康昭穆之世
第三　開放期　恭懿以後至春秋中葉
第四　新式期　春秋中葉至戰國末年

第一期没有資料，但對第二～四各期有特徵的器類、紋飾、紋飾的位置等加以説明。他對時代區分的方法説明如下：

　　蓋余之法乃先讓銘辭史實自述其年代，年代既明，形制與紋繢遂自呈其條貫也。形制與紋繢如是，即銘辭之文章與字體亦莫不如是。[74]

也就是説，他首先根據銘文的内容編年，紋飾和形制的演變是從用這個方法明確年代的器歸納出來的。但郭氏還説：

　　更有進者，形制、紋繢、文字之三者均當作個別之專論方能蕆事，而尤以形制論爲非從個別入手不爲工。[75]

---

[71]　郭寶鈞 1959、1964。
[72]　參看白川 1962—1982:42 輯，167—175。
[73]　此書在 1957 年經過不少圖版的替換和考釋修改，作爲《兩周金文辭大系圖録考釋》八册重印。
[74]　第 3 葉。
[75]　第 4 葉。

然後對鐘和鼎作嘗試。郭氏在 1957 年版序記説：

> 回憶往年之羈旅日本時，曾有蔚爲圖像學之雄心。事隔二十年舊業已荒。

可見郭氏有意在《兩周金文辭大系》後研究器物本身，也有對其研究方法的自覺和企圖。《大系》出版後兩年，郭氏回國，其後抽不出這個時間，1978 年所願未果而去世。儘管如此，這部巨著開闢了將金文用作歷史資料的途徑，青銅器形制、紋飾也就此可以根據銘文追尋時代演變的軌跡。此書對學界的貢獻不可限量。

郭沫若先生的工作是用自創的新方法建立金文、青銅器研究的體系，而容庚先生的《商周彝器通考》（二册，1941 年）[76] 是適當地綜合以往商周彝器研究成果的集大成者，也吸收了《大系》的成果，至今仍然是頗爲有用的教科書。全書分上下二册，上編（通論）十五章：一起源，二發現，三類別，四時代，五銘文，六花紋，七鑄法，八價值，九去鏽，十拓墨，十一仿造，十二辨僞，十三銷毀，十四收藏，十五箸錄，詳細地介紹古今的有關資料。上編不一定需要通讀，但若要看關於自己所關心問題的以往研究狀況、必須知道的事情，非常有用，可以信賴。下編（各論）先説明個別器類的用途、形制、名稱等，然後用別册的下編附圖介紹實例。圖版裏當時能知道的主要器物幾乎都有，便於通覽。唯一缺點是没有銘文圖版。

此外綜合討論商周青銅器的研究有陳夢家（1911—1966）《海外中國銅器圖錄》上册所收《中國銅器概述》。這部書的出版是 1946 年，但這篇文章是容庚先生《通考》出版的前一年 1940 年寫完的。此文分十節：一時期，二地域，三國族，四分類，五形制，六文飾，七銘辭，八文字，九鑄造，十鑑定。二《地域》，把東周青銅器分爲東土系、西土系、南土系、北土系、中土系，指出各系銅器的地域色彩表現於文法、文字、形制、文飾；五《形制》，根據容物部分、足、把手和附加部分把容器分爲九類，説明哪些器名屬於哪一類；七《銘辭》，探討各期銘文格式的演變；八《文字》，探討各期文字字體的演變。該文的這些探討給過去偏向於銘文考釋的商周青銅器研究帶來新的觀點和展望。陳氏在 1945 年紐約所作講演 Styles of Chinese Bronzes[77]，應用第五部分《形制》的分類原則對卣的型式作分類，探討各種型式的先後關係。我們暫且不管他選爲分類標準的銅器各部的特徵能否代表一個時期，陳氏是演示了青銅器研究應該做而過去没人做的新研究方法。如松丸先生所指出[78]，翻看可能是陳氏編纂的《美帝國主義劫掠的我國商周銅器集錄》（1962 年，北京）[79]，可以知道他對其他的很多器類也進行了同樣的工作。

陳氏在青銅器銘文的編年研究上也取得了豐碩的成果。1955 年到 1956 年，陳氏在《考古學報》上分六期發表《西周銅器斷代》。可惜此文發表到西周中期中斷了，因爲陳氏被劃成右派，受到批判[80]。陳氏《斷代》也採用郭氏《兩周金文辭大系》的方法，但增加了不少《大系》没有收錄的資料，也經常將器的形制、紋飾用作斷代的標準，也列舉了多數相關器等，其考釋比《大系》細緻得多。陳氏在上面介紹的圖錄中進行了器物本身的分類研究，而在此文中則系統整理銘文，兩者是互爲表裏的，這一點松丸先生也指出了[81]。

---

〔76〕　有覆刻本，其中東京汲古書院版較好。
〔77〕　Ch'en1945—1946，陳、松丸 1977:15—42 有松丸道雄先生的日譯《殷周青銅器の形態》。*
〔78〕　陳、松丸 1977: 上，11；下，卷首《殷周青銅器分類表》。
〔79〕　陳、松丸 1977。
〔80〕　考古通訊編輯部 1957。
〔81〕　陳、松丸 1977: 上，11。

---

* 　譯按：該文後被張長壽先生譯爲中文，即《中國青銅器的形制》，收入《西周銅器斷代》，中華書局，2004 年 4 月。

　　二戰後在臺灣青銅器研究領域最有影響力的學者是李濟先生（1896—1979）。李氏在《記小屯出土之青銅器　上篇》[82]引用梅原末治《古銅器形態の考古學研究（古銅器形制的考古學研究）》[83]的分類法，雖然對其分類標準表示不滿意，但繼承了根據形態分類的分類法[84]。

　　李氏的青銅器分類援用他對陶器採用的分類法[85]：李氏陶器分類的第一標準是器物最下部的形態。他把圓底器分爲000—099，平底器分爲100—199，圈足器分爲200—299，三足器分爲300—399，四足器分爲400—499。每目內再按照器上部的特徵分類。0—99的秩序大致以口徑和體高相比的大小及器的深淺爲準，腹淺的在前，腹深的在後。中間又以器腹與底部的角度，唇緣的結構等作細分，向外撇的居前，向內撇的居後。對他種形制上的變化，如器側的曲線、最大橫截面所在、耳等附加物附着品的有無，則不加編號，在序數後加拉丁字母，以分型別[86]。

　　如果只是想根據形態對容器加以分類和系統的整理，拿什麼做標準都可以。話雖如此，對容器作分類不把容器的主體部分做第一標準，而拿最下部做標準究竟出於什麼考慮？隨便看看我們周圍的東西，比如花盆也好，水壺也好，吃飯的碗也好，平底的、圓底的、圈足的、三足的都有。如果按照李濟先生的標準分類，同一名稱、同一用途、同一時代的器會分散在不同的器類中。分類需要一貫性，在這一點上李濟先生的想法是對的。但分類既然是爲了研究人在生活中使用的器物，應該慎重選擇標準，以免發生像上面所說那樣的不合理的事情。李先生對每目內的細分方式也有問題。口徑和體高相比的大小隨時代變大還是變小，最大橫截面的位置隨時代移高還是移低等，每類器情況都不同。如果按照李先生的方式給這些特徵加編號，每類器編號大小的含義會不一致。像李先生那樣根據抽象的標準對古代器物作分類，對要把陶器、青銅器用爲歷史資料的人而言，不得不說毫無意義。

　　在臺灣，最近二十年，萬家寶先生通過觀察二戰前殷墟發掘所得文物作出了關於青銅器鑄造技術的一系列精闢研究[87]；臺北故宮博物院有世界最大的青銅器收藏，臺北故宮博物院的張光遠、袁德星兩位先生專門研究臺北故宮所藏品，分別在銘文研究、紋飾研究的領域發表了很有趣的研究[88]。但總的來說，這個方面的研究也並不是特別盛行。

　　在中國大陸，解放以來貫徹執行文物保護政策，偶爾發現的商周青銅彝器也很少落入古董商人之手，相關發現在有關雜誌上會被報導。此外，通過配合土木工程進行的發掘調查，具備考古學信息的資料正在不斷增加，其考古學信息之豐富是過去没法比的。1950年代鄭州二里崗商代中期文化的發現[89]、1960年代偃師二里頭的據説商代早期或早到夏代的青銅器文化的發現[90]具有劃時代意義。還有從地下窖藏或墓葬同時出土大量的青銅器，有重要銘文的青銅器也不斷發現，其器物的報告和銘文的考釋很快就被發表。雖然有很多不如意的地方，如報告書籍所載照片圖版頗不清晰，正式報告一直不出來而只有簡報，不能自由地看資料等等，但商周青銅器研究的資料情況在這三十年間大有改善，大得過去無法想像。儘管如此，就這個領域而言，或多或少有綜合性的研究，在陳夢家受到批判以後，

---

〔82〕李濟1948。

〔83〕梅原1940。

〔84〕李濟1948:5—7。李先生對梅原先生的分類表示過不滿之意，説梅原先生對標準的選擇雖似完全在器物的形態上着眼，但所採用的，忽爲全身，忽在口部，忽在底部，前後甚不一律；也有拘泥傳統的分類法的地方，例如他把方鼎歸於形體完全不同的鼎—鬲中。但梅原先生知道過去的以用途爲標準分類的分類法不能繼續用下去，故轉而從形態上想辦法，李先生肯定了這一點。

〔85〕李濟1956，第三章《序數的編製及圖録説明（附圖録）》。

〔86〕李濟1948:7—9。

〔87〕參看第一章注〔11〕。

〔88〕張光遠1973、1976、1977，袁德星1975、1978。

〔89〕鄒衡1956、林1958。

〔90〕飯島1977—1983。鄒衡1980，第三篇《試論夏文化》。

幾乎就沒有了[91]。這樣就進入"文化大革命"的文化滅絕時代。

人人都說"抗戰八年"，但"文革"的十年歲月比它還長。在此期間，陳夢家遭受迫害，在五十五歲年富力強的時候逝世[92]；經歷了"文革"的郭沫若也沒有重新開始研究，直到1978年去世[93]。雖然如此，"文革"結束後，青銅器研究與其他研究一樣正在進入發展的時代。1976年發掘未被盜掘的婦好墓，其發掘報告在1980年就發表[94]；青銅器之鄉陝西省所出青銅器的圖錄全六冊中有三冊從1979年到1980年相繼出版[95]等，爲備齊基本資料付出的努力非常驚人（但遺憾的是水準不高的攝影技術和圖版印刷技術嚴重妨礙編者的意圖）[96]。還有便於查檢青銅器銘文的工具書的出版，如高明先生的《古文字類編》[97]，給學者提供很大方便。

關於青銅器的綜合研究，長年從事殷墟發掘的張長壽先生發表《殷商時代的青銅容器》，對殷商青銅容器的編年提出了很合理的意見[98]。北京大學的俞偉超、高明兩位先生的《周代用鼎制度研究》[99]，高明先生的《中原地區東周時代青銅器研究》[100]是全面使用過去的發掘資料進行的，是早晚有人要做的工作。前者對青銅器作爲禮的資料的性質認識還不夠成熟，後者發掘所得青銅器資料的斷代方法和器形分類還不成熟，但他們向這個方面邁出了一步是值得肯定的。把銘文和器形兩方面有機地結合起來的，有李學勤先生的研究[101]，但和採用相同研究方法的陳夢家先生相比，李學勤先生對青銅器時代特徵的目光遜色了許多。

關於青銅器銘文方面的綜合研究，馬承源先生等開始出版《商周青銅器銘文選》，此書按照內容分類，呈現資料，加以注解[102]。另外有把"文革"結束前沒能得到出版機會的研究遺稿出版的計劃，如一直中斷的陳夢家《西周銅器斷代》有出版續編的計劃[103]，唐蘭《論周昭王時代的青銅器研究》發表[104]。

希望中國的青銅器研究今後再也不受到阻礙，順利發展。

第二節　日　本

日本人開始對商周青銅器感興趣似乎很晚。江户時代文化（1804—1817）、文政（1818—1829）年間，在漢學家之間盛行文人愛好，有些人對經由長崎進口的中國文物感興趣。例如學者狩野梖齋（1775—1835）蒐集漢代的文物，書法家市河米庵（1779—1858）也對古文物感興趣，其藏品的圖錄《小山林堂書畫文房圖錄》（1848年，江户）第八冊收錄周漢古銅器，一般認爲這就是日本最早的古銅器圖錄[105]。商

---

[91]　鄒衡1964是利用發掘資料對青銅器進行編年的爲數不多的研究。
[92]　周永珍1981:474。
[93]　夏鼐1978。
[94]　中國社會科學院考古研究所1980。
[95]　陝西省考古研究所等1979、1980、1980a。
[96]　《河南出土商周銅器》的出版也始於1981年。
[97]　高明1980。還有徐中舒1980、張守中1981。此外聽説容庚先生正在編《金文編》改訂本。
[98]　張長壽1979。
[99]　俞、高1978—1979。
[100]　高明1981。
[101]　晏琬1975，李學勤1981。
[102]　馬等1981。
[103]　周永珍1981:474。
[104]　唐蘭1973。
[105]　水野1968:21。

周青銅器是否此後也繼續進口到日本，有没有人收藏青銅器，現在不清楚。

到了明治時代（1868—1911），開始蒐集商周青銅器似乎也不是很早。至今日本最大的收藏家住友吉左衛門友純（1864—1926）開始購買青銅彝器是 1896 年。水野清一先生引用住友吉左衛門的自傳指出，他當初是當作沏茶的小道具蒐集青銅彝器的[106]。後來因爲他擁有銅礦山，遂脱離沏茶而致力於銅器蒐集。

1903 年，東京的帝室博物館舉辦特別展覽，當時的圖録作爲《帝室博物館鑑賞録　古銅器》（1906 年）出版。當時的出品者除住友吉左衛門外還有七人，從此可以看出所藏者範圍的擴大。

住友氏青銅器收藏品（包括古銅鏡）的圖録《泉屋清賞》在 1911—1916 年出版，全六册，附秦藏六的解説。其後不久的 1919 年，因新購買的器物增加，瀧精一、内藤虎次郎所編《泉屋清賞》增訂本出版。接着 1922 年《陳氏舊藏十鏡》出版，1925 年《泉屋清賞續編》出版。這些書已收録了泉屋博古館藏商周青銅器的大部分[107]。這部圖録附加英文解説送至世界各國[108]，由此提高了世界對住友氏收藏的評價，並爲加深歐美各國對中國青銅器初始的認識作出了貢獻[109]。

京都大學考古學教室開創者的文學部教授濱田耕作（1881—1938）爲《泉屋清賞》增訂本彝器部寫總説。我們介紹此文，看看當時對青銅器的認識水平如何。濱田先生説，古銅器是中國美術工藝遺物中最古的一類，與陶器同樣是可以向世界引以爲豪之物。然而其學術研究並未就緒，其時代的鑑定茫昧不清，不具任何基礎，只根據以往的説法，參照圖録，相信款識，隨着習慣確定時代而已。這是由於什麽原因？第一，中國古銅器的出土地點和情況不得而知；第二，銅器與什麽遺物一起出土，不得而知；第三，古代製作宗廟彝器，不斷繼承古式，反復製作相同形制、紋飾的器物。濱田先生主要依據如下觀點判定青銅器的時代：第一，與當時知道出土地點、年代的一些陶器作比較；第二，銅器的形制和紋飾。另外，爲鑑定古銅器，銘文研究也是必要的，中國有這個方面的研究傳統及成果。但銘文有後刻的，因此不能以銘文的時代確定器物的時代。濱田先生按照這個方法縱觀殷至漢、魏晉南北朝青銅器的演變，但在此不作介紹，因爲現在根本不值得參考。

容庚先生在《海外吉金圖録》序中對這個總説作如下評價：

> 濱田博士作《泉屋清賞》總説，致慨于吾國古銅器之研究尚未就緒。時代之鑑定，茫無基礎，唯依自來之傳説，比圖録，信款識，依習慣而定其時代。此語誠然。然反觀彼之所定，更爲茫昧。將多數之周器屬之于漢，雖删訂本略有改正，然如《素鉦》吾人據《南疆鉦》可碻知爲周器者，彼則即據《博古圖録》之《周雷炳鐸》初定爲漢器，繼定爲周末漢初之器。又如《者汅鐘》之“惟戉十有九年”，戉即越，見于郭沫若之《兩周金文辭大系》。近出之方濬益《綴遺齋彝器考釋》引潘祖蔭説亦如是。而彼乃據《吉金文述》讀爲“惟歲十有□咮”。彼謂書中所載諸器，知出土地者絶無，而吾尚能考其一二。竊疑彼于吾國人之著作尚未多窺，其識乃在比圖録，信款識之下。

他批評得非常嚴厲，但不得不説講得很對。

―――――――――

〔106〕　水野 1968:22。

〔107〕　此後購買的收藏品收入《泉屋清賞》新收編（1961 年），但殷周彝器除屬氏鐘十二件外只有五件。

〔108〕　水野 1968:23。

〔109〕　尤莫佛里斯（Eumorfopoulos）在他的青銅器圖録（Yetts1929）前言中云：
　　　　首先在日本收藏家中住友男爵的確成功建立了將來誰也比不上的收藏。有好幾卷的很豪華的圖録——蒙住友男爵及令郎好意贈我——讓連没有機會親眼看到其收藏品的我也明白中國青銅器是什麽。
　　　　喜龍仁也作了如下評價（Siren1929:34）：
　　　　這批住友收藏品是現代蒐集的最好的收藏品，其圖録也極好。

　　濱田先生在約十五年後爲《删訂泉屋清賞》寫《支那古銅器概說》。第一至五章改寫上引《總說》的內容，然後縱觀中國古銅器的演變。他把時期分爲周、秦、漢，周分爲兩個階段。因爲商和周無法區別，即使有商代器，也包括在周式當中。周的第一期是完成期，紋飾多爲浮雕，覆蓋整件器或器的大部分，與器形有機地結合在一起。此完成期之前的遺物無法確定。周的第二期是墮落衰落期，紋飾很少用浮雕。秦式是周式和漢式的過渡期，周式的紋飾變爲地紋。

　　濱田先生由於懷疑甚至不相信銘文，無法提出器的年代判定的任何根據。我們不得不認爲他不相信銘文完全是因爲他的不用功。銘文也好，器本身也好，贗品多的是。只要是學者，就靠自己的能力排除贗品而已。這是誰都明白的道理。

　　濱田先生在 1938 年去世，他的學生梅原末治先生（1893—1983）在中國青銅器的領域大展身手。梅原先生在東方文化研究所，在濱田先生的指導下，以“古銅器形態的考古學研究”爲題進行研究，1940 年題目相同的研究報告由東方文化研究所出版。梅原先生對以往中國人的銘文研究和青銅器的分類法加以批評[110]，提倡“考古學性質”的分類。在此先引梅原先生的說明[111]，然後參考研究報告的圖版列舉他分的器類：

　　　　第一類　容器中形制最單純的，從皿、鉢派生出來的器——盤、鑑、漢代的尊、簋、盂、盨、簠、敦、豆、鐙

　　　　第二類　容器中形制最普遍的，從壺派生出來的器——瓠形尊、觶形尊、有肩尊、觶

　　　　第三類　腹大口頸小的壺形器——罍、壺、細長壺、缶、鍾

　　　　第四類　類似第三類，但有蓋、提梁的壺形器——卣、提梁鍾

　　　　第五類　腹徑比體高大的壺形器——瓿、盥缶、釜

　　　　第六類　可以看作壺的一種的矩形深腹鉢形器——方彝

　　　　第七類　有款足或柱形足的，很有特色的深腹鉢形器——鬲、鬲鼎、鼎、方鼎、扁足鼎

　　　　第八類　類似第七類，但唇緣的形狀不同的器——角、爵、斝

　　　　第九類　雖然是壺形，但有流和鋬的形制複雜的器——盉、匜

　　　　第十類　筒形及球形器——筒形卣、敦

　　　　第十一類　前幾類的複合形器——甗、博山爐

　　　　第十二類　禽獸形等形制特殊的器——鳥獸形尊、卣、匜

　　　　第十三類　樂器類——鐘、鉦、錞于、鼓

　　他是想擺脫中國人宋代以來使用的分類，而作新的“考古學性質”的分類。過去沒有人作過這個嘗試，這個意圖是可嘉的。但他對這個分類的標準和理論基礎未置一詞。其實只要看一下此表就可以知道這是爲什麼。是因爲根本沒有，所以沒寫。這並不能算是形態上的分類。例如第七、第八類裏多麼包括各種各樣形制的器！再看最後一類，他把不同形狀的樂器一股腦兒全都放在“樂器”下。無庸說這也不

---

〔110〕　不幸的是，上述濱田先生對金文研究的不用功和不努力去理解的毛病，被他的學生忠實地繼承。梅原先生在這份報
　　　　告的提要中云：
　　　　　　郭沫若、高本漢他們只探討以往所知資料的銘文內容，而不考慮銘文可以後刻。他們站在銘文和器物本來不可
　　　　分開的前提上，把從銘文考釋得到的斷代結論直接用到器物和圖文上加以討論，進而建立所有古銅器的形制的演變
　　　　過程和編年方案。我不敢苟同這種研究態度。（梅原 1944:155）
　　　　只要學過一點金文，就不會說這種話了。

〔111〕　梅原 1944:156—157。

是根據用途的分類[112]。如果這是"考古學性質"的分類，那麼考古學是怎樣的學問，梅原先生究竟是怎麼理解的呢[113]？

總而言之，梅原先生擅長的不是研究，而是蒐集資料[114]。他把流散到國外收藏家手中和博物館的資料蒐集起來，出版資料集，對學界作出很大的貢獻。當時梅原先生出版的資料集如下：

《歐美蒐儲支那古銅精華》，京都，1933 年
《戰國式銅器の研究（戰國式銅器之研究）》，京都，1936 年
《洛陽金村古墓聚英》，京都，1937 年，1943 年增訂

十九世紀末到二十世紀中期大陸解放這個時間段內，中國由於政治、社會不穩定，收藏品的散佚和古墓的盜掘頻繁發生，商周青銅器在市場上買賣，也有不少器流入海外。爲此日本在除上面介紹的住友吉左衛門之外，還有許多中國文物的收藏家也建立了商周彝器收藏。這個時期京都學者的研究水平如上所述，東京那邊也並無商周青銅器研究的專家。1931 年平凡社出版《書道全集》第一卷殷周秦，其解說部分由金匠香取秀真寫《支那の古銅器（支那的古銅器）》，書法家樋口銅牛寫《鐘鼎文字概說》，書法史家藤原楚水寫《金文の著錄に就て（關於金文著錄）》，這些解說只是介紹中國金石家的常識而已[115]。1932 年東京帝室博物館舉辦的周秦文化展覽會的圖錄《周漢遺寶》由東京帝室博物館的原田淑人和矢島恭介編纂、解說，但此二人對商周彝器完全是外行。雖然日本的研究水平如此，但造就了許多精良收藏，全靠古董商和收藏家的眼力。在此列舉一下現存的收藏（按照收藏家、所蒐集商周彝器的概數，收藏地、圖錄的順序列舉）：

東京國立博物館　約 30 件（從 1900 年代開始蒐集），没有系統的目錄和圖錄
根津嘉一郎（1860—1940）　約 40 件（1910 年代—1940 年代蒐集），根津美術館（1940 年設立），《青山莊清賞》古銅器篇（1942 年）
嘉納治兵衛（1862—1952）　約 50 件（1920 年代—1940 年代蒐集），白鶴美術館（1934 年設立），《白鶴帖》第一集（1931 年）、《白鶴吉金集》（1934 年）、《白鶴吉金撰集》（1951 年）
住友吉左衛門（第十五代）友純（1864—1926）　約 160 件（1890 年代—1920 年代蒐集），泉屋博古館（1930 年設立），《泉屋清賞》增訂本（1919 年）、《陳氏舊藏十鐘》（1922 年）、《泉屋清賞續編》（1925 年）、《刪訂泉屋清賞》（1934 年）、《泉屋清賞》新收編（1961 年）
中村不折（1866—1943）　約 30 件（1900 年代—1930 年代蒐集），書道博物館（1936 年設立財團法人），《陳列品目錄 解說附》（1954 年左右）
黑川幸七（第二代）（1871—1938）　約 40 件（1910 年代—1920 年代蒐集），黑川古文化研究所（1950 年設立），《中國古代青銅器展覽目錄》（1979 年）
藤井善助（第四代）（1873—1944）　約 40 件（1920 年代—1930 年代蒐集），藤井有鄰館（1926 年設立），《有鄰大觀》玄、黃（1932 年）

---

[112] 這個分類可以和陳夢家《中國銅器概述》（陳夢家 1946）之五《形制》相比較。
[113] 梅原先生在研究報告中說，由於導師濱田先生在這份報告提交後不久去世，羽田亨先生閱讀全書，並給梅原先生提出了很懇切的意見。若果真如此，不僅是濱田先生，羽田先生也得對這份報告的質量負責任。
[114] 梅原先生也在研究報告的例言中自豪地稱，報告中所使用的資料幾乎都是親眼看過的，也是花費二十年的時間訪問國內外的博物館和收藏家蒐集起來的。
[115] 1932 年出版的《支那工藝圖鑑》金工編的解說册《支那の金工（支那的金工）》也是香取秀真撰寫的。

中村準策（1876—1953）　約 60 件（1920 年代—1940 年代蒐集），寧樂美術館（1940 年設立），《寧樂譜》（1969 年）

出光佐三（1885—1981）　約 40 件（1950 年代開始蒐集），出光美術館（1972 年設立），《中國古銅器》出光美術館選書 3（1966 年）、《中國古代の美術（中國古代的美術）》（1978 年 5 月—9 月出光美術館展觀的圖録）（1978 年）

松岡清治郎（1894—　　）*　約 10 件（近年蒐集），松岡美術館（1975 年設立）

中山正善（1905—1967）　約 30 件（1940 年代—1960 年代蒐集），天理參考館（1926 年設立），《天理參考觀圖録》中國編（1967 年）、《中國の青銅器（中國的青銅器）》（1）殷周編，資料案内叢書 10（1971 年）

此外，東京青山的竹内金平、東京澀谷的鹽原又策的名字見上引 1932 年出版的《周漢遺寶》。關於竹内金平，除了《周漢遺寶》所載的 3 件外，我於 1953 年在他鎌倉的府上還看過春秋時期的鎛。鹽原又策出過圖録《朋來居清賞》，收 35 件商周彝器。其中 5 件在 1948 年入藏東京國立博物館。1932 年出版的《支那工藝圖鑑》金工編除上引的器外還有京都的山中松次郎、京都的伊藤莊兵衛的若干收藏品。山中松次郎是京都粟田口的山中商會的主人。伊藤莊兵衛的收藏品據說在他死後散佚了。1920、1930 年代的商周青銅彝器收藏家還有大阪的齋藤悦藏，他是《董盦吉金圖》（1924 年序）所載田父甲六器的收藏者。另外根據京都大學人文科學研究所 1932 年的調查記録，東京的山本悌次郎收藏克鼎等青銅容器。聽說山本先生在成爲政治家的時候處理了他的收藏品[116]。這件克鼎現在爲書道博物館所藏。我們研究所的調查記録中，小川睦之輔的名字也作爲伊簋、羽渦紋鐘的收藏者出現。

二戰後，由於税的關係，圖録中不公開收藏者的名字。因此我們也不介紹目前收藏家的情況。二戰後的商周青銅器收藏家中已經去世的，其收藏品散佚的人，可以舉出京都的野田鏐五郎、東京的長尾欽彌。

話得稍微往回追溯一點説，作爲京都大學文學部教授大展身手的梅原末治也在 1956 年退休，他對中國古銅器研究領域的貢獻以 1959—1962 年《日本蒐儲支那古銅器精華》五册的出版結束。水野清一（1906—1971）是從 1929—1930 年北京留學時開始對商周青銅器感興趣，致力於資料蒐集。但自從回國進東方文化學院京都研究所工作以後，除了只發表一兩篇小文章外，主要從事中國佛教藝術研究。二戰後，由於當時激烈的社會變動，古董的移動非常頻繁，此時他在古董商、收藏家的協助下，重新開始蒐集中國古銅器的照片、拓本、實測圖等研究資料。又經過 1958 年日本經濟新聞社主辦的"中國殷周青銅器展"及 1959 年該社出版的《殷周青銅器と玉（殷周青銅器與玉）》的準備工作，他對商周青銅器大大加深了認識。

1953 年水野先生編《東方學報》"殷代青銅器文化研究"專號（第 23 册），自己撰寫《殷周青銅器編年の諸問題（殷周青銅器編年的各種問題）》，討論商、西周間的青銅器編年。關於這篇文章，我們在後面詳細介紹和批評[117]，但他根據銘文辨別商、西周間的青銅器，這個做法是不對的；他對各種型式器類的分類，其標準的選擇也很粗略。水野先生在 1958 年自己編的《世界考古學大系》第六卷東亞 II 中負責撰寫關於青銅器的一章[118]，簡單整理對青銅彝器各器類時代變遷的意見。他在翌年出版的《殷周青銅器

---

〔116〕　這是從已故黑川いく子（黑川古文化研究所原理事長）那裏聽到的。

〔117〕　參看本書第二編第一章第三節之二。

〔118〕　水野 1958。

＊　譯按：松岡清治郎 1989 年去世。

與玉》前面收録許多圖版，後面撰有正文，是供觀賞的書。正文部分也和書的性質相稱，選幾個話題作介紹，可讀性很强。當時日本這方面没有什麼好書，此書則對中國藝術愛好者起了古銅器觀賞入門讀物的作用，這一點可以給予很高的評價。水野先生對青銅器的文章停留在陳夢家的階段，没有開拓什麼新的境地。但和連郭沫若《兩周金文辭大系》的意義也不能理解的他的師兄相比，可以算是很大的進步吧。

　　樋口隆康先生（1919—）*在 1963 年京都大學文學部紀要上發表《西周銅器の研究（西周銅器之研究）》[119]。他參考郭沫若創始的根據銘文斷代的方法——以銘文所見人名、地名爲線索聯繫相關器，以建立幾個器群——的成果，利用從 1950 年代驟然增加的具備考古發掘信息的西周青銅器資料，試圖作出西周青銅器的編年。他的方法如下：

> 首先根據出土信息可靠的新出資料，從銘文和器形兩個方面蒐集相關器，設定幾個青銅器群。以一件器爲中心的群内的關係自然可以分爲關係密切的器和比較疏遠的器。我們根據關係密切的器可以判斷某個時代的特徵，根據關係疏遠的器可以判斷前後相接的不同時代的特徵，據此可以建立最穩妥的編年。[120]

自從 1920 年代商周青銅彝器在日本和歐洲成爲考古學者關注的對象以來，大家一直盼望的，具備科學發掘信息的青銅器資料，1950 年代以後總算多起來了。樋口先生是率先全面利用這種資料的考古學者，可以説他的青銅器編年研究具有劃時代的意義[121]。

　　筆者最初對商周青銅器的紋飾産生興趣，繼而開始這方面的研究。以往學者在研究商周時代紋飾時利用其他文化的例子作比較。這些例子所屬的時代有時與商周時代相當，有時不相當。但無論如何，都無法證明那些例子所屬文化與商周文化有關係。甚至有時拿現代民族的例子和商周青銅器作比較，以對商周青銅器的紋飾作解釋[122]。我們不滿足於這種方法，試圖通過如下方法根據中國本身的證據進行解釋：第一，利用根據圖像的題記及同時代的文獻可以知道名稱和性質的圖像，由此追溯到商、西周時代[123]；第二，探索古文字所象的原形圖像[124]；第三，把文獻記載和圖像相連接[125]。要採用這些方法，尤其是第一個方法，必須盡可能正確地把握所用資料的年代的早晚。因此筆者很早開始也致力於這方面的研究[126]。爲了進行這項研究，筆者在京都大學人文科學研究所到任後馬上開始製作商周青銅彝器已公開資料的卡片，直到現在。在對這些卡片作分類前有一個問題必須考慮，爲此發表了《殷周青銅彝器の名稱と用途（殷周青銅彝器的名稱和用途）》[127]。至於商周青銅器的編年本身，筆者把《殷後期文化の基礎的編年（殷後期文化的初步編年）》、《春秋戰國時代文化の基礎的編年（春秋戰國時代文化的初步編年）》作爲《中國殷周時代の武器（中國殷周時代的兵器）》（1972 年）附論發表。通過解放後的殷墟發掘，根據陶器進行的殷墟文化的四個分期開始有些眉目。筆者在《殷後期文化的初步編年》中探索與這個分期相對應

---

〔119〕　樋口 1963。
〔120〕　樋口 1963:4—5。
〔121〕　樋口先生還有《中國の銅器（中國的銅器）》（1967 年）。此書是共 158 頁的概論性著作。
〔122〕　例如石田 1928，Henze1932、1936，奧村 1939。
〔123〕　林 1952、林 1953、林 1966。
〔124〕　林 1953、林 1960、林 1963、林 1964a、林 1970。
〔125〕　林 1953、林 1971a。
〔126〕　1953 年提交的研究獎學生前期的研究報告是《鐘の研究（鐘的研究）》（不知其所在）。
〔127〕　林 1964。

---

*　譯按：樋口隆康 2015 年去世。

的青銅器。在《春秋戰國時代文化的初步編年》，筆者把根據銘文可以知道絕對年代的器和發掘品中形制、紋飾相同的器對比，描述春秋、戰國時代青銅器形制演變的大致過程。這兩篇文章主要的研究資料都是具備考古發掘信息的器物，而沒有考慮在數量上佔絕大多數的公私收藏品中缺乏這些信息的器物，因此資料上有偏頗，判斷有不妥當的地方。1978 年發表的《殷西周間の青銅容器の編年（殷西周間的青銅容器的編年）》對商、西周間的一些青銅容器嘗試使用了本書第五章討論的殷周彝器編年的方法[128]。這個問題我們在第五章討論*，在此不作介紹。

第三節　歐　美†

　　要説歐洲最早期的中國青銅器蒐集，應該是塞努斯基（H. Cernuschi）的收藏品。他把自己的收藏品捐贈給巴黎市，其藏品現在收藏在以他的名字命名的美術館。他在 1871—1873 年的遠東旅行途中，在東京和北京熱衷於購買青銅器。此時購買的青銅器在 1872—1874 年巴黎的産業宮舉辦的展覽會上公開，據説引起了觀衆極大的興趣。當時展覽的青銅器據説達 1500 件，但其大部分是日本的人物像、動物像、佛具之類，中國的文物也大都是文具、裝飾品，真正的古代青銅器只有 20 多件而已[129]。

　　關於歐洲真正對商周青銅器感興趣，並開始蒐集的情況，見於以中國藝術品的大收藏家聞名的尤莫佛里斯（G. Eumorfopoulos）爲其藏品圖録所寫的前言中[130]。他説：第一次世界大戰（1914—1918）前，歐洲對這個方面的藝術品興趣很低，雖然這類古董在各家收藏品中不是完全没有，但還不太清楚真品和後世贋品的區別；這個時候在遠東的住友男爵進行了大規模的蒐集，並出版了非常精美的圖録，尤莫佛里斯也從這部圖録受到了啟示；因爲收藏家的興趣很低，真正好的精品没有流入歐洲；最早流入英國的青銅器精品是乃子卣[131]，這是世界大戰發生前流入的；青銅器精品頻頻出現於歐洲，乃是世界大戰結束後的事[132]。

　　1920 年代，關於銅器的著作在歐洲也開始出現。喜龍仁（O.Siren）在 1929 年出版的《中國早期藝術史》中引用這些著作，並加若干評語[133]，在此引用一下他的介紹和評語：

M. E. A. Voretzsch: *Altchinesische Bronzen,* Berlin, 1924
　　收録許多故宫所藏青銅器的照片，但遺憾的是年代不確。

A. J. Koop: Ancient Chinese Bronzes, London, 1924
　　收録很好的照片，是普及性著作。

W. Perceval Yetts: Chinese Bronzes, *Chinese Art,*（Special Issue of *Burlington Magazine*），1925
　　引人入勝地引用不少中國人的著作，並提供很好的文獻目録，是一部好書。

---

〔128〕林 1978。

〔129〕Elisseeff1977, Preface.

〔130〕Yetts1929.

〔131〕Yetts1929, Pl. XVIII—XIX.

〔132〕Kümmel1928 收録 1900—1912 年在日本、北京購買的殷周彝器若干件。

〔133〕Siren1929: 34, n.（1）.

---

*　譯按：此 "第五章" 當是 "第二編第一章" 之誤。

†　譯按：這一節有張長壽先生的中文翻譯：《歐美搜集、研究中國青銅器的歷史》，中國社會科學院考古研究所《考古學參考資料》7—8，文物出版社，1991 年 12 月。此次我們在張先生翻譯的基礎上重新作了翻譯。

Arthur von Rosthorn: Die Altchinesischen Bronzen (*Beiträge zur Kunst und Kultur Asiens*), 1926
　　根 據 語 言 學、歷 史 學 的 發 現 進 行 研 究。

Tchou Tö-yi: *Bronzes antiques de la Chine appartenant à C. T. Loo et cie*, Paris 1924

　　喜龍仁給予最高評價的葉慈（Yetts）的著作内容如下：從夏禹九鼎説起，介紹銘文的實例，介紹中國文獻所見銅産地、合金（《周禮·考工記》）、鑄造法、鏽、僞器等記載，還從歐洲的立場討論中國青銅器的起源和系統的問題，最後附文獻目録、年表、地圖（以上三個附録共有二十頁）和十五幅圖版。我們通過此書可以知道 1920 年代前半的歐洲人多麼不了解葉氏所寫的那些内容，這是一件饒有趣味的事。另外，文獻目録告訴我們當時發表的研究多麼少。

O. Siren: *Histoire des arts anciens de la Chine, 1. La periode préhistorique, l'époque Tcheou, l'époque Tcheou et Ts'in*, Paris, 1929

這部著作也是利用中國人的研究寫的，没怎麼超越中國人研究的水平。喜龍仁説：周代青銅器中，科學發掘所得的，用途和年代的信息都具備的器至今也没有；因此排列青銅器按照器類比按照年代順序方便；關於器物的用途，我們根據文獻記載可以了解不少，但現在没有能提供可靠年代的銘文，因此各器年代的先後關係是只有通過紋飾研究纔能確定[134]。此書總讓讀者覺得有點不放心。
　　葉慈與喜龍仁不同，他很認真地讀中國人的著作，也包括銘文。他在尤莫佛里斯圖録的序文中説：

　　　　我很清楚地知道，不管是什麼領域，要想認真研究中國文化，第一步就是參考中國人寫的文
　　　　獻，這是極爲重要的。[135]

這部圖録前面的正文分爲三章：青銅器銘文、青銅器鑄造技術、古器的分類和用法，其頁數分别是三十三頁、六頁、十一頁。這個比例很好地説明葉慈是把主要精力放在中國人研究的介紹上的。銘文一章從《説文》説起，談到銘文内容的形式分類。這麼周到的書，想必當時起了很好的啟蒙作用吧。
　　歐洲的中國古代青銅器收藏在 1920 年代到 1930 年代迅速地發展起來了。山中定次郎在《歐美蒐儲支那古銅精華》的序文（1933 年）中説：

　　　　……其後歐美人士的興趣從陶瓷器轉向此種古器（引者按，即古銅器），最近有不少精品被船
　　　　載流入歐美，導致其鑑賞和研究在彼地逐漸盛行，以至於全世界收藏、鑑賞。

《歐美蒐儲支那古銅精華》收録的是梅原末治先生在 1926 年底到 1929 年留學歐美期間——主要是最後一年——蒐集的歐美收藏古銅器的照片。我們通過這部圖録能夠窺見 1920 年代末歐美的商周彝器蒐集情況的一面。
　　根據此書，歐洲的公立博物館中，柏林東亞藝術博物館最引人注目。這裏的青銅器是館長庫墨爾（O. Kümmel）盡力蒐集的。有庫墨爾編的圖録：

---

〔134〕　Siren1929: 33.
〔135〕　Yetts1929, Preface, p. ix.

O. Kümmel: *Chinesische Bronzen aus der Abteilung für Ostasiatische Kunst an den Staatlichen Museen Berlin*, Berlin, 1928

該博物館的青銅器在二戰時散佚，目前下落不明。至於個人收藏家，尤莫佛里斯收藏了不少精品。其圖錄是：

W. P. Yetts: *The George Eumorfopoulos Collection, Catalogue of the Chinese and Corean Bronzes, Sculpture, Jades, Jewellery and Miscellaneous Objects*, London, 1929

在英國，柯爾兄弟（A. E. K. Cull 和 James K. Cull）收藏一對禺邘王壺等十件商周時代青銅器精品，這些器目前收藏在大英博物館（British Museum），見葉慈的圖錄：

W. P. Yetts: *The Cull Chinese Bronzes*, London, 1939

此外還有巴黎的戴維·韋爾（D. David Weil）、柏林的瓦爾希（E. Worch）、巴登的芒通（J. H. P. F. Menton）等人分別收藏幾件。蒐集銅器的古董商有巴黎的王涅克（L. Wannieck）、盧芹齋（C. T. Loo）、倫敦的山中商會。另外，1920 年代特呂布納（J. Trübner，1901—1930）從中國進口青銅器，此事庫墨爾有所介紹[136]。

以中國古代遺物的積極蒐集和其館刊著名的瑞典斯德哥爾摩的遠東古物博物館（Museum of Far Eastern Antiquities）是 1925 年得到政府的資助，由瑞典中國研究委員會（Swedish China Research Committee，1918 年設立）建立的，1929 年出版《遠東古物博物館館刊》第一輯。該博物館建立後不久，在中國青銅彝器方面獲得了喜龍仁和羅振玉的藏品[137]，其後卡爾貝克（O. Karlbeck）在 1928、1930、1935 年去中國購買，藏品更加充實[138]。

與卡爾貝克同時，居住在中國致力於蒐集出土文物的是懷履光（W. C. White，1873—1960）。他在 1909—1934 年擔任河南教區的英國國教會主教，1924 年受多倫多安大略皇家博物館（Royal Ontario Museum）之託開始收購安陽、洛陽等地出土的考古遺物，爲蒐集藏品傾注了熱情，直到 1934 年辭去主教，作爲該博物館第一任東亞收藏部主任回國。現在該博物館收藏的非常豐富的藏品就是他蒐集的[139]。懷履光蒐集的商周青銅器有圖錄：

W. C. White: *Bronze Culture of Ancient China*, Toronto, 1956

下面看美國的情況。上引梅原先生書彝器部的卷首是紐約大都會藝術博物館（Metropolitan Museum of Art）所藏、端方舊藏的所謂杙禁，即 1901 年寶雞發現的一套青銅器，據說是 1924 年購買的[140]。附帶説，端方舊藏的番生簋等有銘文的青銅器多數在 1932 年入藏於堪薩斯城的納爾遜美術館（William Rockhill Nelson Gallery of Art）[141]。

----

[136] Kümmel1930.

[137] Bulletin of the Museum of Far Eastern Antiquities, no. 1, Preface.

[138] Karlbeck1957.

[139] Walmsley1974: 137—160.

[140] 梅原 1933a，序説 1—2 頁。

[141] 根據 Acquisition no. 的日期可知。

　　在美國，富田幸次郎擔任東亞部副部長的波士頓美術館（Museum of Fine Arts, Boston）也蒐集古銅器。也曾幫助過梅原先生的羅吉（John Ellerton Lodge）在 1920—1942 年擔任弗利爾美術館（The Freer Gallery of Art）館長，精選中國青銅器的絕品幾十件[142]。其圖錄如下：

　　J. E. Lodge, A. G. Wenley and J. A. Pope: *A Descriptive and Illustrated Catalogue of Chinese Bronzes acquired during the Administration of John Ellerton Lodge*, Washington, 1946

　　此外，上引梅原先生書介紹的商周彝器的私人收藏家還有侯姆夫人（C. R. Holmes）、穆爾夫人（W. H. Moore）、白金漢女士。侯姆夫人的收藏有圖錄：

　　Selected Ancient Chinese Bronzes from the Collection of Christian Holmes

　　關於穆爾夫人的情況不是很清楚。白金漢女士是露西・莫德・白金漢（Lucy Maud Buckingham）。凱特・S・白金漢（Kate S. Buckingham）爲了紀念其妹妹，從 1926 年開始收藏，此事見於其圖錄：

　　Charles Fabens Kelley and Ch' en Meng-chia: *Chinese Bronzes from the Buckingham Collection*, Chicago, 1946[143]*

　　此外，皮爾斯白瑞（Pillsbury）開始購買青銅器也是 1930 年，此後繼續了 20 年的蒐集活動。他出版了很精美的圖錄，並附高本漢的解說：

　　B. Karlgren: *A Catalogue of the Chinese Bronzes in the Alfred F. Pillsbury Collection*, London, 1952[144]

　　二戰前歐美中國藝術界的盛事是 1935 年 11 月到 1936 年 3 月在倫敦舉辦的中國藝術國際展覽會。青銅器方面，中國展出故宮等所藏青銅器一百件，加上英國等歐洲各國、美國、日本的出品，就彝器一類已經達兩百件，盛極一時。這次展覽會出版了圖錄：

　　The Chinese Exhibition, A Catalogue of the International Exhibition of Chinese Art, Royal Academy of Arts, November 1935—March 1936, London, 1936
　　《參加倫敦中國藝術國際展覽會出品圖說》第一册銅器，上海，1935 年、1936 年

　　1920 年代到 1930 年代，包括極其精美的絕品在內的大量青銅器不斷地流入美國，除上面介紹的人以外還有很多收藏家。我們可以從陳夢家蒐集的資料去了解 1940 年代中期的情況：

[142]　Lodge, Wenley and Pope1946, Preface.
[143]　Kelley and Ch'en1946, Preface, Foreword.
[144]　Karlgren1952a, Foreword, Acknowledgement.

*　譯按：此書有中文翻譯版：田率譯《白金漢所藏中國銅器圖錄：漢英對照》，金城出版社，2015 年 1 月。

陳夢家編、松丸道雄改編《殷周青銅器分類圖録》，1977 年，東京

這是陳氏作爲清華大學教授在二戰末期去美國蒐集的照片和拓本的圖録 [*]。

到了 1930 年代中期，在中國經過這方面的專家篩選的高水平青銅器圖録出版了很多，日本、歐美也形成了幾家大規模的古銅器收藏，獲得精良的圖版和照片成爲可能，因此就能夠在自己的書齋裏進行青銅器的綜合研究。高本漢（B. Karlgren，1889—1978）的一系列研究是在這種情勢下產生的。高本漢在 1936 年發表這篇文章：

> B. Karlgren: Yin and Chou in Chinese Bronzes, *Bulletin of the Museum of Far Eastern Antiquities*, no. 8, 1936

該論文對殷周青銅器進行編年。他採用的斷代標準，和郭沫若《兩周金文辭大系》、吳其昌《金文疑年表》[145] 一樣，是銘文。衆所周知，高本漢是中國語言學的專家，閱讀中國人的著作毫無困難，因此馬上就用上了新穎的方法 [146]。就是說，從銘文裏得到斷代的根據，進而找出殷、西周等各期有特色的器形和紋飾因素。高本漢翌年還發表了一篇文章：

> B. Karlgren: New Studies on Chinese Bronzes, *Bulletin of the Museum of Far Eastern Antiquities*, no. 9, 1937

這篇論文詳細論述殷式（—前 1122）、殷周式（前 1122—前 950 左右）及鄂爾多斯式和淮式的關係。關於淮式的年代，他在如下文章詳細討論：

> B. Karlgren: Notes on Kin-ts'un Album, *Bulletin of the Museum of Far Eastern Antiquities*, no. 10, 1938, pp. 65—81

關於淮式形成的由來，這篇文章中有詳細討論：

> B. Karlgren: Huai and Han, *Bulletin of the Museum of Far Eastern Antiquities*, no. 13, 1941

關於商周青銅器的紋飾，發表了這篇文章：

> B. Karlgren: Notes on the Grammar of Early Bronze Décor, *Bulletin of the Museum of Far Eastern Antiquities*, no. 23, 1951, pp. 1—80

---

〔145〕 吳其昌 1932。
〔146〕 這就是與濱田、梅原等我們的老前輩不同之處。

---

[*] 譯按：這是中國科學院考古研究所《美帝國主義劫掠的我國殷周銅器集錄》（科學出版社，1962 年 8 月）的翻印本，卷頭有松丸先生的序言《殷周青銅器と陳夢家氏の研究》（此文有陳公柔先生的中文翻譯：《陳夢家及其對殷周青銅器的研究》，中國社會科學院考古研究所《考古學參考資料》5，文物出版社，1982 年 3 月）。此外，松丸先生把陳夢家先生的英文論文《中國青銅器的形制》（Ch'en 1945—1946）翻譯成了日文，附在序言之後，並增添了全書的分類細目。

高本漢通過這些論文建立了自己的研究體系。對中國的學問很有素養的學者用西方的語言撰寫的，如此具有系統性的研究，不用説當時，至今也没有第二個。高本漢在這個方面的研究對歐美學者作出的貢獻極大。

高本漢的思考邏輯性極高，而且縝密、周到，但可惜的是他的縝密思考有時候出現很大的漏洞。例如他在《中國青銅器中的殷與周（Yin and Chou in Chinese Bronzes）》一文中批評以往學者根據圖像符號和天干祖先名的有無來區別商器和周器，指出周代也有使用圖像符號和天干名的例子，卻認爲亞字形、析子孫形（🜨）、舉形（🜨）確實只有商代纔有，把這些符號當作殷器的標準[147]。他的理由是，帶有這些符號的銘文中也有長篇銘文，但都没有表示它屬於周代的例子。然而就從邏輯來説，既然其他的圖像符號中有從商代延續到周代的例子，那麼即使現在這三個符號確實存在像高本漢所説那樣的情況，也無法保證將來其反證不會從地下出現。用高本漢的這個方法甄別出殷器，如果能從中歸納出明確有限定性的殷式，那就是奇迹。當然這個奇迹没有出現。於是高本漢不得不得出如下結論：

> 具有相同型式、紋飾的青銅器從商代到周代製作了很長時間。青銅器鑄造作坊中存在着遵守神聖傳統的保守主義，這個保守主義在殷周革命後延續了一百年。[148]

這種不符合考古學常識的情況是不可能存在的。筆者以前也證明過，這種情況確實不存在，青銅器的型式從商末到周初隨着時代發生變化[149]。

高本漢在《中國青銅器的新研究（New Studies on Chinese Bronzes）》一文中把商代到西周時期的青銅器紋飾分爲 A、B、C 三類，對 A 式和 B 式進行討論，這也是高氏酷愛邏輯的性格帶來負作用的一個例子。高本漢不由分説地選出的各式具有如下性質：A 式和 B 式不會出現在同一件器上，A 式只和 A 式或 C 式一起出現，B 式則只和 B 式或 C 式一起出現。然而，既然設定了和 A 式、B 式都一起出現的 C 式，討論 A 式和 B 式時代、流派的區別就没有意義了。高本漢竟會没注意到這一點，究竟是怎麼一回事[150]？

歐美有不少學者對中國商周青銅器的以動物爲母題的紋飾感興趣，並著文討論[151]。有些學者利用與中國關係密切的民族學資料加以比較，其中亨采（Hentze）的成果較爲顯著：

C. Hentze: *Myth et Symboles Lunaires*（*Chine ancienne, Civilisations anciennes de l'Asie, Peuples limitrophes de Pacifique*）, Anvers, 1932

C. Hentze: *Objets rituels, Croyances et Dieux de la Chine et de l'Amerique*, Anvers, 1936

C. Hentze: Le Symbolisme des Oiseaux dans la Chine anciennes, *Sinologica*, vol.5, 1958, pp. 65—92

內容如題目所示 *。商周青銅器的紋飾與民族資料的類比雖然很容易引起外行人的興趣，但在大多數情況下其比較對象所屬的文化之間的歷史關係不明，因此其意義最多只不過是提供一個可能的解

---

[147] Karlgren1936: 19—21.

[148] Karlgren1948: 32.

[149] 林 1978。

[150] 高本漢在此後的很長時間裏繼續作 A 式、B 式的無謂的討論（Karlgren1946、1959）。

[151] 據説象動物形的殷周青銅器因爲歐美人很喜歡，以高價購買，所以有不少這類器流到歐美。

---

* 譯按：第一篇論文題目可譯爲《月的神話與象徵》，第二篇爲《禮器——中國與美洲的信仰與神》，第三篇爲《古代中國中的鳥的象徵意義》。

釋而已。

討論特殊的器形或其母題的研究則有：

A. Salmony: A Problem in the Iconography of Three Early Bird Vessels, *Archives of the Chinese Art Society of America*, vol. I, 1945—6, pp. 53—65

J. L. Davidson: The Bird-in-Animal-Mouth on Chinese Bronzes, *Gazette des Beaux-Arts*, vol. 27, 1945, pp. 5—14

前者討論鴟鴞卣和鴟鴞尊，後者解釋題目所示的母題。此外薩爾蒙尼（Salmony）的女弟子瓦特培里（Waterbury）發表如下著作：

Florence Waterbury: *Early Chinese Symbols and Literature, Vestiges and Speculations*, New York, 1942

此書研究商周時代青銅器等所見動物母題的表現形態，把各種動物紋認定爲虎、水牛、牛、龍、蛇等，並參考《周禮》、《禮記》等中國古文獻中所記的這些動物的職能及象徵意義，推測這些動物紋的象徵意義。她的研究做得很細緻，但囫圇吞棗地相信古籍的記載，把這些記載和商周動物紋聯繫起來的方法太過於天真，其結論的大部分也難以令人信服。瓦特培里還有一部著作：

Florence Waterbury: *Bird-Deities in China*, Ascona, 1952

此書研究的是商周時代器物上的鳥乃至人鳥合體的各種神。她把中國以外的世界各國史前時代到近代的民俗中同類的神拿出來作參考，認爲中國的這類神也來自與這些國家的民俗相同的觀念。我們不禁有如下印象：在採用這種方法之前，應該首先學習漢語，更加深入地研究中國本身的資料。

高本漢把商周時代器物上的動物形象只當作識別某一個時期特有的型式的標準。亨采等學者與此不同，認爲這些動物紋是具有象徵意義的神，並把它們當作研究對象。其中引人注目的是康斯滕（Consten）女士的研究。她重新對動物紋進行全面的分類和命名，把它作爲研究的第一步：

Eleanor von Erdberg Consten: A Terminology of Chinese Bronze Decoration, *Monumenta Serica*, vol. XVI, pp. 287—314, vol. XVII, pp. 208—254, vol. XVIII, pp. 245—293, 1957—1959

她把動物紋分爲鬼神、象徵性動物、抽象符號，但她此後似乎沒有對這些對象建立新的理論或研究方法。

在青銅器紋飾研究方面，我們還要介紹兩位韋伯（Weber）先生的研究。Charles D. Weber 討論春秋末到戰國時代青銅器的畫像，首先講述有關青銅器的編年，然後使用自己製作的準確精美的摹本進行分類，給這些畫像在中國藝術史上定位：

Charles D. Weber: *Chinese Pictorial Bronze Vessels of the Late Chou Period*, Ascona, 1968

他的斷代妥當，此書可以説是頗爲有用的著作。

另一位韋伯 George W. Weber Jr. 的著作是：

George W. Weber, Jr.: *The Ornaments of Late Chou Bronzes, A Method of Analysis*, Rutgers, 1973

這是超過六百頁的巨著，内容卻非常糟糕。這部書引用許多實例説明公元前六到前五世紀的青銅器上的地紋是哪些構件怎麼組合，以怎樣的形式反復使用構成的。但其觀察極爲粗略，使用的許多圖有錯誤或不準確，而且搞錯方向的圖也有不少。此書根本不值得參考。以上是紋飾方面的研究。

二戰後，羅越（Max Loehr）對青銅器型式演變的研究引起了很大的反響：

Max Loehr: The Bronze Styles of the Anyang Period, *Archives of the Chinese Art Society of America*, vol. VII, 1953, pp. 42—52

他根據紋飾把當時可知的商代青銅器分爲五種型式，認爲此五種型式的年代是前後連續的。其五種型式如下：

第一型式　紋飾的形狀原始，在很平的器表上用很細的凸線表現帶狀的渦紋、目和羽紋等。

第二型式　紋飾是刻線勾勒出來的，其變化比第一型式稍微豐富。

第三型式　紋飾比第二型式更精練、細密。地紋很有節奏地排列羽渦紋。主紋除目外仍然不突出於器表。

第四型式　動物紋陪襯的雷紋開始出現。主紋的高度與陪襯的雷文相同。

第五型式　浮雕紋飾開始出現。

1966 年，索伯（Soper）先生發表文章：

Alexander C. Soper: Early, Middle and Late Shang: A Note, *Artibus Asiae*, vol. XXVIII, 1966, pp. 5—36

此文介紹羅越論文後發現的鄭州、輝縣的殷中期文化，以及偃師二里頭殷早期文化，對羅越理論的先見性給予很高的評價。

弗吉尼亞·凱恩女士信奉羅越先生的商代青銅器五型式説，按照這個分類進行研究。

Virginia C. Kane: The Chronological Significance of the Inscribed Ancester Dedication in the Periodization of Shang Dynasty Bronze Vessels, *Artibus Asiae*, vol. XXXV, no. 4, pp. 335—370, 1973

她把殷墟甲骨文各期的字體演變援用在青銅器銘文中出現的父祖名的天干字上，以確定這些青銅器屬於商晚期的哪一位王的時代。關於此説我們曾作過評介[152]，在此不再詳述。但甲骨文是爲便於鍥刻盡量使用直線筆畫的，而金文忠實地反映毛筆字的字體，凱恩女士的前提是這兩種字體的演變是平行發生的，但誰都明白這個前提根本無法證明。

凱恩女士此外還有一篇文章：

––––––––––––––

[152]　林 1978:9—11。

Virginia C. Kane: A Re-Examination of Anyang Archaeology, *Ars Orientalis*, vol. X, 1975, pp.93—110

此文按照羅越先生的五種型式對安陽出土的文物加以分析。她不討論考古發掘的層位，而根據羅越先生的五種型式判斷石璋如、李濟等人對遺迹的解釋是否正確，方法上就錯了。

在二戰後的歐美，出版了不少收錄商周青銅器的圖錄。在歐洲出版的比較可觀的圖錄有如下幾部：

H. F. E. Visser: *Asiatic Art in Private Collection of Holland and Belgium*, Amsterdam, 1947

Nils Palmgren: *Selected Chinese Antiquities from the Collection of Gustaf Adolf, Crown Prince of Sweden*, Stockholm, 1948

S. Howard Hansford: *The Seligman Collection of Oriental Art, vol. I, Chinese, Central Asian and Luristan Bronzes and Chinese Jades and Sculpture*, London, 1957

André Leth: *Catalogue of Selected Objects of Chinese Art in the Museum of Decorative Art, Copenhagen*, Copenhagen, 1959

Michael Sullivan: *Chinese Ceramics, Bronzes and Jades in the Collection of Sir Alan and Lady Barlow*, London, 1963

William Watson: *Ancient Chinese Bronzes*, London, 1962

其中最後的沃森（Watson）先生的圖錄是商代到漢代的青銅器的概論。這本書部頭適中，但內容寫得不怎麼樣。此外《遠東古物博物館館刊》有幾篇文章介紹斯德哥爾摩遠東古物博物館的藏品和瑞典的青銅器收藏[153]。

在二戰後的美國出版的商周彝器圖錄，除了上面介紹的皮爾斯白瑞、白金漢的圖錄外，還可以舉出一些：

J. Edward Kidder Jr.: *Early Chinese Bronzes in the City Art Museum of St. Louis*, St. Louis, 1956

Max Loehr: *Relics of Ancient China from the Collection of Dr. Paul Singer*, New York, 1965

René-Yvon Lefebvre d' Argencé: *Ancient Chinese Bronzes in the Avery Brundage Collection*, Berkley, 1966

Eleanor von Erdberg: *Chinese Bronzes from the Collection of Chester Dale and Dolly Carter*, Ascona, 1978

布倫戴奇（Brundage）先生收藏的東方藝術品是 1935—1959 年間蒐集的，而商周青銅器中有不少是二戰後的經濟變動期從日本流出去的。卡特（Carter）先生的收藏品也主要是在日本購買的。外國人在日本蒐集的商周青銅器還有萬孝臣（Willem van Heusden）的收藏品：

Willem van Heusden: *Ancient Chinese Bronzes of the Shang and Chou Dynasties, an Illustrated Catalogue of the van Heusden Collection with a Historical Introduction*, Tokyo, 1952

---

〔153〕　Karlgren1948、1949、1952、1958，Gyllenswärd1977。此外關於丹麥的收藏品，有 Boyer1955。

他的收藏品已經散佚，現存不明。此外美國著名的新興收藏家有賽克勒（Arthur M. Sackler）先生。傳聞他收藏品的圖録將在近期出版 *。

在這許多青銅器圖録中，值得特別一提的是弗利爾美術館的圖録：

John Alexander Pope, Rutherford John Gettens, James Cahill and Noel Barnard: *The Freer Chinese Bronzes, vol. 1, Catalogue*, Washington, 1967

Rutherford John Gettens: *The Freer Chinese Bronzes, vol. II, Technical Studies*, Washington, 1969[154]

第一卷是 1894 年第一次購買以來的 122 件青銅器的圖録，對每一件器都有形制、年代、製造技術的觀察、金屬分析的結果的説明，如果有銘文，則加上拓本和釋文。此書收録精美的圖版和解説，是最完備的青銅器圖録。第二卷對商周青銅器的金屬成分、鑄造法、金屬結構、銘文、X 光照片、鏽蝕、鑲嵌、刻紋、仿鏽、修復等進行説明，其解説對外行的人也易懂，是這個領域唯一、最好的必讀書。

作爲二戰後商周青銅器研究史上的重大事件，毛公鼎真僞問題的爭論也有必要講講。巴納先生在東京大學東洋文化研究所研讀金文，發表了一篇文章：

Noel Barnard: New Approaches and Research Methods in Chin-shih-Hsüe,《東洋文化研究所紀要》19，1959 年，1—31 頁

巴納先生認爲，科學發掘所得的可靠資料的銘文中存在着文字結構的恆常性原則（Principle of constancy of Character structure），同一銘文中的文字，無論出現幾次，都寫成同樣的結構[155]，但毛公鼎銘文中有很多字與這個原則不符。巴納先生在鄭德坤《中國考古學》第三卷（Archaeology of China, III）的書評中重申他的看法。他説，毛公鼎足内側鑄有十、一、V 形符號，並在三足間的外底鑄有凸線的三角形，均不同於通例。他把這些情況作爲毛公鼎的真僞可疑的證據[156]。此外，

Noel Barnard: The Incidence of Forgery amongst Archaic Chinese Bronzes, *Monumenta Serica*, vol. XXVII, 1968, pp.91—168

這篇文章討論宋代以來的歷代僞器，可以看作巴納先生關於這個主題的序論。

鄭德坤先生對此發表這篇文章：

---

〔154〕 有預告説由巴納編 Volume III, Epigraphic Studies，但聽説作者和弗利爾美術館之間出了問題，目前没有出版計劃。

〔155〕 Barnard1959: 25—31.

〔156〕 Barnard1965.

---

* 譯按：後來分三卷出版，出版信息分別如下：

Robert W. Bagley: *Ancient Chinese Bronzes in the Arthur M. Sackler Collections, vol. I, Shang Ritual Bronzes in the Arthur M. Sackler Collections*, Cambridge: Harvard University Press, 1987

Jessica Rawson: *Ancient Chinese Bronzes from the Arthur M. Sackler Collections, vol. II, Western Zhou Ritual Bronzes from the Arthur M. Sackler Collections*, Cambridge: Harvard University Press, 1990

Jenny F. So: *Ancient Chinese Bronzes from the Arthur M. Sackler Collections, vol. III, Eastern Zhou Ritual Bronzes from the Arthur M. Sackler Collections*, Cambridge: Harvard University Press, 1995

Cheng Te-k'un: The Inconstancy of Character Structure in Chinese Writing, *Journal of the Institute of Chinese Studies of the Chinese University of Hong Kong*, vol. IV, no. 1, 1971, pp.137—172

鄭氏引用了李棪先生根據甲骨文的例子反駁巴納先生的意見[157]，也舉了金文等先秦資料中所見非恆常性的例子。巴納先生對甲骨文沒有作過深入研究，想必甲骨文的例子對他打擊很大。在金文方面，科學發掘所得或解放後出土的可靠金文中也有若干非恆常性的例子[158]。但對巴納說的批評並非都是中肯的。例如李棪先生認爲毛公鼎是真器，是因爲自從毛公鼎出土以來中國的收藏者和學者誰也沒有懷疑過其真偽，這只不過是根據權威作反對而已[159]；白川靜先生調查過原物[160]，說坊間所傳偽器說沒有任何根據，但卻完全沒有談到偽器說的論據。看來白川先生似並非看了巴納論文纔作這個發言。但臺北故宮博物院的張光遠先生提出了毛公鼎爲真器的非常重要的證據：

《西周重器毛公鼎——駁論澳洲巴納博士誣偽之說》，《故宮季刊》7—2，1973 年，1—69 頁

張氏注意到的是毛公鼎的第一位買主陳介祺在其銘文拓本的題識中稱銘文有陽文方格。張氏說，經過觀察原物，發現雖然不是很清楚，但確實有方格，據此可知毛公鼎是真器[161]。這對巴納先生的偽器說是致命的意見。巴納先生馬上撰文反駁：

Noel Barnard: *Mao Kung Ting, A Major Western Chou Period Bronze Vessel——A Rebuttal of a Rebuttal and Further Evidence of the Questionable Aspects of its Authenticity*, Canberra, 1974

巴納先生找張先生的碴，說張先生沒有正確理解他的意見。但我們覺得，巴納先生對陽文方格爲何存在於偽器——按照他的意見——上的問題，沒有成功地給出圓滿的解釋[162]。筆者曾經研究過陽文方格是爲了什麼要求而存在的[163]，根據這個研究，陰文的銘文上被留下來的陽文方格與偽器的製造過程毫無關係。

巴納先生對商周青銅器的研究，除了第一章注[11]所引關於鑄造技術的研究外，還有和日本學者共同整理的研究：

Noel Barnard and Sato Tamotsu: *Metallurgical Remains of Ancient China*, Tokyo, 1975

書中的遺迹、遺物總表雖然只收 1966 年 "文革" 開始前的資料，但對殷周青銅彝器出土地點的檢索很有用。此外和中國學者共同整理過銘文資料集：

巴納、張光裕《中日歐美澳紐所見所拓摹金文彙編》九冊，1978 年，臺北

---

[157] Lee1970.
[158] 伊藤、大島等 1976:32—33。
[159] 李棪 1969：序論，47—51。
[160] 白川 1972:10。
[161] 張光遠 1973:52—53。
[162] Barnard1974: 48—51.
[163] 林 1979a。

此書雖然標有"中國"，但不包括解放後中華人民共和國出土的精品。而且此書收録的是解放以前從中國流出去的資料，因此有不少已發表的器。因此，此書雖然部頭很大，但收録得不夠徹底，不太好用。

另外，張光直先生和幾個學者共同進行的研究比較新穎：

張光直、李光周、李卉、張充和《商周青銅器與銘文的綜合研究》上，史語所專刊之六十二，臺北，1973 年

他們爲了研究銘文和器形、紋飾的關係，用電腦整理已發表的商周青銅器。首先列舉器物的著録、出土地點、器形、紋飾、銘文各項的所有種類，給它們加編號；然後用這些編號把各項信息輸入到每一件器物的卡片上。據説有銘青銅器在全世界有 4000 件以上，想必他們爲了這項工作花費了巨大的人力、時間和經費。上引書就是他們在完成了這套卡片的階段發表的。下卷是使用這套卡片進行的研究，他們説已有出版計劃，而且正在撰寫中，但似乎還没有出版。張光直先生利用這套卡片討論過圖像符號和紋飾的大致關係[164]。例如在器種方面，析子孫族喜歡鬲鼎，亞及子孫只有方鼎，没有其他器種；大亞、析子孫、子的三族分別與舉、史、鬲族有密切的關係，前三者是王族，後三者是貴族，各群常用的紋飾有區別等等。關於以上所説的這些情況，他用對應表的形式表示圖像符號中符合各種條件的例子的數量和百分比，並概括地論述他的意見。張先生把可信度有差別的資料當作同等的資料來使用，我們覺得這一點有問題。但希望等下卷出版後再作評價。

雖然規模没有張先生那麼大，但葉理夫（Elisseeff）先生也曾嘗試過這種對器形和紋飾的特徵予以分類並分別編號的研究方法[165]。他對商周青銅器容器類器物的各個部位、紋飾、附加裝飾作了系統的分類，給每一類編號。器形分十一類，如 1（鼎等的）足形，2 圈足的側視形，3 器座的側視形，4 把手類，等等；12 以下是紋飾，從 12 地紋、13 角的形狀、14 紋飾的斷面形開始，也涉及紋飾的母題及其各個部分的形狀，以 39 動物額上的裝飾爲終結。葉理夫先生使用二分法，首先把每一項分二類，然後再把其小類分二類。其分法都是費盡心思。例如 1 足的側視形，分爲與器體相連和不相連，前者再分爲直線和曲線，這兩種再分爲對稱形和非對稱形。又如 22 動物（a）是非地面動物，分爲飛行動物和水生動物，前者再分爲鳥和昆蟲，鳥再分爲鷗鶿和非鷗鶿，昆蟲再分爲蟬和蠶。其圖表各項附略圖。只看這麼多的介紹就可以知道，他的分類是不考慮時代性和意義的關聯，做得很機械。葉理夫先生説正在按照這個分類對銅器的形制進行研究，希望在不久的將來發表[166]。但按照他的研究，例如鼎類的足，其粗細、高矮、彎曲的程度、彎曲的地方、彎曲的形狀都成了斷代的根據。根據這種既僵硬又粗略的標準作研究，究竟會得出怎樣的成果，我們不能不懷疑。

---

〔164〕　張光直 1972。
〔165〕　Elisseeff1977，附表。
〔166〕　Elisséeff1977, Preface, p. v.

第三章　青銅器種類的命名

　　要對商周時代青銅彝器的器形、紋飾、銘文等進行分類研究，首先成爲問題的是青銅器種類的名稱。有些彝器現在有慣用的名稱，如果我們要把它和古籍的記載聯繫起來，當作歷史研究的資料使用的話，必須要弄清楚這些名稱究竟是商周時代也使用的，還是後代的人在沒有什麼確切根據的情況下從古籍中揀出來暫時用的。關於青銅器種類的名稱和用途，容庚[1]和陳夢家[2]有概括性論述，關於個別青銅器種類名稱的研究就更多了。但以往學者的意見不一定都妥當。這或許是有點迂闊的方法，但若要研究商周青銅器，就必須從正名開始。

　　容庚、陳夢家的命名和分類[3]都以根據"自名"爲第一原則。也就是說，如果銘文裏有"作某某"一句，可以知道當時這個器物叫什麼，據此命名。如果沒有自名，就將器物和禮書或小學書所見器名的注釋聯結起來命名。即使沒有確證，按照宋代以來的通例，也用禮書的詞彙命名。器物的用途也根據銘文、古籍的記載確定。這個方法是妥當的。完全不顧銘文和古籍記載的所謂"考古學"分類，即首先建立關於器物形制的很抽象的系統，然後按照這個系統進行分類的方法[4]，是我們所不取的。

---

[1]　容庚 1927、1941，容庚、張維持 1958。

[2]　陳夢家 1946。

[3]　容庚的分類、命名如下（容庚 1941:21—23）：

　　（一）食器　烹飪器——鼎、鬲、甗

　　　　　　　　盛器——簋、簠、盨、敦、豆、盧、鋪

　　　　　　　　其他——俎、匕

　　（二）酒器　煮酒器——爵、角、斝、盉、鑺

　　　　　　　　盛酒飲酒器——尊、觚、觶、方彝、卣、觥、鳥獸尊、壺、罍、缾、罐、缶、鐏、卮、桮

　　　　　　　　其他——禁、勺

　　（三）水器及雜器　盛水器——盤、匜、鑑、盂、盆、甄

　　　　　　　　斟水器——枓、盌

　　　　　　　　雜器——瓿、皿、罐、鉇、區、行鐙　附不知名器

　　（四）樂器——鉦、句鑺、鐸、鈴、鐘、鐘鉤、錞于、鼓

　　陳夢家的分類如下（陳夢家 1946:11—12）：

　　一、食器　甲、烹飪器——子：鼎、鬲、甗

　　　　　　　　　　　　　丑：鑺、盈

　　　　　　　　　　　　　寅：鱸、鍋、竈

　　　　　　乙、盛食器——段、盨、簠、豆

　　　　　　丙、調挹器——匕

　　二、飲器　甲、温酒器——斝、盉、爵、角、鑺尊

　　　　　　　乙、盛酒器——子、尊屬：尊、觚、觥

　　　　　　　　　　　　　丑、缾屬：罍、鐏、罋、盆

　　　　　　　　　　　　　寅、壺屬：卣、壺

　　　　　　　丙、調挹器——勺

　　三、承器——俎、禁、案、虞

　　四、盥器——盤、匜、鑑、洗、附盖、盂

　　五、樂器——執鐘、鐸、句鑺、鉦鐲、鈴、懸鐘、鎛、鼓

[4]　參看第二章 17 頁、20 頁。

　　然而，如容庚、陳夢家所説，以自名爲第一原則的命名法也有困難。因爲有器名相同而形制不同的例子；與此相反，也有形制相同因時代先後、地域不同而器名不同的例子。在這種時候，我們必須從中選擇一個名稱。如果自名的例子不多，其命名難免有很多偶然的成分。再説根據器物用途的分類，只看銘文和文獻的記載也能知道同一類器有時候有幾種不同的用途。而且，通過考古發掘，有些器物根據出土時的情形可以推測其用途。隨着這種例子的增加，同一類器有幾種不同用途的情況也一定會增加。也就是説，我們在本章所做的工作，由於資料有限，很有可能有不少錯誤。即便如此，我們也只好盡量使用目前能用的資料做出最好的判斷。

　　在此列舉我們採用的青銅器種類的名稱及命名的根據，把它當作目録。用途的分類基本遵從容庚的意見。壺類的一些器物根據需要出現幾種用途，如盛酒、盛水、盛羹、盛穀物等。目前用途不清楚的器物應該也或多或少有類似的情況，爲此我們把這種器都歸在盛酒器一類。

　　　　◎……依據自名命名
　　　　○……依據自名以外的確切的根據命名
　　　　×……雖然缺乏命名的根據，但承襲傳統的稱呼
　　　　＊……也有我們採用的名稱以外的自名

一、食器
　　1. 烹煮器
　　　鼎^{◎◎}（38）　方鼎^{◎◎}（45）　鬲^{◎◎＊}、鬲鼎（46）　甗[×]（49）　釜[◎]、錡[◎]（50）
　　2. 盛食器
　　　簋[◎]（51）　盂[◎]（55）　盆^{◎＊}（甁[◎]）（56）　盨^{◎＊}（57）　簠^{◎＊}（59）　敦[◎]（61）　盛[◎]（63）
　　　豆^{◎◎＊}（63）　鋪^{◎＊}（66）　俎[◎]（67）
　　3. 挹取器
　　　匕^{◎◎}（68）　柶[◎]（70）　畢[◎]（71）
二、酒器
　　1. 温酒器
　　　爵[×]（72）　角[×]（75）　斝[×]（75）
　　2. 煮鬱器
　　　盉^{◎＊}（76）　鐎[◎]（78）
　　3. 盛酒（水、羹等）器
　　　尊[×]（79）　鳥獸尊^{××}（81）　方彝[×]（82）　卣^{××}（82）　罍^{◎＊}（83）　壺^{◎＊}、鈁[◎]（84）　瓠壺[×]（87）　方壺（88）　瓶[×]（88）　鈚[◎]（89）　缶^{◎＊}（90）　盥缶^{◎＊}（91）　瓵[◎]（91）　榼[◎]（92）　鐍[◎]（93）　釜[◎]（93）
　　4. 飲酒器
　　　瓚[◎]（94）　觚[×]（94）　觶[×]（95）　兕觥[◎]（95）　桮[◎]（98）　卮[◎]（98）
　　5. 挹注器
　　　枓[◎]（99）　勺[◎]（101）
　　6. 盛尊器
　　　禁[◎]（102）
三、盥洗器
　　　盤[◎]（102）　匜^{◎＊}（105）　鑑[◎]（107）　鋗[◎]（108）

四、樂器

　　鐘°、鎛°（108）　鉦○*（116）　鐸°*（118）　鈴°（119）　錞于°（120）

五、雜器

　　鑪°（121）　箕°（122）　炭鉤（122）　橢°（123）

第一節　食　　器

一、烹煮器

1. 鼎

　　鼎是將鍋形容器放在三根實心足上的器物的總稱。青銅鼎上都有一對耳。在搬鼎時，將稱作鉉、鍵、扃等的橫木從這對耳中插進去扛鼎[5]。也有時候用稱作銘的掛鉤（圖1〔1〕）掛上去搬動[6]。春秋中期以前的鼎大多沒有青銅製的蓋，這是因為用白茅做蓋。《儀禮·公食大夫禮》鄭注云：

　　　　凡鼎羃蓋，以茅為之。

這句話的意思是説，凡是鼎用羃蓋住，用白茅做羃。

　　當時鼎蓋叫"蓋"。《儀禮·聘禮》云：

　　　　鼎九……設扃羃，膷、臐、膮蓋。

這句話的意思是説，正鼎共有九件，……每件鼎都有扃和羃，膷、臐、膮則有蓋。據此可知正鼎是蓋"羃"，陪鼎是蓋"蓋"。此陪鼎指的似是有青銅蓋的鼎。注〔6〕所引隨縣曾侯乙墓出土的有蓋鼎，在出土時上面放着銘。這是因為蓋鈕成為障礙，不能用鉉，所以配了銘。

　　鼎是煮肉用的，這一點毋庸置疑。古籍中有很多記載。從各個時代的墓葬發掘出土的鼎中有動物骨頭的例子不勝枚舉，也有不少鼎的底部有煙炱。但古籍中還保留着鼎的另一種用途，即，用鑊煮肉湯（羹），在肉湯煮熟後，把肉湯放入鼎中，用鼎獻肉湯[7]。此外，根據禮書，按照肉的種類，將三件鼎、五件鼎、九件鼎等當作一套使用。已有學者考證，這種使用法可以追溯到西周末年[8]。

　　這類器物在漢代也繼續使用。《説文》云："鼎，三足兩耳，和五味之寶器也。"這個定義頗為正確。

---

〔5〕　《説文》云："鉉，所以舉鼎也。""鍵，鉉也"。扃，《儀禮·士昏禮》注云："所以扛鼎。"有人説扃的本字是鼏。今本《説文》羃字云"以木橫貫鼎耳而舉之"，很多説文家一致認為羃是鼎蓋，今本把鼏字的説解誤入羃字下。

〔6〕　《説文》云："銘，可以勾鼎耳及鑪炭也。"郭寶鈞認為汲縣山彪鎮出土的一端為環，一端為鉤的青銅環鉤就是銘（郭寶鈞1959:35；圖版叁叁，4、8）。此説可從。隨縣曾侯乙墓出土的每一件鼎蓋上都攔着一對相同形狀的環鉤（隨縣擂鼓墩一號墓考古發掘隊1979:6；圖版貳：2）。

〔7〕　如《儀禮·特牲饋食禮》等。

〔8〕　例如《儀禮·聘禮》中，牛、羊、豕、魚、腊、腸胃、膚、鮮魚、鮮腊等鼎成套使用。函皇父盤有"鼎段一具，自豕鼎降十又一，段八"一句，陳夢家認為是自"豕鼎"以降大小相次的十一個鼎的意思，並舉了成組的大小相次的鼎的出土例，以作證據（陳夢家1955—1956：（三），71—72）。郭寶鈞也把汲縣山彪鎮出土的成列的大小相次的五件鼎稱為列鼎，引用其他相同的例子作説明，並注意到這種使用法可以上推到西周末年（郭寶鈞1959:11—13）。關於這個問題，俞偉超、高明兩位引用新出資料詳細討論過（俞、高1978—1979）。

再看後代，《新定三禮圖》所繪圖像也没錯，《考古圖》以來都將這類器稱爲鼎。然而我們看青銅器自名的例子，除了鼎外，也有不少自名其他稱呼的例子。如果這些別稱與形制特殊的鼎相對應，既然我們以自名爲器物命名的原則，應該把它採用爲器類的名稱。下面討論這個問題。

首先看一下在各個時代什麽器物自名鼎。以相當於小篆"鼎"（鼎）的字爲自名的青銅器當然是鼎。此外還有從卜從鼎的貞字及其變體。如羅振玉所説[9]，這個字也應該讀爲鼎。容庚把此貞字一律釋爲鼒[10]。鼒是斂口的鼎[11]。這個解釋是錯的。因爲金文"才"的原字形是♥及其變形，橫筆和豎筆一定交叉，作"卜"的例子一個也没有。

我們按照時代順序[12]看看怎樣的器物自名鼎（貞）。自名鼎的商代器至今還没有發現，其實有自名的商代器本來很少。但甲骨文"貞"（鼎）是商代中期尖足鼎的象形字（圖1〔2〕），據此可知當時這類器叫鼎[13]。商代中期尖足鼎的尖足到了晚期變成柱足，這種形制的器物也應該叫鼎。西周晚期這種形制的器自名鼎。此外甲骨文貞字也有鼎這種字體[14]，金文、篆文的"鼎"是來自這種字體的。這個"鼎"字的足部火象夔龍、夔鳳等形狀的扁足之形。這類形制的鼎（圖1〔3〕）無疑當時也叫鼎。

再看西周早期器。盂鼎（圖1〔4〕）自名"寶鼎"[15]。口沿上有一對立耳，三足爲圓柱形。這個時期自名鼎的其他器也都是這個形制[16]。西周中期也將這類形制的器自名鼎，如作寶鼎（圖1〔5〕）、䍼伯鼎等[17]。這類形制的器在西周晚期也自名鼎，如禹鼎[18]，但禹鼎的足呈蹄狀。此外，器體近似爲半球形，器足爲獸足的器形在這個時期出現，這類器物也自名鼎，如頌鼎（圖1〔6〕）[19]。

春秋早期，稍微斂口、淺腹的器自名鼎或貞，如芮公鼎（圖1〔7〕）自名"從鼎"[20]，虢文公鼎自名"鼎"[21]，叔單鼎（圖1〔8〕）自名"貞"[22]。這些器物在口沿上有立耳。此外出現了整體形制相同，但雙耳附在器外壁（附耳）的器形，這類器物也叫鼎或貞，如鄶諸子鼎（圖1〔9〕）自名"□鼎"[23]，邾伯鼎（圖1〔10〕）自名"膳鼎"[24]。鼄季鼎自名"行鼎"[25]，此器三足呈錐形，是人爲地改變了足部原來的形狀。

〔9〕　《增訂殷虛書契考釋》（中，17—18葉）云："曰貞，鼎……《說文》：'貞，卜問也。從卜、貝，以爲贊。一曰鼎省聲，京房所説。'又鼎注：'古文以貞爲鼎，籀文以鼎爲貞。'今卜辭中，凡某日卜某事，皆曰貞，其字多作鼎，與釒字相似而不同，或作鼎，則正與許君以鼎爲貞之説合，知確爲貞字矣。古經注貞皆訓正，惟許書有卜問之訓，古誼古説賴許書而僅存者，此其一也。又古金文中貞鼎二字多不別，無鼎鼎字作鼎，舊輔甗貞字作鼎，合卜辭觀之，並可爲許書之證。"

〔10〕　容庚1941：上，287。

〔11〕　《說文》云："鼒，鼎之圓掩上者。"

〔12〕　關於器的編年，參看第二編第一章第三節。

〔13〕　林1958:50。

〔14〕　姬佛陀1917:47、48。

〔15〕　上海博物館1959:15。

〔16〕　如易鼎（容庚1941：下，圖52）、寏鼎（容庚1941：下，圖53）、史昔鼎（容庚1941：下，圖46）等。

〔17〕　容庚1941：下，圖56、59。

〔18〕　陝西省博物館、陝西省文物管理委員會1960:78。

〔19〕　"國立故宮中央博物院"聯合籌備處1958：下，上，圖40。

〔20〕　同上，圖74。

〔21〕　"國立故宮中央博物院"聯合籌備處1958：下，上，圖63。

〔22〕　同上，圖62。

〔23〕　同上，圖76。

〔24〕　同上，圖68。

〔25〕　同上，圖79。

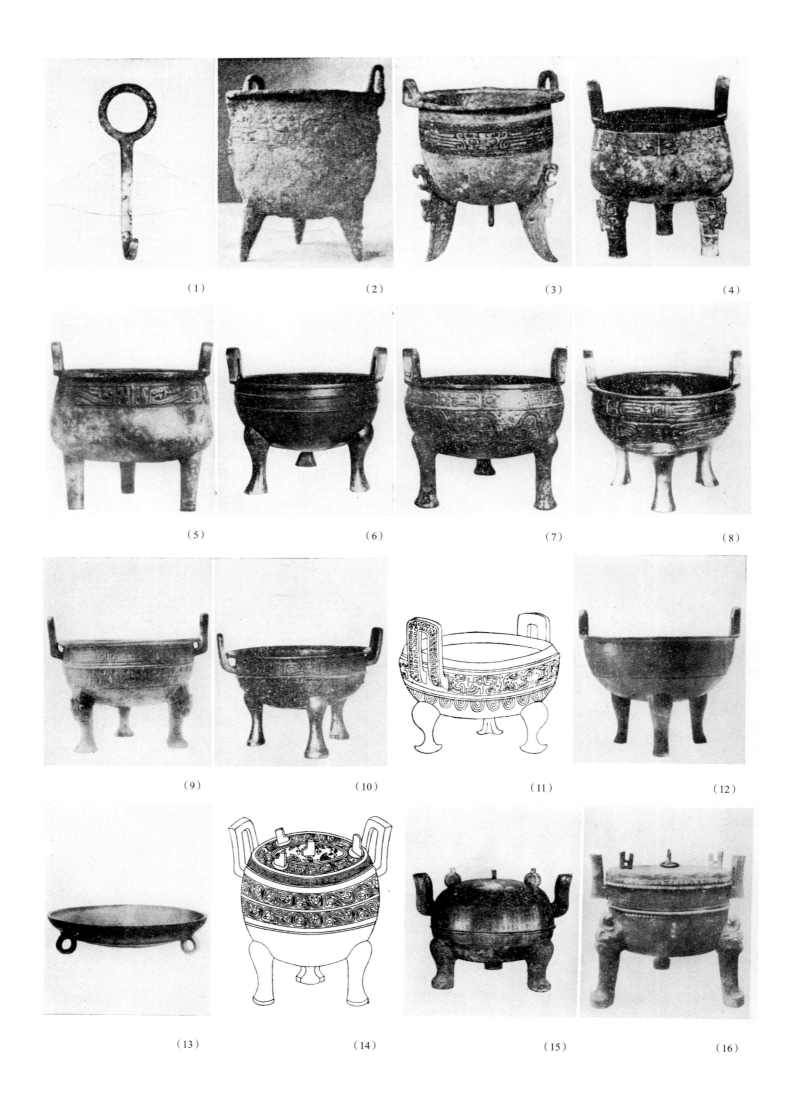

（1）　　　　　　　　（2）　　　　　　　　（3）　　　　　　　　（4）

（5）　　　　　　　　（6）　　　　　　　　（7）　　　　　　　　（8）

（9）　　　　　　　　（10）　　　　　　　　（11）　　　　　　　　（12）

（13）　　　　　　　　（14）　　　　　　　　（15）　　　　　　　　（16）

（17）　　　　　　　（18）　　　　　　　（19）　　　　　　　（20）

（21）　　　　　　　（22）　　　　　　　（23）　　　　　　　（24）

（25）　　　　　　　（26）　　　　　　　（27）　　　　　　　（28）

（29）　　　　　　　圖 1

春秋中期，斂口、圓腹、本來應該有蓋的趩亥鼎（圖1〔11〕）自名"會鼎"[26]。會鼎可以理解爲有會（即蓋子）的鼎[27]。郳王鼎（圖1〔12〕）屬於口沿上有立耳的一類，但也自名"饋鼎"[28]。

春秋後期，斂口、有蓋的鼎也叫"貞"，如須炙生鼎蓋（圖1〔13〕）自名"飤貞"[29]。此外，取它鼎（圖1〔14〕）器腹很深，近乎卵形，自名"善貞"[30]。

戰國時代自名鼎的例子不多。中山王鼎（圖1〔15〕）自名"貞"[31]。其蓋上蓋子後的整體像橘子。楚王酓忎鼎（圖1〔16〕）自名"匎貞"[32]，郭沫若讀匎爲鐈（高脚之鼎）[33]。按照這個解釋，"鐈鼎"是一種叫鐈的鼎。

通過以上的討論，我們可以了解商代中期到戰國晚期怎樣形制的器物叫鼎。

在以上介紹的例子中，會鼎之會、鐈鼎之鐈可以理解爲表示器物特徵的詞。此外屬於這類的例子還有"釛鼎"，這是楚王酓肯鼎（圖1〔17〕）的自名。楚王酓肯鼎的形制很特殊，淺腹，一側有流。劉節[34]認爲因該鼎像匜一樣有流，故被命名爲釛[35]。將有流鼎稱爲匜鼎應該最爲妥當。

還有一種鼎，其名字是在"鼎"上加"盂"等從"于"聲的字，或就以從"于"聲的字爲名，如大鼎自名爲"盂鼎"。第一件大鼎（圖1〔18〕），侈口，器腹較淺，外壁有一對附耳[36]。第二件、第三件，器體呈半球形，深腹，口沿上有一對立耳[37]。郜公平侯鼎自名"䵼鋘"，但器形不明[38]，字體大致是春秋早期的風格。王子吳鼎（圖1〔19〕）自名"飤䵼"，是斂口的附耳鼎，器體裝飾春秋後期的花紋[39]。宋君夫人鼎（圖1〔20〕）自名"饒釪貞"，這是一件鼎蓋，蓋頂有圓環形把手和四個環鈕，從形制看應該是春秋晚期器[40]。同樣屬於春秋晚期的蔡侯䵼鼎（圖1〔21〕）自名飤䵼，器腹近乎半球形，有附耳，蓋子的形制與宋君夫人鼎相同[41]。附帶説，鳳翔高王寺出土的鼎形制與此相同，但自名"腥鼎"[42]。

通過以上的例子，我們可以確認西周晚期到春秋時代有一種鼎的名字使用從"于"聲的字。然而只根據這些少數的例子，我們無法找出這些鼎共有的特徵，或區別這類鼎和其他的鼎的標準。此外，據目前所知，表示器名的從"于"聲的字有盂、杅、釪等，這些名稱和此類鼎的關聯也不清楚。關於這些

---

〔26〕 劉喜海 1840 左右 :1，11 葉。

〔27〕 《儀禮・士喪禮》注云："會，蓋也。"

〔28〕 容庚 1941: 下，圖 88。

〔29〕 商承祚 1935: 舊，1 葉。

〔30〕 劉體智 1934: 禮，1，51。

〔31〕 河北省文物管理處 1979，圖一五、圖版陸 :3。

〔32〕 容庚 1941: 下，圖 99。

〔33〕 郭沫若 1957:169 云："匎 鼎者，蓋高脚之鼎，《説文》'鐈，似鼎而長足'，蓋此類。"

〔34〕 劉節 1935: 考釋，9 葉。

〔35〕 劉節接着説"然亦有流而不名釛者，如鄭臧句父鼎，有流，曰自作飤籲。"此籲，郭沫若在《兩周金文辭大系》中説當是鼄字，並試圖做考釋。但他在 1957 年再版目錄下加了"此器疑僞"一句。他爲何這麼做不清楚，但我們在探討有流鼎的名稱時不採用此器爲資料。

〔36〕 容庚 1941: 下，圖 78。

〔37〕 曹載奎 1839: 下，9 葉。《西清古鑑》卷 2，19 葉。但這些器物是否都是真品，難以判斷。

〔38〕 羅振玉 1930:3，27—28 葉。

〔39〕 《考古圖》卷 1，19—20 葉。

〔40〕 《考古圖》卷 1，21 葉。

〔41〕 安徽文管會等 1956，圖版叄、叄壹之 1。

〔42〕 韓偉、曹明檀 1981，15 頁、圖版陸 :1、2。

器名，呂大臨以來有幾位學者作解釋，但這些意見我們都不敢苟同[43]。我們暫時待考，不採用它爲器類名稱。

此外，"鼎"上加限定詞的例子有"鑾鼎"[44]。器腹較淺，是春秋時代的形制。鑾當是鑾的繁文，但鑾鼎的意思未詳。

有些鼎形器的自名不帶鼎字，其名稱完全屬於另一類。這些名稱雖然很繁雜，但不得不探討。

自名的讀音爲"石它"的器：鐘伯鼎（圖1〔22〕）自名"石沱"[45]。器體類似於把雞蛋在三分之二處橫切的樣子，附耳、蹄足，是春秋中期器。褰鼎（圖1〔23〕），器腹呈較深的半球形，像鐘伯鼎一樣有附耳、蹄足，自名"飤碙甗"[46]。形制可知的"石它"目前只有這兩件，但褰鼎的年代、形制與自名"貞（鼎）"的王子□鼎相近[47]，鐘伯鼎斂口的形狀與下述的自名"行甾"的子陵□之孫鼎相近[48]。也就是說，就憑這兩個例子，我們難以確定與此名稱相對應的器形上的特徵。因此這個名稱也不用以命名青銅器種類。"石它"的意思也不明[49]。

自名"鋗"的器：寬兒鼎（圖1〔24〕）自名"飤鋗"[50]。這是春秋晚期器，口稍微斂，器腹呈半球形，有一對附耳、蓋。春秋中期的康兒鼎自名"飤鎐"[51]，器腹比寬兒鼎淺，沒有蓋。可能也屬於春秋中期的蔡大師鼎也同樣自名"飤鎐"[52]，但器形不明。與鎐同音的烹煮器的名稱似乎沒有流傳到後代，例子也很

---

〔43〕 呂大臨《考古圖》把王子吳鼎"鼾"和宋君夫人"鈃"分別釋作"鼾"和"鈃"，云："按：鈃字疑作鉼省（音刑），王子吳飤鼾從鼎，此從金，又干字與开字筆畫相似而不類，亦未可考。"（卷1，11葉）呂大臨懷疑此字是"宰夫設鉶四于豆西"之"鉶"。

　　薛尚功《歷代鐘鼎彝器款識》王子吳鼎條云："《攷古》云鼾字，字書所不見。然以愚觀之，鼎旁作于，于乃鉶省，言作飤鉶鼎耳。古人銘識多以三兩字合作一字者……"（卷10，1葉）他把右旁釋作"于"，卻從《考古圖》的意見認爲此字從鉶省是沒有道理的。他認爲"鼾"是合文也有牽強之嫌。

　　劉心源《古文審》大鼎條對"盂鼎"作解釋，云："作己伯盂鼎者，謂作盂作鼎也，記盂于鼎互文耳。舊說以爲鼎口侈類盂。夫己公萬壽鼎云尊鼎，盂申鼎云鼎彝，將謂二鼎一似尊，一似彝乎。以此知釋文家坿會之失矣。"（卷1，1—3葉）"作盂作鼎"這種文例是從來沒有的。後半部對舊說的批評是由於他不懂器名前面的限定詞的性質纏得出的結論。

　　陳夢家云："大鼎是西周之器，此處的'盂'是形容詞。其餘各器是春秋器，'于'已成爲名詞。這些鼎都是有蓋、附耳而深腹的，和蔡的大鼎相同。它可能是形制較大的一種特鼎。'于'有大義：《方言》一'于，大也'，《方言》十二'芋，大也'，《爾雅·釋詁》'宇，大也'，《廣雅·釋詁一》'夸，大也'，《玉篇》引《說文》'齊、楚謂大言曰訏'。稱大鼎爲'于'，可能是南部諸國的方言。"（陳夢家1956:107—108）的確，蔡侯鼾通高69釐米，是一件很大的器；郤公平侯鎬，從銘文拓本的大小看，似乎也相當大。但自名鼎的器中有這麼大的器也相當多，而且自名"盂鼎"的大鼎通耳高九寸五分（容庚1941：上，299），並不能算是很大的器。陳夢家的意見雖然看似很有道理，但證據不足，缺乏說服力。

　　俞偉超、高明也引用在此介紹的以從"于"聲的字爲自名的鼎，認爲這些從"于"聲的字當讀爲《儀禮》所見"鑊"，並把輝縣、長治、燕下都、江陵等發現的腹部呈橘子形的鼎及圖一：（21）型式的鼎叫鑊鼎（俞偉超、高明1978—1979：上，85—87）。兩位先生沒有說明這些腹部呈橘子形的鼎和自名"于"的鼎爲何可以當作同一類。但洛陽出土的戰國中期器哀成叔鼎銘文說鑄造"飤器黃鑊"，"黃鑊"被人釋爲"黃色的金屬的鑊"（趙振華1981:68），這件鼎有蓋，腹部呈橘子形（洛陽博物館1981，圖五）。然而，腹部整體呈橘子形的器屬於本文圖一：（24）型式的一類，其自名不是"于"。這些事實讓我們對採用"于"、"鑊"這一類名稱作爲這一型式鼎的名稱產生猶豫。此外，《儀禮》中鑊是在祭祀、饗宴前烹煮牲肉的器，在煮好後把其牲肉盛在另外一類鼎中，因此鑊的用途與設在祭祀、饗宴場面的鼎不同。給某一種型式的鼎起"鑊"的名稱恐怕會造成錯誤的成見。出於以上原因，我們不同意俞、高兩位先生的意見。

〔44〕 中國科學院考古研究所1959，圖三四、五八之1。
〔45〕 容庚1941：下，圖94。
〔46〕 同上，圖90。
〔47〕 同上，圖91。
〔48〕 同上，圖95。
〔49〕 昶白鬲鼎云："作寶□溫"（羅振玉1930:3，14葉），但此器的形制不明。羅振玉注意到這也是與"石沱"同類的名稱，但說其義不可知。
〔50〕 容庚1941：下，圖89。
〔51〕 山西省文物管理委員會侯馬工作站1963，圖版壹，1；圖九、一〇。
〔52〕 羅振玉1936:4，18葉。

　　如果以上解釋能成立，可以得到這樣的結論：戰國時代有一個傳說，夏禹傾國力鑄造的九鼎中有一種叫"異"的鼎；商末周初，鑄"異鼎"是國家的大事，這個事實以某種形式傳到戰國時代，形成了這個傳說。

　　於是令人立即聯想到這樣一個事實：殷墟發掘的青銅器中堪稱重器的巨大的器都是方鼎，如司母戊鼎（圖2〔3〕）、司母辛鼎等。我們很難相信夏的九鼎爲方鼎這一傳說是偶然產生的。

　　我們認爲，只有設想當時方鼎也被稱作異鼎，纔能很好地解釋這些傳說、同時代文字資料及考古學方面的證據。鑄造像司母戊鼎那樣的巨大的鼎（異鼎），雖然沒有鑄造大佛那麼難，但對當時的技術水平而言肯定是非常困難的事。毋庸置疑，除非作爲王朝的事業進行，否則無法完成。爲了鑄造異鼎，王朝既要盡人事，又要讓占卜機關問吉凶。在鑄造完成之年，便以此事紀年。這種具有很大紀念意義的鑄造事業成爲傳說，一直傳到後代。於是在講夏禹功績時，也説他鑄造的鼎是"異"，即四足的方鼎。

　　附帶説，器體呈長方形、帶有一對附耳的炊煮器中，還有一種形制特殊的器。烤火處有窗或門，時代屬於西周晚期。我們暫且把它歸類於方鼎中。季貞方鼎（圖2〔4〕）自名"尊靈"[71]。容庚將這類器稱爲方鬲[72]。但我們對鬲的定義是袋足器，因此不能稱它爲鬲。鬲、鼎的名稱和用途有時相混。因此雖然這類器自名鬲，但稱之爲鼎也應該可以吧。

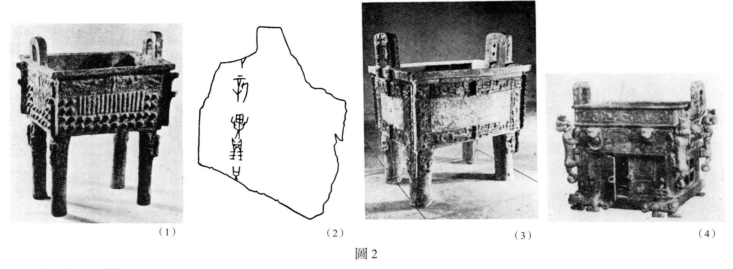

(1)　　　　　　　　　　(2)　　　　　　　　　　(3)　　　　　　　　　　(4)

圖 2

3. 鬲、鬲鼎

　　鬲是器底與三根袋足連爲一體的容器，可以分兩類：一類是有一對附耳的，另一類是沒有附耳的。《爾雅·釋器》説鬲是鼎的一類：

　　　　鼎……款足者謂之鬲。……

《漢書·郊祀志上》云：

　　　　其空足曰鬲。

顏師古注云：

---

〔71〕　容庚 1941：下，圖 174。
〔72〕　容庚 1941：上，314。

是中空不實者曰鬲。

這些記載講的正是這種器物[73]。《考古圖》也正確無誤地認爲鬲是這種器物[74]。

關於鬲的用途，鬲與鼎一樣，都被用來煮肉。《爾雅》云“鼎屬”,《説文》鬲字古文之䰜字條亦云：

　　　　䰜，歷也。古文亦鬲字。象孰飪五味，气上出也。

也就是説，漢代人認爲鬲和鼎一樣是調和五味的器物。考古學方面的證據也證明這一點。長安普渡村出土了西周中期的陶鬲，裏面盛着鳥骨，底部有煙炱[75]；禹縣白沙的春秋末至戰國時期墓葬中隨葬的陶鬲，也與陶鼎同樣盛着豬骨。另外從器物的組合看，如果出土的烹煮器中有鬲，就不會有鼎；如果有鼎，就没有鬲；據此可知鼎和鬲的用途相同[76]。這些例子可以證實我們的看法。濱田耕作認爲“鬲形陶器當然可以燒水、煮湯，但我認爲用鬲燒水煮湯的目的倒不是燒水煮湯本身，而是將甑放在鬲上，利用燒水煮湯的水蒸氣來蒸甑中的穀物。”[77]有些人至今還相信這個看法。但這只不過是看器形想像出來的説法而已，在文獻資料、考古資料上都没有任何根據。當然，鬲中有自名“齊鬲”的例子，據此可知鬲有時候用以煮穀物。因此濱田先生的想像也不能説完全是胡説。

下面根據自名等來討論這種器物在各個時代被稱爲什麼。

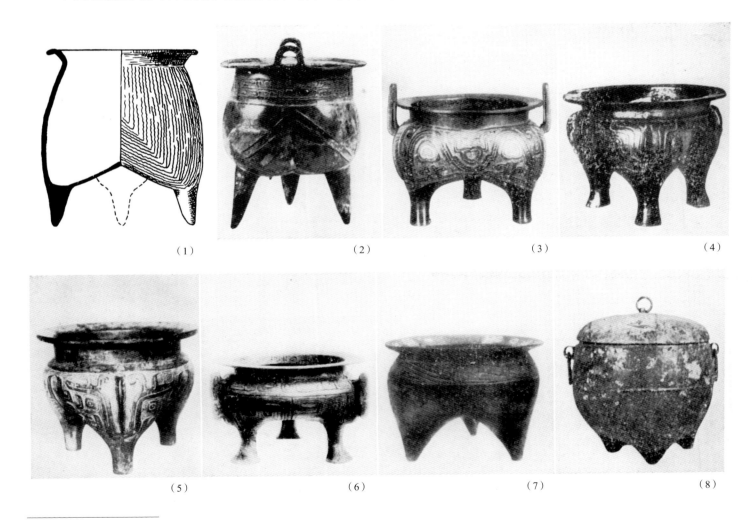

(1)　　　　　　(2)　　　　　　(3)　　　　　　(4)

(5)　　　　　　(6)　　　　　　(7)　　　　　　(8)

[73]　《説文》云“鬲，鼎屬也，實五穀，斗二升曰䣻，象腹交文、三足”，没説鬲是空足。有異體甂、鬳。
[74]　《考古圖》，卷二。
[75]　石興邦 1954:116。
[76]　商代的例子見第二編第一章第三節表 4，戰國時代的例子見陳公柔 1954:100。
[77]　濱田 1926:163。

（9）　　　　　　　　（10）

圖 3

我們曾經撰文討論過，商代晚期的鬲字字形來自商代中期的陶鬲（圖3〔1〕）[78]。既然如此，形制與這種陶鬲相同的青銅器（圖3〔2〕）[79]也應該被稱爲鬲。

商代晚期到西周早期出現口沿上有一對立耳、高襠、尖足的鬲。這類器物沒有自名的例子，但其形制與商代中期的鬲有繼承關係，因此這類器也無疑是鬲。

西周中期器有自名“尊鬲”的例子，如𢂷妣鬲（圖3〔3〕）[80]，器足和器足間沒有明確的界線，呈凹弧形，器的外壁上有一對附耳。西周晚期器有自名“鬲”的例子，如仲姬鬲（圖3〔4〕）[81]，沒有附耳，侈口。此外也有自名“鬲”，但形制不同的例子，如虢姞鬲（圖3〔5〕）[82]，與前一種同樣沒有附耳，最顯著的特徵是頸部呈短圓筒狀。春秋早期自名“鬲”的器也沒有附耳，如隨子子鄭伯鬲（圖3〔6〕）[83]自名“尊鬲”。

春秋早期器中有一種器，足間呈弧度很大的凹弧形，沒有頸部。這類器也自名“鬲”，如郏伯鬲（圖3〔7〕）[84]。

以上列舉的商代到春秋早期被稱爲鬲的器物包含着鬲的各種形式。至於時代更晚的鬲，至今沒有發現自名的例子。因此我們只能以此類推，推測從上面列舉的器物演變過來的器物也同樣被稱爲鬲。戰國時代有斂口、器體很圓、器足很短的器。例如輝縣趙固村一號墓出土的器（圖3〔8〕）[85]沒有附耳，但有鋪首銜環，形制比較特殊。但因爲其器足爲袋足，我們把它歸類於鬲。漢代的公主家鬲[86]自名鬲，根據和拓本一起刊登的圖，其器形與上述的戰國時代器似有繼承關係。據此可以推測戰國時代的這種器也稱此名。

鬲中有一些自名鬲之外的名稱。如上所述，鼎和鬲用途相同，有自名鬲的鼎，但也有相反的例子。例如□父鬲，形制是西周早期的那種，自名“尊鼎”[87]。此外春秋早期的虢文公鬲自名“鼐”，字從鼎[88]。這可以理解是因爲鬲屬於鼎類。另外西周中期皇肇家鬲[89]自名“鋜”，春秋早期的樊君鬲[90]自名“𥂁”，這些字應當如何解釋，待考。

圖3〔2〕所引商代中期的鬲爲款足，無疑是鬲。但同一時期的圖3〔9〕外形與此很相似，卻是實足[91]。商代晚期、西周早期也有不少所謂鬲鼎的例子（圖3〔10〕）[92]。鬲鼎是底部像鬲一樣分襠、足爲實足的

〔78〕 林 1958:50。

〔79〕 中國科學院考古研究所 1956，圖二九，1；圖版拾肆，1。

〔80〕 容庚 1941:下，圖 169。

〔81〕 同上，圖 154。

〔82〕 同上，圖 157。

〔83〕 同上，圖 166。

〔84〕 同上，圖 165。

〔85〕 中國科學院考古研究所 1956，圖版捌捌，5。

〔86〕 容庚 1931:6，4。

〔87〕 《西清古鑑》卷 31，15 葉。

〔88〕 羅振玉 1935:上，28 葉。

〔89〕 端方 1908:續，1，48 葉。

〔90〕 容庚 1941:下，圖 164。

〔91〕 河南文物工作隊第一隊 1955，圖版五。

〔92〕 商承祚 1935，契，17—18 葉。

器。因爲這種器是鬲和鼎的中間形態，一般稱爲鬲鼎。如果從這種器物去掉實足，其形狀正是商代晚期到西周早期常見的矮足陶鬲。也就是説，這種形狀的器可以理解爲對鬲加實足的東西。因此我們認爲這也屬於鬲類，在此一起加以説明。

4. 甗

甗是三根或四根袋足的鬲形器上加甑的器。商、西周時期的甗是甑和鬲連鑄的，甑、鬲可以分開的甗從春秋早期開始出現。甑的底部有孔，呈箅狀。

關於甗的用途，因爲甗上部是甑，下部是鬲，可以推測甗是蒸穀物用的。容庚在討論甗的用途時注意到陳公子甗"用蠶稻粱"一句[93]，其第二字是動詞，有人解釋爲粥類[94]。但甗是蒸器，不能做粥。

將這種器命名爲"甗"始自《考古圖》[95]。有一件這種形制的器物上有銘文"旅獻"，吕大臨將此"獻"讀爲"甗"。但《説文》云：

甗，甑也，一穿。（此引文根據段注本）

也就是説，甗是底部只有一個孔的甑[96]，此説解與《考古圖》命名爲"甗"的器物有所不符，而且典籍中全然没有説明《考古圖》所謂"甗"的訓詁。如下述，有不少器自名"獻"、"鬳"。按照自名的原則，這類器不應該命名爲"甗"，而應爲"獻"或"鬳"[97]。雖然如此，不管典籍中還是現在，"獻"字都用爲容器以外的意思；至於"鬳"字，雖然《説文》説是"鬲屬"，但不是常用字。自從《考古圖》以來，這類器物一直用"甗"字來表示，因此雖然此字不見於典籍和金文，我們也用它給這類器物命名。

接下來看自名例。商代没有自名的例子。象這類器形的字是有的，但難以知道當時讀爲什麽。

西周早期的遇甗（圖4〔1〕）自名"旅獻"[98]，獻是現在的獻字。這是形制很普通的甗。西周中期的邢伯甗（圖4〔2〕）自名"□獻"[99]，長安普渡村的西周中期墓葬出土的器（圖4〔3〕）自名"寶獻"[100]。西周晚期的□伯甗（圖4〔4〕）自名"□獻"[101]，其形制與前幾例相同。此外西周晚期的叔碩父甗（圖4〔5〕）自名"旅獻"[102]，四足，甑部呈長方形。新野城固鎮的春秋早期墓發現了形制相同的器*，但甑鬲分體，此器

---

〔93〕　容庚 1941：上，315。
〔94〕　這件陳公子甗原器已佚，器形不明，但從銘文的字體看當屬於春秋早期。釋爲"蠶"原字形作蠶。關於此字，方濬益云："《説文》：'蠶，健也。从𢊾、米聲。'此从羔、𢊾渻，與蠶之或體𩱼，及薛、阮二家款識所録周叔夜鼎銘之蠶均同意。《爾雅·釋言》：'蠶，糜也。'孫注則曰：'蠶，淖糜也。'"（方濬益 1935：9，32 葉）此字从弜、米、匕、羔，方氏視弜爲𢊾渻，認爲此字是从𢊾、米的蠶。吳式芬釋此字爲𩱼（吳式芬 1895：卷 3 之 1，10 葉）。按照方説，此字是粥；按照吳説，是羹。
〔95〕　《考古圖》卷 2，17 葉。
〔96〕　吳大澂 1885：116 葉收録一件甑，根據其器形圖，此器有獸環、頸部較爲收束；銘文作"甗"。《説文》所謂漢代的甗當是這類器。
〔97〕　關於獻、甗的問題，許翰指出陳曼簠的獻字就是獻字，獻、甗可以通用，云："甗本後起字，非《説文》所應有。《説文·鬲部》鬳从鬲从虍，於義已足。鬲旁加瓦，乃是鬲字或別體。若果有甗字，當从虍从甗，非从鬳从瓦也。而《説文》入瓦部，義例疏舛，自非許氏之舊。"他推測甗字是從《字林》開始混入的。（《攀古小廬雜著》9，2—3）
〔98〕　容庚 1941：下，圖 184。
〔99〕　同上，圖 188。
〔100〕　陝西省文物管理委員會 1957：79，圖版四，1。
〔101〕　容庚 1941：下，圖 189。
〔102〕　同上，圖 195。

---

*　譯按：此器不是方甗，而是圓形的普通的甗。

也自名"旅獻"[103]。據此可知這種方形的器同樣被稱爲"獻"。

綜上所述，有自名而且器形可知的例子都用"獻"或其異體字表示，没有其他的名稱。

　　　（1）　　　　　　　　（2）　　　　　　　　（3）

　　　（4）　　　　　　　　（5）

圖 4

5. 釜、錡

釜是斂口、器身差不多呈球形的鍋（圖5〔1〕）[104]，其形狀像茶釜*；錡是釜下有三足的器（圖5〔2〕、〔3〕）[105]。也有不少器和甑成組，其矮圓筒狀的器口和甑扣合。

釜、錡的用途，根據《詩·召南·采蘋》，是將蘋、藻等水草放入肉湯烹飪。安裝甑的器當是蒸穀物用的。這類器在不使用鬲的時代開始出現，可見它取代了鬲。

---

〔103〕　鄭傑祥 1973，圖二；圖版肆，1。
〔104〕　中國科學院考古研究所 1956，圖版捌柒，1a。
〔105〕　四川省文物管理委員會 1956，圖版壹，2。郭寶鈞 1959，圖版拾，1。

---

*　譯按：茶釜是日本茶道用以燒水的鍋。其形制大致如下（照片是譯者從互聯網下載的）。左邊第一張是茶釜，第二張是爐（稱"風爐"）。茶釜和風爐相疊使用（第三張），這個樣子有點像釜和甑的組合。林先生拿茶釜作比喻可能是因爲這個原因。

這類器沒有自名的例子。《詩·采蘋》“維錡及釜” 毛傳云：

> 錡，釜屬。有足曰錡，無足曰釜。

《方言》“鍑，……江淮陳楚之間謂之錡” 郭注云：

> 或曰三脚釜也。

據此可知錡是有三根足的釜。關於釜，例如晉太康釜自名 “銅釜”，這是小口、較扁平的球形鍋上裝甑的器[106]。雖然這是晉代的例子，但漢代文物中也有不少形制相同的器，當時像晉代一樣稱爲釜當無疑。此外還有這類器上附加類似鼎足的三足的文物，當時稱之爲錡也應無問題。在此列舉的先秦時代的器是漢代釜、錡的直系祖先，我們也知道錡、釜的名稱當時業已存在，那麼將它們命名爲釜、錡也應是妥當的[107]。

(1)　　　　　　　　(2)　　　　　　　　(3)

圖 5

二、盛食器

1. 簋

簋是從上面看的形狀呈圓形的鉢形容器*，有圈足。簋往往有一對耳，也有時候是四耳。簋有好幾種形式：束頸、敞口的；從器底往器口直敞的；沒有頸部，從器體中間開始收斂的；有蓋的；沒有蓋的；有方座的；圈足下有三個矮小足的等等。

簋是盛穀物的容器。《周禮·舍人》“凡祭祀共簠簋” 注云：

---

[106] 端方 1908:7，49 葉。

[107] 容庚（容庚 1941：上，387）稱錡爲敦當然不對。《西清古鑑》（卷 31，18—19 葉）稱錡爲鍑。因爲錡是鍑的一種，這個命名較準確。

---

* 譯按：此所謂 “鉢” 是日語 “はち（hachi）” 的對譯，“はち” 是圓形、侈口、深腹的容器。林先生在本章中經常使用 “鉢形”、“鉢狀” 一詞來形容器物的形制，其 “鉢” 都是此 “はち” 的意思。

方曰簠，圓曰簋，盛黍稷稻粱器。

根據禮書記載，簠、簋是天子諸侯之器，而敦不是[108]。但考古學的成果所表示的情況與此有所不同，這一點筆者有另文討論[109]。

呂大臨把這類器的自名"𣪘"誤釋爲"敦"[110]，並把自名"盨"誤釋爲"簠"[111]，而且把銘文中作爲彝器的通稱出現的"彝"理解爲器名，將這類器命名爲"彝"[112]。器銘中所見的自名"𣪘"是古籍所見"簋"，容庚有詳細考證[113]。但容氏認爲《儀禮》所見簋、敦爲一字，"敦"是在隸寫"𣪘"字時誤寫成的[114]*，這恐怕有問題。簋和敦是根據使用者身份的不同分別使用的，這是歷來禮家的定論。容氏恐怕忽略了這一點，纔有了這種誤解。此問題筆者有另文討論[115]。

下面討論怎樣形制的器物自名"簋"。青銅簋從商代晚期開始製作，但商代器中沒有自名的例子。殷墟發現了用大理石做的石簋殘片，其簋耳殘片上刻有銘文："……闠才㪅，以𣪘"（在㪅地舉行闠祭，使用了𣪘）[116]。整理者把此器復原成稍微束頸、幾乎不侈口的雙耳簋（圖6〔1〕）。據此可以推測，商代晚期這種形制的器物被稱爲簋。

西周早期自名簋的器物腹部較鼓，束頸，侈口，無蓋，如白簋（圖6〔2〕）自名"寶𣪘"[117]。伯者公簋（圖6〔3〕）比這種形制的簋多一個方座，也自名"寶𣪘"[118]。令簋（圖6〔4〕）斂口，有蓋，有方座，是這個時期少見的形制，也自名"寶𣪘"[119]。此外伯㷱簋（圖6〔5〕）形制與盂相同，也自名"寶𣪘"[120]。

西周中期，自名𣪘的仍然是西周早期常見的束頸的那種，如靜簋（圖6〔6〕）自名"尊𣪘"[121]。另外出現新形式的器，其形制雖然束頸，但口徑比軀幹部小很多，圈足下還有矮小足，有蓋。例如同自簋（圖6〔7〕）自名"旅𣪘"[122]。

西周晚期，追簋（圖6〔8〕）自名"尊𣪘"[123]，其形制與西周中期出現的像圖6〔7〕那樣的器相比，多一個方座。這個時期的伯康簋（圖6〔9〕）也自名"寶𣪘"[124]，但其圈足下有三個矮小附足，另有一對附耳。㷱簋（圖6〔10〕）形制與此相同，但有蓋，也自名"饙𣪘"[125]。器蓋上附加平行槽文，耳小，帶環的

〔108〕　孫詒讓 1905，九嬪"凡祭祀贊玉齍……"正義。
〔109〕　林 1980a。
〔110〕　《考古圖》卷 3，4 葉。
〔111〕　《考古圖》卷 3，32 葉。
〔112〕　《考古圖》卷 4，18 葉。
〔113〕　容庚 1941：上，320—321。
〔114〕　容庚 1941：上，321—324。
〔115〕　林 1980a：11—14。
〔116〕　高去尋 1956:605。
〔117〕　"國立故宮中央博物院"聯合籌備處 1958：下，下，153。
〔118〕　Pope, Gettens, Cahill and Barnard 1967, no. 63.
〔119〕　容庚 1941：下，圖 296。
〔120〕　容庚 1941：下，圖 285。
〔121〕　容庚 1941：下，圖 271。
〔122〕　容庚 1941：下，圖 314。
〔123〕　容庚 1941：下，圖 316。
〔124〕　容庚 1941：下，圖 312。
〔125〕　容庚 1941：下，圖 313。

* 譯按：容庚 1941 只説"抑更有進者，則《儀禮》所見之簋敦二字是否一字之疑問也"，"余籀讀《儀禮》，則謂簋敦蓋一字也"等，並没有説"敦是在隸寫'𣪘'字時誤寫成的"之類的看法。

形制是西周中期出現的新型式，也自名殷，如無㠱簋（圖6〔11〕）自名 "尊殷"[126]。此外，圈足下有三矮小足，從蓋肩部到器腹部鼓起，是這個時期最普通的形式，這種器也自名殷，如師𡢅簋（圖6〔12〕）自名 "餪殷"[127]，鄭虢仲簋（圖6〔13〕）自名 "寶殷"。

　　春秋早期自名殷的仍然是西周晚期最普遍的，圈足下有三個矮小附足、有蓋的那種，如魯伯大父簋（圖6〔14〕）自名 "媵殷"[128]。

　　春秋晚期器有陳助簋蓋（圖6〔15〕）自名 "寶殷"[129]。它可能是像圖6〔16〕那樣的器的蓋[130]。

　　時代大概屬於戰國中期的鄜侯簋（圖6〔17〕）銘文有 "祭器八簋" 一句，其形制與圖6〔16〕相同[131]。

　　自名殷（簋）的器是如上所介紹的那些，差不多含蓋了簋的所有形式。此外沒有自名例的形式有：有四耳的器，如西周中期的邢侯簋（圖6〔18〕）[132]；有附耳、三根較高的足的器，如西周中期的小臣謎簋（圖6〔19〕）[133]；春秋早期到中期出現的，其側視形像算珠一樣的器，如郜𡨥簋[134]。這些器的器身都與同時代的簋形制相同。根據這些特徵，將這些器歸類於簋，應該沒有問題吧。

(1)　　　　　　　　　　(2)　　　　　　　　　　(3)

(4)　　　　　　　　　　(5)　　　　　　　　　　(6)

〔126〕　容庚 1941: 下，圖 321。
〔127〕　容庚 1941: 下，圖 334。
〔128〕　容庚 1941: 下，圖 331。
〔129〕　容庚 1941: 下，圖 346。
〔130〕　水野 1959，174 圖 B。
〔131〕　容庚 1941: 下，圖 348。
〔132〕　容庚 1941: 下，圖 282。
〔133〕　容庚 1941: 下，圖 305。
〔134〕　容庚 1941: 下，圖 342、343。

（7）　　　　　　　　　　（8）　　　　　　　　　　（9）

（10）　　　　　　　　　　（11）　　　　　　　　　　（12）

（13）　　　　　　　　　　（14）　　　　　　　　　　（15）

（16）　　　　　　　　　　（17）　　　　　　　　　　（18）

（19）

圖 6

2. 盂

盂是從底往口一味地敞開，有圈足、附耳的器。

其用途是盛食物或飲料。此外在洗面時也使用。

西周早期的匽侯盂（圖7〔1〕），形制如上所述，自名"鑄盂"〔135〕。關於鑄盂，孫詒讓有詳細的考證，說鑄盂是盛飯用的盂，盂也可以盛湯漿等飲料〔136〕。

安陽西北岡1400號墓出土的盂（圖7〔2〕）有銘文"帚小室盂"〔137〕。此器有蓋。此器與青銅壺、盤、人面具各1件，搓洗手用的陶製印模形器5件一起出土〔138〕，這組遺物被認爲是盥洗用具，盂也被認爲是盛盥洗水用的〔139〕。《禮記·玉藻》"出杅"鄭玄注云：

　　　　杅，浴器也。

此帚小室盂或許是這種用法。

帚小室盂器高27.8釐米，通蓋高41.3釐米。匽侯盂高30釐米，口徑38釐米。如陳夢家所說，此外自名盂的伯盂、永盂、康侯盂等也同樣巨大，高度在30釐米以上，口徑在40釐米以上〔140〕。西周晚期的善夫吉父盂，雖然形制不明，但自名"盂"，器高20釐米，也屬於相當大的一類〔141〕。

我們在簋條已經講過，自名簋的器中也有與自名盂的器同樣從底往口一味地敞開，並有附耳的那種。但那些器比較小，其大小與普通的簋差不多。既然如此，盂和簋的區別是否如陳夢家所說，在於器的大小呢〔142〕？但也有一些器介於大小之間。如果沒有更多的材料，我們無法斷定其用途是否根據器的大小有明確的區別。我們暫時不管器的大小，把這種形制的器都叫盂。

（1）　　　　　　　　　　（2）

圖7

〔135〕　五省出土重要文物展覽籌備委員會1958，圖版20。
〔136〕　孫詒讓1916：卷7，31葉，周君盂考云："鬻盂者，金文多云鑄鼎、鑄匜、鑄敦、鑄盤，此云鬻盂，義並同。鬻即鑄之反形。《說文》食部云：'鑄，潃飯也。'又皿部云：'盂，飯器也。'小徐本則作飲器。《既夕》注'兩敦兩杅'鄭注云：'杅，盛湯漿。'杅、盂同，蓋盂可以盛飯，亦可盛飲。《既夕》注據盛飲言之，此云鬻盂，則據盛飯言之。然則飯器飲器，義固兩通也。"關於鑄盂，此外還有陳夢家的解釋（陳夢家1955—1956：（二），99—101）。漢代水器、飯器的盂，參看林1976:232、234。附帶講，最近被介紹的西周II的小型盂銘有"作盂段"一句（劉東亞1982，圖1、2）。"盂段（簋）"的句式與我們在匜、鼎條引用的"盨簋"、"鬻鼎"相同，是"叫盂的種類的簋"的意思。這個例子證明當時把所謂小型盂當作簋的一種看待。
〔137〕　李濟、萬家保1972，圖版9。
〔138〕　安志敏1957:72。
〔139〕　陳夢家1954:24。
〔140〕　陳夢家1954:24。
〔141〕　趙學謙1959。
〔142〕　陳夢家1955—1956：（二），101。

3. 盆（𩰯）

盆是器口稍斂、器身很矮的容器，口緣很寬，器身從肩部陡然往底部收縮，肩部有一對耳。

盆作爲禮器用以盛水、犧牲的血，或被用爲炊器[143]。此外還有“鑄盆”的例子（見下），可見盆也被用爲盛飯器。

《博古圖録》將一種形制類似盆的深鉢形容器稱爲盆，但這是漢代器[144]。春秋早期的曾大保盆（圖8〔1〕）自名“旅盆”[145]，其特徵正如上所述。其他自名的例子還有春秋中期的𥅆子仲盆蓋，自名“鑄盆”[146]；同時期的自作盆（圖8〔2〕）自名“飮盆”[147]，曾孟嬭諫盆（圖8〔3〕）自名“饗盆”[148]。到了漢代，形制與此非常接近的器物仍然被稱爲盆[149]。

也有一些器物形制與盆差不多，卻自名“𩰯”，即晉定公所作的晉公𩰯（圖8〔4〕）[150]及時代大概與此差不多的季□𩰯（圖8〔5〕）[151]。前者只有拓本，其形制雖然不是十分清楚，但可以知道與盆基本相同。後者的形制也相同，並有蓋。

關於“𩰯”這個器名，《考古圖》卷5，27葉的器銘中有“𩰯”字，吕大臨釋爲“盒”，讀爲“盒”[152]。關於把晉公𩰯的器名定爲𩰯，郭沫若一一引用以往的著作，説過去都誤釋爲盒[153]，並指出此字分明從奠從皿，過去卻都釋爲盒是不對的[154]。此説很有道理。徐中舒也指出過去把晉公𩰯的“𩰯”釋爲“盒”係誤釋，𩰯疑即《方言》之𩰯字[155]。此説可從。

盆和𩰯自名的例子不多，要知道兩者的本質區別是什麽，資料還不夠。因爲兩者的形制和大小都差不多，我們認爲是同一種器。𩰯的用途應該與盆有很多共同之處。因爲盆的名稱一直使用到後代，故在此採用了盆這一名稱。

此外，由於没有器形圖，我們不是很了解，但杞伯每刅所做的一輩器物中有一件形制與盆相近的自名盉的器[156]。許瀚説“器似盆而銘作盉”[157]，似乎他知道器形。許瀚還説盉是與銷同類的銚的異文[158]。根據有自名的器，銷的形制與盂（所謂洗）相似，但器身比它更深，像某種洗桶，其器口有時候收斂。銷與𩰯、盆屬於同一系統[159]。此外吳式芬1895：卷2之1，30葉所收白原□銘有“作盉”一句，

---

〔143〕 容庚1941：上，474云：“《儀禮·士喪禮》‘新盆槃瓶’注：‘盆以盛水。’《周禮·牛人》‘凡祭祀共其牛牲之互與其盆簝以待事’注：‘盆所以盛血。’《禮記·禮器》‘盛於盆，尊於瓶’注：‘盆瓶炊器也。’《荀子·富國篇》‘今是土之生五穀也，人善治之，則畝數盆’注：‘蓋當時以盆爲量。’《莊子·至樂》：‘莊子方箕踞鼓盆而歌。’則盆可以盛水，盛血，炊器，量器，樂器五者之用矣。”最後一種是臨時的用法。

〔144〕 卷22，23葉。

〔145〕 容庚1941：下，圖880。

〔146〕 湖南省博物館1963，圖版捌，1；圖二，3。

〔147〕 京都大學人文科學研究所考古資料。

〔148〕 曾昭岷、李瑾1980，圖二、三。

〔149〕 《林編1976，圖5—78～80。

〔150〕 容庚1941：上，圖38。

〔151〕 容庚1941：上，圖39。

〔152〕 此器被畫成很奇怪的三足器，像是宋代青瓷的香爐或其他的什麽東西。因爲其器形圖有可疑之處，在此不把它作爲可知器形的例子。

〔153〕 郭沫若1930：2，114—115。

〔154〕 但郭沫若在其後面説，𩰯與鑑器制本相同，𩰯鑑之别蓋方言之不同耳。這個意見是多餘的。自名𩰯的器的高度是四寸左右，而鑑大多是一尺左右。洗面器與洗濯盥之别並不是方言之不同。

〔155〕 徐中舒1931：315。但他把𩰯與盂看作一物。這種根據各種器物共同的特徵，一股腦地把它們都歸類於一種器的做法可能是訓詁學者的習慣。

〔156〕 羅振玉1936：18，18葉。附帶説，張光裕撰文討論在此介紹的這一系列型式器物的名稱（張光裕1981）。

〔157〕 《攀古小廬雜著》9：6—7。

〔158〕 同上。原文是：“《説文》：‘銷，小盆也。’《廣雅》：‘銷，謂之銚。’《説文》：‘銚，温器也。’此器制似盆而銘作盉，其銚之異文乎。古者制字，召兆多互用。《説文》韶或作軺，又或作㲚，籀文又作聲，其明證矣。”

〔159〕 林1976，圖5—84～89。

孫詒讓認爲第二字是器名，説此字當爲兆，乃銚之省文。但其器形不得而知[160]。

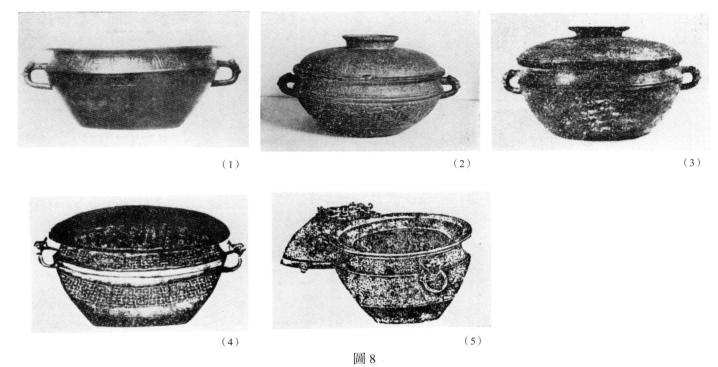

（1）　　　　　　　　　　　　（2）　　　　　　　　　　　　（3）

（4）　　　　　　　　　　　　　　（5）

圖 8

4. 盨

盨是斂口，與西周晚期的有蓋簋相似的器。但從上面看，它不呈圓形，而呈橢方形。有些盨自名"盨簋"（屬於盨類的簋），可見盨和簋不僅形制相似，當時還認爲兩者是同一類器。

關於盨的用途，因爲這類器中有自名"段"的例子，容庚認爲盨和簋的用途大抵相同[161]。盨是盛穀物的器。金文"盨"字有從米的異體"䀋"[162]，此字加米旁應該是因爲盨是盛穀物的器吧。另外師克盨自名"䀋"、"頪"，我們釋作"斗"的偏旁，郭沫若認爲是"勺"，並説"盛羹，故從勺。此與簠、簋等盛黍稷稻粱者有異"。于省吾反對此説，認爲此字不從勺而從升，盨字中有從米者，升爲量米以盛於盨者[163]。如我們在斗條所討論，此字所從是斗，斗是挹取酒漿等飲料的工具。郭氏所説的確有點輕率，但于氏的批評也不確切。雖然如此，漢字有假借的用法，此字也有可能不是爲了表示盨這類器造的。就憑這個字的字形，推測盨也用以盛飲料，不得不説是很危險的。

《考古圖》收録一件自名"旅盨"的這類器[164]，呂大臨將此"盨"釋爲"簋"，將這類器命名爲簋。命名的原則是對的，但釋錯了字。容庚則釋爲盨，云："盨之爲器，不見於三禮。……宋以來稱此爲簋。錢坫定段爲簋，而於此仍以簋稱之，故謂：'古人於簠簋二器多渾稱。'然段盨二器，其制各別；且盨段有連言者，如……，尤足證二者之非一。"[165]此説至確。附帶説，陳夢家認爲《説文》盨字條的説解正是此類器的説明，但此説全然難以信從[166]。

---

〔160〕　孫詒讓 1929:2，4。

〔161〕　容庚 1941:上，360。

〔162〕　羅振玉 1936:10，41—43 葉，杜伯盨。

〔163〕　郭沫若 1962:14。于省吾 1962:57。

〔164〕　卷 3，32 葉。

〔165〕　容庚 1927:94。

〔166〕　陳夢家 1946:18 云："《説文》云 '盨，檳盨負戴器也。' 檳即《説文》'𥂮，小柋也'。案《玉篇》'僎載器也'"，《廣韻·養部》'僎，載器也，出《埤蒼》'，戴載古通。《説文》謂盨爲負載器者謂於器上更戴一檳栖者爲盨也。今驗銅器之盨，其下器則如段而橢圓，其上器則如栖而可却立……"他似乎把《説文》盨條理解爲"盨即檳，是盨所負戴的器"。但關於此條，過去注釋者一致地斷句爲"盨，檳盨，負戴器也。"例如根據段注，檳盨是《漢書·東方朔傳》所見寰數，是在把東西放在頭上時頭戴的工具，負戴當然是人負戴的意思。陳氏的讀法太過荒謬。他還接着説："金文盨作盨頬頛錘糧，從米者古音須如米也。余考之，盨者即負于段上之檳也，盨音米即盨，《方言》五'盨，栖也……'。"他認爲糧所從的米是聲符。但我們已經説過此外還有從盨從斗的字。從這一點看，此"米"應該不是爲了表音，而是爲了表意附加的。

　　下面看自名盨的是怎樣的器。西周晚期的克盨（圖9〔1〕）自名"旅盨"[167]，器足中間有缺口，器蓋上有兩條形狀與器足相同的把手，其方向平行於器的兩個長邊。杜伯盨（圖9〔2〕）自名"寶盨"[168]，器足的缺口極淺。鄭義伯盨（圖9〔3〕）也應該是同時期的器，自名"旅盨"[169]，此器有矮小附足，這種足常見於這個時代的簋。虢仲盨蓋（圖9〔4〕）也自名"旅盨"[170]，蓋上的把手成爲 L 形的四塊板。

　　春秋中期的甫人盨（圖9〔5〕）自名"行盨"[171]。此器的蓋頂很高，L 形的把手很小。此器應該是在盨中時代最晚的器吧。

　　以上這些是自名盨的器，它們涵蓋了盨的所有型式和時代。

　　此外還有自名"盨殷"、"殷"的器。西周晚期的伯庶父盨蓋（圖9〔6〕）自名"盨殷"，但其形制與自名"盨"的器沒什麽不同[172]，只是其把手成爲很小的龍形板。

　　西周晚期的華季□盨（圖9〔7〕）雖然自名"寶殷"[173]，但形制與自名"旅盨"的讅季獻盨（圖9〔8〕）相同[174]。同時期的瘋盨（圖9〔9〕）足下有三個矮小附足，自名"寶殷"[175]。春秋早期的魯司徒伯吳盨（圖9〔10〕）也自名"旅殷"，其形制卻是盨[176]。盨殷當是"屬於盨類的殷"的意思，也就是說當時人把盨看作殷的一個亞種。因此有時候用盨的上位概念殷稱呼盨。雖然如此，如果這類器也叫簋的話，會很容易引起誤會，因此我們不採用簋作爲這類器的器名。

（1）　　　　　　　　　　（2）　　　　　　　　　　（3）

（4）　　　　　　　　　　（5）　　　　　　　　　　（6）

〔167〕　容庚 1941：下，圖 366。

〔168〕　容庚 1941：下，圖 368。

〔169〕　容庚 1941：下，圖 374。

〔170〕　容庚 1941：下，圖 369。

〔171〕　容庚 1941：下，圖 371。

〔172〕　羅振玉 1917a：上，18 葉。

〔173〕　容庚 1941：下，圖 373。此外，同時代的瘋盨也自名"寶殷"（陝西省考古研究所、陝西省文物管理委員會、陝西省博
　　　　物館 1980：27、28）。

〔174〕　容庚 1941：下，圖 372。

〔175〕　陝西周原考古隊 1978，圖三。

〔176〕　劉體智 1934：禮，8，14。

（7）　　　　　　　　　　（8）　　　　　　　　　　（9）

（10）

圖9

5. 簠

簠是有足、淺腹的逆截頭方錐形器。從上面看，其形狀呈方形。若有蓋，蓋的形制與器幾乎完全相同。器、蓋的兩窄邊都有耳。如下所述，這是盛稻、粱等高級穀物的器物[177]。

這種器物自名的例子很多，其字有很多種寫法。在目前可以知道形制的器中，把從"夫"的字用爲自名的器只有西周晚期的季宮父簠[178]。吕大臨對此字作過解釋，説這類器自名用的字從匸（同匚），匚中從缶、夫、古（亦缶字）；医是簠的古文，缶與簠音近，這些字都疑爲簠[179]。根據《説文》簠的古文医，把這些字讀爲簠是妥當的[180]，而且這類形制的史免簠云"用盛牆（稻）粱（粱）"[181]，叔朕簠云"以歔阳（稻）粱"[182]，伯公父簠云"用成（盛）粘牆（稻）需（糯）粱（粱）"[183]。此用途與《周禮·掌客》"簠十"鄭注"簠，稻粱器也"的簠一致。

但這類器的自名大多從匚從古，也有加支的[184]，加害的[185]，簡省匚，就作害的[186]。這些例子都在下文介紹。阮元認爲這個字是《左傳》哀公十一年所見"胡簠"之胡，《禮記·明堂位》所見"殷之六瑚"之瑚，即簠字[187]。容庚的意見也相同[188]。就加支的字而言，其讀音和"古"極爲相近；加害的字，其所從

〔177〕林1975:4—7。
〔178〕李泰棻1940:19。
〔179〕《考古圖》卷3，44葉。
〔180〕附帶講，根據目前可知的器，從缶的字一例也没有。或許吕大臨認錯了從古的字。
〔181〕羅振玉1936:10，19葉。
〔182〕羅振玉1936:10，23葉。
〔183〕陝西省考古研究所、陝西省文物管理委員會、陝西省博物館1980a：90。
〔184〕羅振玉1936:10，12葉，商丘叔簠。
〔185〕羅振玉1936:10，5葉，士珝父簠。
〔186〕羅振玉1936:10，9葉，奢虎簠。
〔187〕阮元1804:7，2葉。
〔188〕容庚1941:上，356。

“五”的古音也和“古”很相近[189]，這些字和“臣”應當可以相通。這些字在音韻學理論上和簠[190]也可以相通[191]，但畢竟兩者的讀音不同，字也不是一個字。從這一點看，恐怕這個名稱相當於古籍中的“胡”或“瑚”，是稱爲“簠”的器的另外一個名稱。

這種器，如下面所述，此外還有“匩”的名稱。因此我們有必要爲這類器選擇一個名稱。在此採用了簠這一名稱，因爲使用簠的記載多見於古籍中。若根據自名例的數量選名稱，應該選瑚纔對。但不管選簠還是瑚，都不錯，我們選簠是爲了避免混亂。

下面介紹自名例。用《説文》“簠”字古文“匩”自名的器有李良夫簠（圖10〔1〕），它自名“滕匩”[192]，其形制是春秋早期出現的。

以從“古”聲的字爲自名的器，可以舉不少例子：西周晚期的叔黑臣簠（圖10〔2〕），也是很常見的形制，自名“寶臣”[193]。春秋中期的叔朕簠（圖10〔3〕）自名“薦臣”[194]。其形制與前兩個例子相比，口部有直壁，有點像是“摺箱”*的四壁。同時期的□孫叔左簠（圖10〔4〕）自名“餴臣”[195]，形制與此相同，但有一點不同的是此器口緣往外敞開。至於戰國時期的器，陳曼簠（圖10〔5〕）自名“臣”[196]，足部的缺口極大，看起來像是器底的四角裝了四根往外敞開的細足似的。戰國末期的楚王酓肯簠（圖10〔6〕）自名“金臣”[197]，口緣下的直壁很高。

自名“匩”的例子有如下幾例：西周時代的史免簠（圖10〔7〕）自名“旅匩（匩）”[198]。此外西周晚期的𤔲𤔲簠自名“匩”[199]，郭沫若將此字讀爲匩[200]。

春秋晚期的鄩子簠（圖10〔8〕）自名“匩”[201]，曾字□簠（圖10〔9〕）自名“飤匩”[202]，其形制都與春秋中期器很相似。同時期的隋簠（圖10〔10〕）也自名“匩”[203]。

陳夢家説：《説文》云“匩，飯器筥也”，《詩‧采蘋》“維匩及筥”傳云“方曰匩”，又《良耜》“載匩及筥”傳云“匩筥所以盛黍稷也”。匩爲盛黍稷者，是匩亦簠也[204]。最後的結論恐怕不能成立吧。許瀚早已指出，簠的形制和用途與匩相同，因此有時候被稱爲匩[205]。

〔189〕 Karlgren 1957，49（ko）和 58（ngo）。
〔190〕 Karlgren 1957，101（piwo）.
〔191〕 此承蒙尾崎雄二郎先生指教。
〔192〕 李泰棻 1940:19。
〔193〕 羅振玉 1936:10，14 葉。
〔194〕 羅振玉 1936:10，23 葉。
〔195〕 容庚 1941:下，圖 362。
〔196〕 羅振玉 1936:10，19 葉。
〔197〕 羅振玉 1936:10，8 葉。
〔198〕 羅振玉 1936:10，19 葉。
〔199〕 陝西省博物館、陝西省文物管理委員會 1963:20。
〔200〕 郭沫若 1963:4。
〔201〕 羅振玉 1936:10，23 葉。
〔202〕 羅振玉 1936:10，16 葉。
〔203〕 羅振玉 1936:10，6 葉。
〔204〕 陳夢家 1946:上，19。
〔205〕 説見吳式芬 1895：卷 2 之 3，16 葉。

* 譯按：摺箱是日本傳統的一種盒子。摺箱是摺疊厚紙做的，因此有這個名稱。

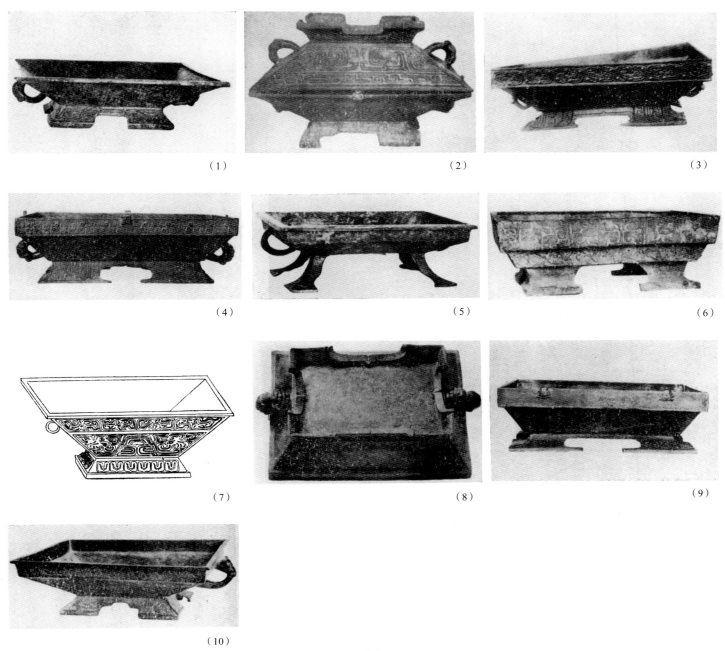

（1）　　　　　　　　　　　（2）　　　　　　　　　　　（3）

（4）　　　　　　　　　　　（5）　　　　　　　　　　　（6）

（7）　　　　　　　　　　　（8）　　　　　　　　　　　（9）

（10）

圖 10

6. 敦

敦是一種鉢形容器，在蓋和器相合時，或多或少呈球形。敦的形制有好幾種，如無足的、三足的、環紐狀足的等。

敦的用途是盛黍稷等穀物。《禮記・內則》"敦牟卮匜"注云：

　　　　敦、牟，黍稷器也。

在此説的是平時的用途。但陳侯午敦銘云"以烝以嘗"，可見祭祀時也用以盛黍稷。

東漢時代已經不清楚古籍中稱爲敦的器形是怎樣的。鄭玄對《儀禮・少牢饋食禮》"敦皆南首"加注云：

　　　　敦有首者，尊者器飾也，飾蓋象龜。……

這一句的意思是：敦有首是因爲尊貴之人的器有裝飾，蓋子的裝飾象龜形，但蓋上有龜形裝飾的容器根本不見於先秦時代。此外《周禮‧玉府》"若合諸侯，則共珠槃、玉敦"注云："敦，槃類。"鄭玄的解釋完全是不對的[206]。直至近代，仍對敦這種器存在誤解，如呂大臨在《考古圖》中誤釋簋的自名"殷"爲"敦"，將簋命名爲敦；容庚對《儀禮》所見簋和敦作解釋説"敦"是在隸寫"殷"時誤寫成的等。這些我們在簋條中已經介紹過了。

容庚對敦的形制做考釋，從文物中找出古籍所謂敦的器，云："《儀禮‧少牢饋食禮》疏引《孝經緯鉤命決》云：'敦規首，上下圓相連。'《爾雅‧釋丘》疏引《孝經緯》説：'敦與簠簋容受雖同，上下內外皆圓爲異。'其狀正與陳侯午錞同，故知錞之爲敦。從金，猶壺盂皿之作鑪鎬鈿也。宋以來圖録每稱簋爲敦，而稱此爲鼎。齊侯敦無足，即《士喪禮》之廢敦，鄭注謂'敦無足者，所以盛米'是也。"[207]此外徐中舒注意到"敦"有圓的意思[208]。

自名例雖然不是很多，但要對敦這類器界定，已經足夠了。

齊侯敦（圖11〔1〕）從銘文的字體可知是春秋晚期器，自名"膳敦"[209]。頸部有點收束，器底較淺，器身兩側有一對環耳；蓋隆起，蓋上有四個環耳，其形狀與器身的附耳相同；無足。如上所引，容庚認爲這是廢敦。如果把戰國中期酅侯簋（圖6〔17〕）的器臺、足、耳拿掉，就成爲這件敦的形制。戰國中期的陳侯午敦有兩件，自名"鉃錞"。其中一件（圖11〔2〕）呈球形，蓋和器的扣合處在比較靠上的位置，蓋、身都有三個環紐或環足，器側也有環耳[210]；另外一件（圖11〔3〕）蓋已失，體呈半球形，有三個與漢代的熊脚相似的矮小獸足，器側有一對獸首環耳[211]。同時期的陳侯因資敦（圖11〔4〕）自名"祭器錞"。此器失蓋，但其形制與陳侯午敦第一件相同[212]。這些器代表了器蓋和器身扣合後成爲球形的兩種形制。

齊侯敦至陳侯敦的中間形態的器物也有幾例，我們把這些器都稱爲敦也應該没問題吧。

（1）　　　　　　　　（2）　　　　　　　　（3）

（4）　　　　　　圖11

〔206〕　林1980a：2—4。
〔207〕　容庚1941：上，365。
〔208〕　徐中舒1931a：486云："敦有團意。《詩‧七月》'有敦瓜苦'，傳云：'敦猶專專也'；專團同，團團正是敦形。《爾雅‧釋丘》云：'如覆敦者敦丘'，郭璞注：'今江東呼地高堆爲敦'；據此覆敦之形如高堆，則敦之形團，亦可想像得之。"
〔209〕　容庚1941：下，圖390。
〔210〕　容庚1941：下，圖375。
〔211〕　容庚1941：下，圖377。
〔212〕　容庚1941：下，圖378。

7. 盛

有一種所謂盒的器。這是器底較淺的鉢形器，有蓋。這類器從戰國末到西漢初在楚地出現，在墓葬的隨葬品中代替了敦。這是考古學者熟知的事。這就是盛，它與敦同樣盛黍稷。

圖 12

筆者以前在《漢代的文物》中介紹過[213]，西漢初期的雲夢大墳頭1號墓出土的漆器中有這類器[214]，同墓所出的遣策中有 "膝洬畫盛二合"（塗漆洬、畫花紋的盛兩套）的記載。陳振裕據此認爲盛是這類器[215]。他引用《説文》盛字條：

　　盛，黍稷在器中以祀者也。

段玉裁云：

　　盛者，實於器中之名也，故亦評器爲盛，如《左傳》"旨酒一盛"、《喪大記》"食粥於盛" 是也。

他還引用馬王堆1號墓遣策 "黃粢食四器盛"（黃粢食四器，有盛）等記載[216]，把它作爲證據。此説可從。但若要引馬王堆一號墓竹簡，引用 203 號簡 "膝畫盛六合，盛黃白粢食、稻食、麥食各二器"（塗漆、有花紋的盛六套，盛黃粢食及白粢食的、盛稻食的、盛麥食的各兩套）更爲合適。通過這個資料可以知道當時用這類器盛何物。這類形制的青銅器不多，例如有圖 12 的器。

8. 豆

豆的形制是盤形或鉢形容器下有底部侈大的柱形足。也有有蓋的。器足的直柱部分叫 "校"，侈大的底部叫 "鐙"[217]。

豆有好幾種用途。《周禮・醢人》中，豆用以盛各種肉醬和醃菜。也有記載説用以盛米和肉攪在一起的東西和肉丸之類[218]。我們通過《禮記・祭統》可以知道豆盛醯[219]；根據《儀禮・公食大夫禮》，有時候也用以盛羹[220]。石璋如指出在安陽發掘的商代墓中，豆往往與獸腿骨在一起，或其中盛有獸腿骨或碎骨，他以此證明《説文》"豆，古食肉器也" 的用法或《周禮・醢人》所記載的用法確實存在[221]。至於戰國時代的豆，一般根據考古資料認爲盛穀物[222]。

〔213〕　225 頁。
〔214〕　湖北省博物館、孝感地區文教局、雲夢縣文化館漢墓發掘組 1973，圖一二。
〔215〕　陳振裕 1973:38。
〔216〕　湖南省博物館、中國科學院考古研究所 1973，128 號竹簡。
〔217〕　《禮記・祭統》"夫人薦豆執校，執醴授之執鐙" 注云："校豆中央直者也……鐙豆下趺也。"
〔218〕　《周禮・醢人》云："羞豆之實，酏食、糝食。" 酏，鄭司農認爲是酒酏，鄭玄則參考《禮記・内則》的記載認爲是饘。饘是狼胸的脂和稻米一起煮的東西。糝，其做法亦見《内則》，是在攪和牛肉、羊肉、豬肉，把它剁碎後，再攪和它跟稻米，稻米和肉的比例是二比一，然後煎它做成的。陳夢家云："《説文》云：'豆，古食肉器也。' 象形。甲骨文有䇋䇋，金文作䇋䇋，象奉豆而内盛黍稷形。故知古亦以豆盛黍稷，而《周禮・醢人》'掌四豆之實' 以豆盛菹醢，乃晚世之制也。"（陳夢家 1946:上，19）我們從這個説明可以知道商代用豆盛穀物，但他不提《周禮・醢人》也有同樣的記載，是不妥當的。
〔219〕　注〔217〕所引《禮記・祭統》。
〔220〕　《儀禮・公食大夫禮》"大羹湆不和。實于鐙"，鄭注云："大羹湆，煮肉汁也……瓦豆謂之鐙。"《詩・生民》"于豆于登"，毛傳云："木曰豆，瓦曰登。豆，薦菹醢也。登，大羹也。"
〔221〕　石璋如 1969:70—74。
〔222〕　洛陽燒溝戰國墓的出土器物中，陶盒（我們所謂 "盛" 的器）與豆中常有粟米的殘餘（王仲殊 1954:152），而且因爲出盒（盛）的墓都不出豆，可知盒在用途上是代替豆的（同 147）。高明先生也採用這個解釋（高明 1981:上，80）。

　　呂大臨根據此類器自名豆，將之命名爲豆[223]。邇來此類器被稱爲豆。

　　我們看一下當時把怎樣的器形稱爲豆。總的來説，自名豆的器很少，商代也沒有。而且能確定爲商代器的青銅豆也格外地少。但根據如下證據可以知道我們所謂豆已在商代中期被稱爲豆。

　　《説文》云：

　　　　　　　豆，古食肉器也。从口，象形。……亘古文豆。

　　篆文豆的字形顯然來自金文的豆這種形體[224]，古文豆字來自豆所从的豆這種形體[225]。毋庸贅言，西周金文的這些字形來自商代文字，即豆、豆、豆等甲骨文所从的豆、豆、豆、豆等字形[226]。這些字所象的豆上部的盤較大，而下部的足底没那麼彡大，接近於單純的截頭圓錐形（但這可能也有筆畫簡省的因素）。這種形制的足雖然也見於商代晚期的陶豆（圖13〔1〕、〔2〕）[227]，但更是商代中期的豆（圖13〔3〕、〔4〕）的顯著特徵[228]。筆者以前指出過，甲骨文中象容器的字有很多是仿商代中期器的形制[229]，豆也是其一例。可見豆在商代中期、甲骨文字形成的時代，被稱爲豆。商代晚期無疑也使用同一個名稱。

　　西周晚期之前的青銅豆非常少。西周晚期的姬寏母豆（圖13〔5〕）[230]，形制可能與圖13〔6〕相同[231]。豆盤腹部較深、鼓，其下有鏤空、矮小的校。鏤空的豆叫“獻豆”[232]，此豆自名“豆”。周生豆（圖13〔7〕），其時代與圖13〔6〕差不多，豆盤的形制也很相似，自名“障豆”[233]。西周晚期或春秋早期的單荚生豆（圖13〔8〕）自名“羞豆”[234]，上爲直壁、淺腹的盤形容器，下爲鏤空、較粗的足。

　　時代更晚的文物中，至今爲止没有自名例[235]。以上引的例子類推，只要其形制如我們在開頭所述的那樣，即使時代更晚，我們也就叫豆。

　　有些器形制是豆，卻自名匭、鋪、甫。春秋早期的曾中斿父豆（圖13〔9〕）自名“寶甫”[236]。厚子元豆（圖13〔10〕）自名“膳匭”[237]，其形制與上引的單荚生豆相同，但有蓋，從花紋、銘文的字體看，是春秋中期器。此外，杜嬌豆（圖13〔11〕）是時代、形制與單荚生豆相同的器，自名“障鋪”[238]；周旅豆（圖13〔12〕）自名“旅甫”[239]。呂大臨給杜嬌豆命名爲鋪，對其字云：“其形制似豆而卑。以爲簠，非其類；以爲豆，不名鋪。古無此器，皆不可攷。”[240]

---

〔223〕《考古圖》卷 5，16 葉，姬寏母豆。

〔224〕羅振玉 1936:10，19 葉，豆閉簋。

〔225〕羅振玉 1936:4，42 葉，大盂鼎。

〔226〕中國科學院考古研究所 1965:5，9。

〔227〕李濟 1956，殷虛陶圖録，206—209。

〔228〕趙全古等 1957，圖九，6、7。

〔229〕林 1958:49—51。

〔230〕《考古圖》卷 5，16 葉。

〔231〕容庚 1941：下，圖 398。

〔232〕《禮記·明堂位》“周獻豆” 鄭注：“獻，疏刻之。”

〔233〕寶雞市博物館、寶雞縣圖書館 1980，圖八，2；圖一〇；圖版壹，3。

〔234〕《博古圖録》卷 18，15 葉。

〔235〕劉體智 1934：禮，8 之 17、18 兩器，銘文的字體和器物的形制很不協調，此銘文當是僞刻。

〔236〕湖北省博物館 1972，圖一一；圖版拾：4。

〔237〕容庚 1941：下，圖 399。

〔238〕《考古圖》卷 3，46 葉。

〔239〕《西清古鑑》卷 29，44 葉。

〔240〕《考古圖》卷 3，46 葉。

（1）　　　　　　　　（2）　　　　　　　　（3）　　　　　　　　（4）

（5）　　　　　　　　（6）　　　　　　　　（7）　　　　　　　　（8）

（9）　　　　　　　　（10）　　　　　　　　（11）　　　　　　　　（12）

圖 13

　　這些自名甫的器，容器部分是淺腹的盤，足部上下都侈大，呈 X 形。足的高度是口徑的三分之二，盤和足的銜接處是兩條直線，形成一個夾角。根據這些特徵，Chang Cheng-mei 把這類器稱爲甫，區分甫和豆[241]。但 "甫" 這種器名不見於古籍，用它命名恐怕不妥當吧。唐蘭對於癲豆的自名 "箺"[242]，認爲此 "箺" 是《說文》所說的簠：

　　　　簠，黍稷圜器也。[243]

[241]　Chang Cheng-mei 1977.
[242]　陝西周原考古隊 1978a，圖九；圖七，5。
[243]　唐蘭 1978:21—22。

但腹部很淺、底平的盤形容器顯然不適合盛飯，因此難以贊同他的意見。陳夢家引用這些從甫聲的字，說“以音推之當是籩”，[244]但沒有説明甫、籩相通的證據。根據高本漢的構擬[245]，甫的古音是piwo，籩是pian，兩字韻部不同，難以相通[246]。商承祚也對我們現在討論的這類器作考證，云：“予謂此即籩也。爲實臘之器。因其容淺大，物可鋪陳其中，故曰鋪。一物異名，或方言不同，其制則一。”[247]的確這類形制的容器與《周禮・籩人》所説的籩的用途（盛不帶汁的食品）不矛盾；它以鏤空裝飾器足，也可以得到很好的解釋。《説文》“籩，竹豆也”，説明這是保留用竹做的樣子。

但以從甫聲的字爲自名的器，也有一些形制與此相同的器在同一個時代自名豆。而且在表示器名的從甫聲的字中，確實表示豆類器的字不見於古籍。因此甫這個名稱可以看作只有某一個時期流行的豆的異名。在此不把它採用爲器名。

另外，豆還有盉的名稱。戰國時代的郳陵君豆云“造□盉”。此器，盤底平，校呈長柱狀[248]。

9. 鉶

我們所説的鉶是從上面看呈橢圓形的鉢形容器。淺腹的器較多。器的兩個長邊有一對環耳，大多有三足和蓋（圖14〔1〕～〔3〕）。

鉶的用途，從其形制看，無疑是盛食物。這類器如當時果真被稱爲鉶，那應是盛羹用的。

以往研究按照自己的理解將這類器稱爲各種各樣的名字，如敦、簋、舟、卮、鼎、盉、梧等，沒有把它看作一個獨立的器類。但根據以上所説的各種特徵，這類器與上舉幾種器截然不同，其發現量也相當多。鉶這類器在《儀禮》中往往和豆、敦等禮器一起出現，與鉶用途相同的豆已經發現了不少。既然如此，目前發掘的文物中應該也有鉶。在盛食物的容器中，這類器的發現數量雖然沒有豆那麼多，但已相當多。這類器算得上有可能是鉶。我們所謂鉶，其中有一些器與敦、豆同樣有環形的耳、足、把手，而且也有與敦、豆一起出土的例子[249]。這似乎暗示，正如《儀禮》所記載的那樣，這類器與豆、敦是一套的。

關於鉶的形制，《詩・召南・采蘋》之《釋文》云：“鄭云：三足，兩耳，有蓋。”《新定三禮圖》云：“受一升，口徑六寸，兩耳，有三足，高二寸，有蓋。”《太平御覽》卷759所引《三禮圖》在“口徑六寸”下作“有足，高一寸。有兩耳、蓋”，兩者所説的足高不同。雖然如此，這些説明與我們在此所謂鉶的文物在形制上大致不矛盾。我們所謂鉶的一個很大的特徵是橢圓形，這些説明卻沒有提到這一點。雖然如此，如果這類器是鉶，又能夠很好地解釋它的出土情況和文獻記載，因此我們把這類器稱爲鉶。

我們所謂鉶的器中有一件洛陽出土的器，有“哀成叔之鉶”的銘文（圖14〔4〕）[250]。根據與它同時製作的鼎的銘文，可以知道此器是公元前372—前367年之作[251]。此銘文中表示器名的字從木從口。如果這個字可以釋爲杏，杏和鉶所從的刑就可以相通。根據同事尾崎雄二郎先生指教，杏和鉶聲母相同；韻部屬於同部，雖然到了東漢時代分爲兩個不同的音，不能説是完全同音，但有相通的例子。筆者推測這類器的名稱是鉶，洛陽出土的這件器自名用的字正好證實這個推測。

---

〔244〕 陳夢家 1956a：105—107。
〔245〕 Karlgren1957.
〔246〕 此承蒙尾崎雄二郎先生指教。
〔247〕 商承祚 1939：上，18 葉。
〔248〕 李零、劉雨 1980:33，圖版肆：1、2。
〔249〕 山東省博物館 1977，圖版伍：2—4。
〔250〕 洛陽博物館 1981a，圖三、七。
〔251〕 趙振華 1981。

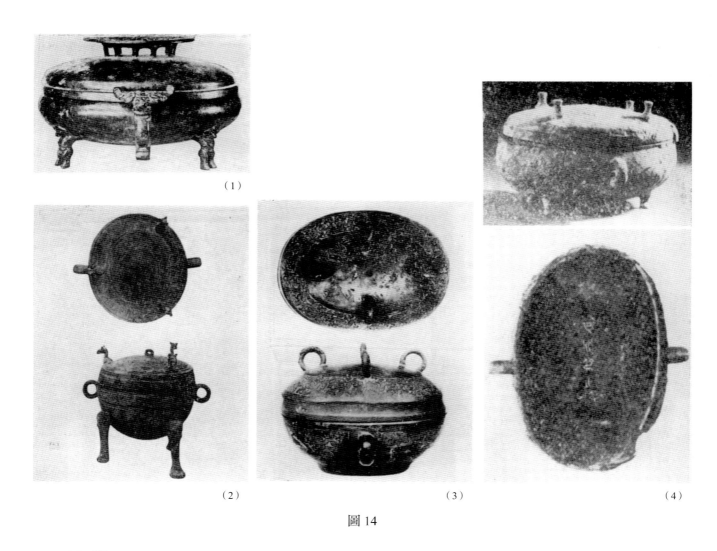

（1）

（2）　　　　　　　　　　　　（3）　　　　　　　　　　　　（4）

圖 14

10. 俎

俎是長方形的板下有支足的器（圖 15〔1〕～〔4〕），用以盛肉[252]。

青銅俎甚少，也沒有自名例。關於俎的形制，雖然是時代較晚的西漢時代的例子，但馬王堆一號漢墓中能找到例證。該墓所出遣策有"膝畫其末一，長二尺六寸，廣尺七寸，盛肉"的記載。其注釋説"其末"合音爲櫅（巌），古櫅字長沙方言爲"其末"，並引《禮記・明堂位》：

<blockquote>俎，有虞氏以梡，夏后氏以巌。</blockquote>

他們還發現簡文所記尺寸與該墓出土的矮小足案（圖 15〔2〕）大體一致[253]。據此可知，西漢時代，案即形制類似飯桌的器，被稱爲俎的一名，並用以盛肉。此例證明俎的形制類似飯桌。西周晚期的長安張家坡 11 號墓所出漆器的俎（圖 15〔3〕）可能是馬王堆的那件其末（巌）的直系祖先，商代晚期的安陽大司空村 53 號墓出土了用大理石做的這類器形（圖 15〔4〕）[254]，據此可以知道使用這種形制器物的傳統很長。附帶講，羅振玉認爲金文"龖彝"等的"龖"字所從"爿"象俎形。此説難以信從，"爿"是"牀"的象形字[255]。

〔252〕 容庚 1941：上，371 引用古籍中所見的用法。

〔253〕 湖南省博物館、中國科學院考古研究所 1973:146。

〔254〕 中國科學院考古研究所安陽發掘隊 1964，圖版壹，6；中國科學院考古研究所灃西發掘隊 1980，圖三一，6。

〔255〕 羅振玉 1934a：3 葉云："古鼎銘往往云作龖彝。龖從爿從肉從匕，蓋象以匕取肉於大鼎，而分納於旅鼎中。爿則俎形，殆取牲體時，暫置俎上，以去其湆。"陳夢家的意見與此相同（陳夢家 1946：上，20）。龖所從的"爿"與甲骨文"疾"所從"爿"同形，但其"爿"被解釋爲"牀"（胡厚宣 1943:1—3），此釋當無疑。

型匕。附帶講，匕中有一種鏤空頭部的器（圖 16〔9〕），有些中國學者稱之爲疏匕。這是錯的，疏匕是鏤空柄部的匕〔267〕。

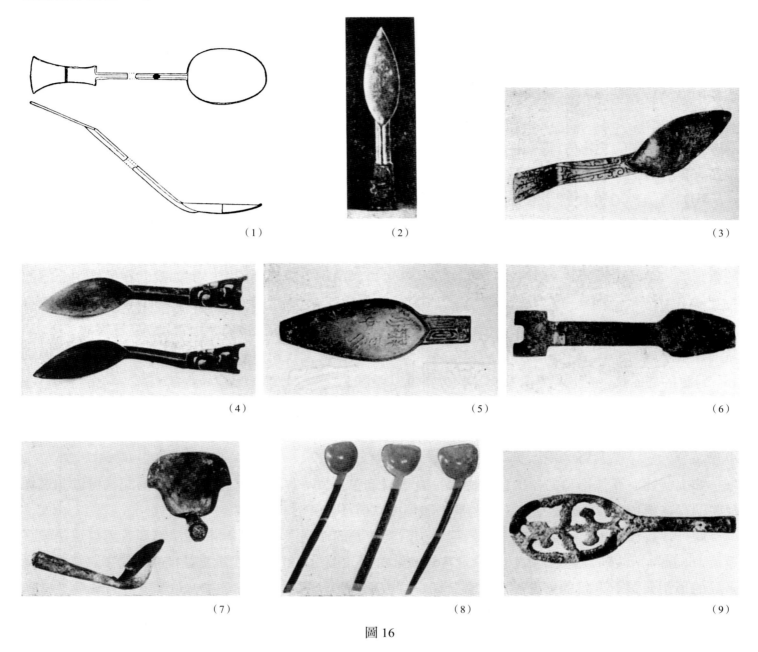

（1）   （2）   （3）

（4）   （5）   （6）

（7）   （8）   （9）

圖 16

2. 柶

柶是細長的薄板狀匙子，是飯勺的一類。用以挹取食物，把它放在嘴裏，或盛在器上。當時骨柶或用其他質地作的柶應該佔多數，青銅柶很少見（圖 17〔1〕、〔2〕）。

柶沒有自名例。羅振玉將殷墟出土的一件骨製品當作柶。他推測，匕和柶都是挹取器，但匕是攪拌肉用的，因此其頭部應該尖銳；柶是挹取鉶中的湯中食物和醴用的，因此它應該是目前出土的挹取器中寬頭的器〔268〕。此說很有道理。

---

〔267〕 如《儀禮・有司徹》“雍人……覆二疏匕于其上”注云：“疏匕，匕柄有刻飾者。”《有司徹》云：“司馬……二手執桃匕枋，以挹湆，注于疏匕，若是者三。……次賓縮執匕俎以升，若是以授尸。……”也就是説，司馬用桃匕將肉湯倒入疏匕。如果按照郭寶鈞所説（郭寶鈞 1959，圖版壹零柒：3、4），能做這種動作嗎？

〔268〕 羅振玉 1916*，坿説：“古者匕與柶多通稱，而形製則頗異。《説文解字》匕，一名柶。《廣雅・釋器》柶，匙匕也。此匕柶通稱不別也。而考其形製，匕必抹柄，而柶柄挺直。匕之下端尖銳，故短兵謂之匕首，言銳如匕也。柶則下端爲廣而微方之。案†《冠禮》面葉以授賓是也。葉亦作楪，《三禮圖》引舊圖所謂楪博三寸是也。匕用於鼎，以别出牲體，故須利首。柶則用之於鉶於醴，故博葉……”

凌純聲詳細研究禮書所見匕和柶的用法及種類，指出柶是用角或木製作的，用以挹取醴、銏羹、米等[269]。他還講江南地區的賣酒釀的風俗，說客人用小竹匕挹食酒糟，正與今日吃紙杯中的冰淇淋時使用的小木匙相似。他指出中國古代的酒也有酒糟，酒糟是用柶挹食的，而不是喝的。按照這個思路，柶應該是長板狀的工具，即羅振玉所謂的柶。但凌氏竟然毫無根據地給這類器命名爲匕，並將其中的一部分命名爲柶。他針對上面所引羅振玉的說法云："就作者所見到較完整的匕，尚未見有匕之下端尖銳。"他命名爲匕的是下端不尖銳的器，其中當然沒有下端尖銳的。問題是根據什麼給怎樣的器命名爲匕。要挹取醴，並把它放在嘴裏，圖17〔2〕器的大小應該很合適。大小、形制與此相近的器還有皮爾斯白瑞的收藏品（圖版册：柶1），但此外原物很少見。

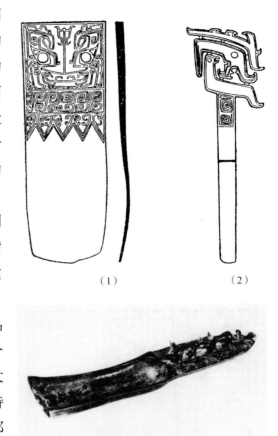

（1）　　　　（2）

骨柶中有一類器作爲挹食器器體太大。吕承瑞對殷墟出土品進行了實測和分類[270]。我們對此在第四章第三節二（3）柶條做介紹，茲不具引。青銅製的這類器有圖17〔1〕，但例子很少。從大小和形制看，這類器是從很大的容器挹取醴，把它盛在酒杯上時用的。這一點也在第四章第三節中討論。圖17〔3〕挹取東西的部分呈很深的桶裝，也是柶的一種，是挹取米用的。這也在第四章第三節中討論。

（3）

圖17

3. 畢

叉形工具。

用以取出鼎中之物。《禮記·雜記上》"畢用桑，長三尺，刊其柄與末"注云：

> 畢，所以助主人者。

《儀禮·特牲饋食禮》"宗人執畢先入"注云：

> 畢狀如叉，蓋爲其似畢星取名焉。[271]

圖18

郭寶鈞認爲輝縣琉璃閣1號墓出土的有三齒的耙形器（圖61〔1〕）是畢。此物出土時在鼎的附近，郭寶

---

〔269〕　凌純聲 1961。
〔270〕　吕承瑞 1965。
〔271〕　這當然本來是因爲其星座的形狀與畢這種東西相似，故稱爲畢。

---

*　譯按：此"羅振玉 1916"指的是《殷虚古器物圖録》（1916 年），而不是《殷虚書契後編》（1916 年）。《殷虚古器物圖録》不見於本書的引用文獻目録，故特此說明。

†　譯按：案，當作葉，以"……微方之葉"爲句。譯者沒能看到《殷虚古器物圖録》初版本，故保留林先生引文原貌。譯者參看的版本是《雪堂類稿》（遼寧教育出版社，2003 年 3 月）所收簡體標點本（第一册第 439 頁）、《羅振玉學術論著集》（上海古籍出版社，2010 年 12 月）所收繁體標點本（第一册第 441 頁）兩種，此兩種版本都寫作"葉"。

體。這個字在更早的時代是怎麼寫的呢？第五期甲骨文有 [288]。此字雖然上部个的兩側没有小點，下部没有横劃，但應該是金文的那些字的祖型吧。第一期甲骨文中 字與此對應 [289]。⊃内的小點作小方形，這是甲骨文中常見的現象 [290]。此字在第一期還作 形 [291]，寫得更象形。還有從冪的 字見王族卜辭 [292]，我們過去指出過王族卜辭的一些字還保存着很古的傳統形體 [293]。王族卜辭裏還有 這種形體 [294]。此外這些形體的中間形態的字也有不少例子，這些無疑都是同字。看我們介紹的最後兩個例子，顯然是商代的一般所謂"爵"（圖19〔3〕）的象形字。上部的个是上端有圓錐形物的柱，其下是容器部分，左邊有流，側面有鋬。最後第一個例子還表達往外伸長的尾。最後第二個例子象圓底的爵，最後第一個例子則象半平底的爵。

我們現在知道了爵字所從 是從過去稱爲爵的器物的象形字訛變過來的，但我們不能據此認爲這類器當時就稱爲爵。如上所引，《説文》説此字（所從 ）象爵（雀＝鳳凰）之形，中有鬯酒，"又"表示拿它。也就是説《説文》認爲爵是會意字。一般而言，物品的象形加"又"的字，有時候其讀音與其物品的讀音相同。例如《説文・殳部》云：

　　　殳，㠯杸殊人也。……從又、几聲。

也有時候與其物品的讀音没有關係。《説文・又部》云：

　　　父，巨也。……從又舉杖。

這是會意字，父的讀音與手裏拿的杖没有關係。與彝器的名稱有關的例子，能想到這個例子。《説文・酉部》云：

　　　尊，酒器也。從酋，廾㠯奉之。

根據以上的例子可知， 加鬯和又的會意字"爵"所從 的讀音究竟是不是爵，無法通過爵字的研究確定。

今按，爵這種器，如《説文》所説，是飲酒器。但過去稱爲爵的青銅器有三足、水槽狀的流，側面有把手，用它來温酒再合適不過，卻根本不適於飲酒。就憑這一點，這類器是商周時代稱爲爵的器的可能性，完全没有。因此我們不得不認爲爵字雖然從這類器的象形，但不是以之爲聲符，而是像上引的尊字一樣的會意字。

那麼先秦時代稱爲爵的酒杯是怎樣的器物呢？我們在第四章第三節之三對此進行考證。據我們考證，爵無疑是多少有點侈口的杯子形器（圖19〔4〕）。但爲了避免混亂，我們不把這類器稱爲爵。

---

〔288〕　羅振玉 1933:3，31，6。

〔289〕　劉鶚 1903:250，1。此象形字在甲骨文中用爲祭祀動詞，即" 示"（胡厚宣 1954:419），也用爲國族名（胡厚宣 1955序）。

〔290〕　例如 亦作 。

〔291〕　羅振玉 1913:5，5，2。

〔292〕　羅振玉 1916: 下，5，15。此字與上引師克盨的 所從 可以相對應。

〔293〕　林 1958:50。

〔294〕　董作賓 1948—1949:4508。

2. 角

過去稱爲角的器像爵一樣，三足上有筒形容器，側面有鋬。但它與爵不同的是，沒有流，口緣呈左右對稱，都是爵尾的形狀。也有帶蓋的器（圖20〔1〕、〔2〕）。

此器本來的用途不明。

沒有自名例。《博古圖録》把這類器稱爲角[295]。因爲這類器的形制與爵相似，認爲這類器與爵同樣是飲酒器，根據《禮記》、《周禮》等典籍所見飲酒器的各種名稱給它命名。《博古圖録》的這個方法是對的。但我們在第四章第三節之三（3）指出，本來稱爲角的器應該是侈口的筒形杯，《博古圖録》的這個命名是不對的。但我們不知道自《博古圖録》以

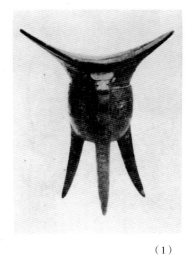

（1）　　　　　　　　　　（2）

圖20

來一直稱爲角的這種器在先秦時期叫什麼名字，故暫時採用傳統的名稱。

3. 斝

過去稱爲斝的器是鬲狀或爵狀的三足（有時四足）器，側面有鋬，口緣上有一對柱（圖21〔1〕～〔4〕）。

（1）　　　　　　　　　（2）　　　　　　　　　（3）　　　　　　　　　（4）

圖21

有柱、側面有鋬、三足等特點與爵相同，因此我們懷疑其用途是温酒，但沒有確證。

此器沒有自名。將這類器命名爲斝，始自《博古圖録》[296]。《博古圖録》對斝的形制有説明，卻沒有提命名的由來。我們無法確認這類器是否典籍上所謂的斝，暫從慣例把它稱爲斝。羅振玉[297]、王國維[298]對此有考證，認爲這類器是經書所謂斝、散的器。這是錯誤論證的一個典型。

羅振玉把甲骨文 、 、 釋爲斝，其說大致如下：此字象斝形。《説文》從門作者，乃由 而譌，卜辭從 象手持之，斝字所從之斗，殆由此轉譌也。古彝文有 字，與傳世古斝形狀吻合。又古散字作 ，與 字形頗相似。韓詩説諸飲器有散無斝，今傳世古飲器有斝無散，故諸經中散字疑皆斝字之譌。

---

〔295〕 卷16，16葉。

〔296〕 卷15，11葉。

〔297〕 羅振玉1927：中，37葉。

〔298〕 王國維1921:3，12葉，説斝。

王國維同意此説，並謂寶雞所出銅禁備列諸飲器，有爵、觚、觶、角、斝，《少牢饋食禮》有爵、觚、觶、角、散，兩者數量雖不同，而器類則相若，則散斝信爲一物云云。王國維也引用此説，並列舉五條證據，主張散與斝是同一物。

今按，羅氏引用的 ⚆、⚇、⚈ 無疑是宋代以來稱爲斝的器的象形字。⚆訛變成《説文》斝字的可能性，雖然不能説絶對没有，但幾乎是零。甲骨文"爵"字中象柱形的部分作 ↑，篆形作 ⚆，還保留原形。與"爵"柱類似的情況還見於"壺"字。甲骨文 ⚆ [299]象的壺有頭部呈圓錐狀的把手，此字頂部的↑，篆文作 ⚆。從這些例子看可知↑訛變成 ⊔ 是不可能的。

羅振玉説"从 ⚇ 象手持之，斝字所从之斗，殆由此轉譌也"，但他所説的" ⚇ "顯然是"父"。如果説⚆所从"父"象手持之，斝字所从之斗是"父"的訛變，誰都會覺得太荒唐了。不知羅振玉特意用" ⚇ "是不是這個原因。既然"'父'象手持之"是不可能的事，从父的⚆和⚇、⚈是否同字就成了問題。誰會説从父从用的"甫"字和"用"字是同字？ *

甲骨文中有今日稱爲斝的器的象形字，但既然此字和斝的篆文不能聯繫，我們只能説不知道這類器的古名稱。"傳世古飲器中有斝無散"這種説法也不能成立。酒器的名稱本來有很多是後代人在不知道它們在先秦時代稱呼的情況下暫時從古籍中揀選出來的。在這種情況下，怎麼能説有斝無散這種話？

羅氏的意見甚爲荒謬，王國維竟然同意這種説法也太大意。典籍中的散和斝是否同一物的問題和羅氏對斝的考證應該分開討論。王氏把寶雞出土的一套禮器和《少牢饋食禮》所見諸飲器的種類相對照也毫無意義。容庚[300]、陳夢家[301]、高本漢[302]原封不動地引用這種説法，實在令人不解。

二、煮鬱器

1. 盉

盉的器身是斂口的鼎狀或鬲狀，一側有流，其對面有鋬，基本上都有蓋。也有四足的器。

盉的用途，從其形制看，應該是液體加熱，注之於器。王國維説盉是和水於酒之器，但此説難以信從，詳下。在盉這樣的器形消失後，同是三足、有流的鐎開始出現，可見鐎取代了盉。鐎在漢代用以煮鬱[303]。據此可以推測，盉作爲酒器首先用以煮與秬鬯摻和用的鬱湯。

此外，我們在匜條中介紹，有自名盉的匜，金文中有"盤匜"、"盤盉"的説法。關於盥洗器和煮鬱器的關係，我們在第四章第三節之一（7）有討論，請參看。

下面批評王國維《説盉》一文[304]。王氏首先認爲盉是酒器，他説：盉見於宋人書中爲最早。《説文》"盉，調味也"，不云器名。宋代以後纔知道盉是器名，但根據《説文》的記載認爲盉是調味器。而端方所藏的寶雞出土斯禁 † 上列有尊、卣、爵、觚、觶、角、斝，這些都是酒器，此外只有一盉而已。如果盉是調味器，應該和鼎、鬲放在一起纔對。從這一點看，盉當是酒器。

王氏列舉的器名都是宋人在不知道先秦時稱呼的情況下從典籍中揀選出來的。因此像王氏那樣的

〔299〕羅振玉 1913:5，5 葉，5。
〔300〕容庚 1941: 上，380。
〔301〕陳夢家 1946: 上，21。
〔302〕Karlgren1952a, p.32.
〔303〕參看鐎條。
〔304〕王國維 1921:3。

* 譯按：《説文·用部》云："甫，男子美稱也。从用、从父，父亦聲。"因此林先生在此説"甫"从父从用。

† 譯按：禁是承放盛酒器的盤，斯禁是無足之禁。參看本節六"盛尊器"（1）禁條。

推論是錯誤的，這一點我們在斝條已經指出過。從科學發掘的例子看，例如安陽小屯M331[305]、長安普渡村西周墓[306]等，跟盉一起出土的器物中有烹煮器和盛食器。根據這些例子，這類器也可以看作調味器。我們也要注意，王氏引用的據説是寶雞出土的遺物是盜掘品，其資料價值很低。

王氏接着説：禮儀中用酒時，使用兩壺，一壺盛酒，一壺盛玄酒。玄酒是水。按照禮節，要喝大量的酒，但不能喝醉，爲此和水於酒[307]。盉的用途在於受尊中之酒與玄酒而和之，而注之於爵。

王氏的思路似乎是這樣的：因爲器名是盉，這類器應該是調和某種東西，那麼盉是和水於酒之器。他使用了很多次“和水於酒”，但酒和水摻和在一起不屬於“和”這個概念吧。《説文》云“龢，調也”，“盉，調味也”，“和”是調和聲音、香味、味道等的意思。酒和無味無臭的水摻和在一起可以説“和”嗎？而且，和水於酒的器根本不需要三根高足。

從器的形制看，盉用作酒器的可能性較大。且按照《説文》“盉，調味也”的説解考慮盉的用途，摻和的不是水和酒，而是煮鬱金的湯和鬯酒，這樣纔更合理些。這種酒以鬱齊之名在《周禮·司尊彝》中被列爲第一，而且《周禮·鬱人》注云“築鬱金，煮之以和鬯酒”，也使用“和”這個詞。鬱金和酒作爲“盉”味之物很合適。如所下述，取代盉而出現的鐎即用以煮鬱金[308]。

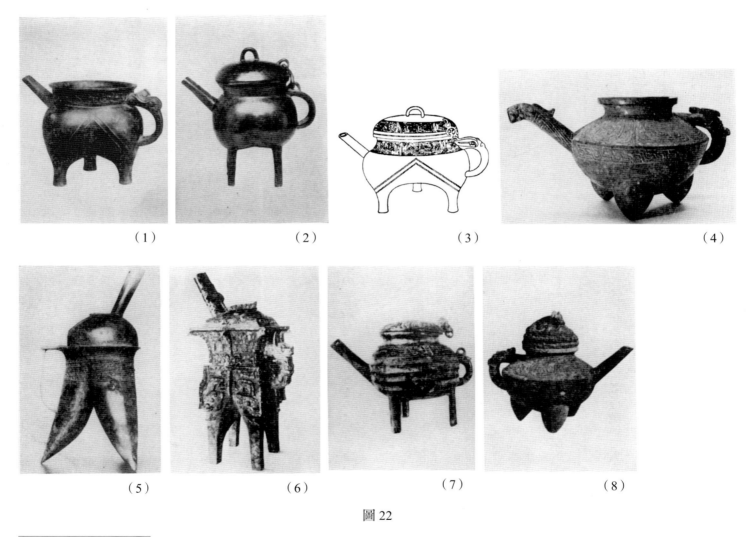

（1）　　　　　（2）　　　　　（3）　　　　　（4）

（5）　　　　（6）　　　　（7）　　　　（8）

圖22

〔305〕 李濟 1948。

〔306〕 陝西省文物管理委員會 1957。

〔307〕 王國維引用《士昏禮》“婦人入寢門，贊者徹尊羃，酌玄酒，三屬於尊”，把它作爲和水的例子。但根據鄭注和賈疏，此和水不是爲了防止喝醉，而是因爲昏禮貴新，和神聖的水“明水”於酒，以使酒變新。這個目的很有巫術性質。另外，王氏將《周禮·司尊彝》六尊六彝之酌中的盎齊涗酌、凡酒脩酌作爲和水的例證。但六尊六彝之酌中前三酌使用的不是水，而是比濁酒清澈一點的酒。此事孫詒讓《周禮正義》有很詳細的考證。由於篇幅的關係，在此不詳細説明。

〔308〕 郭沫若反對王國維説，云：“如《季良父盉》，字作𤰩，象以手持麥稈以吸酒，則盉之初義殆即如少數民族之咋酒罐耳。”（郭沫若 1962a：10）他的想像太幼稚了。没想到郭氏也會提出這種意見。

下面講盉的命名。吕大臨根據自名“寶咊”的這類器，把它命名爲盉，認爲《說文》“盉，調味也”是此器的用途[309]。自名器還有西周中期的白𩰫盉(圖22〔1〕)，自名“用鐳”，字从金从禾从鼎[310]。器身呈鬲狀，袋足，缺蓋。西周晚期的麥盉(圖22〔2〕)自名“盉”[311]。器身鬲鼎狀，底部分襠，下有四根實足。

大概屬於西周晚期的𤔲盉(圖22〔3〕)也自名“盉”[312]，此器形制與白𩰫盉相同。與𤔲盉同時期的季良父盉(圖22〔4〕)也自名“寶盉”[313]。器身是很扁的瓶形，下有三根很短的錐形足，流象獸首，斂口有蓋。根據此例可知這種形制的器也稱爲盉。比此例更晚的自名例至今没有發現[314]。

此外商代晚期、西周早期的器中有與西周中、晚期器形制相同的器。這些器雖然没有自名例，但應該可以稱爲盉。另外，器頂有流的商代中期、晚期的器(圖22〔5〕、〔6〕)，其功能與我們所謂盉的器相同。因此這類器都用同一名稱。

盉有一些自名盉以外的名稱。大概屬於西周中期器的師轉盉(圖22〔7〕)自名“𤉲”[315]，器身是很扁的瓶形，下有四根長足。伯百父盉(圖22〔8〕)自名“鎣”[316]，字从金，形制與自名盉的季良父盉相同。郭沫若認爲後一字是罃。《急就篇》罃字顔師古注云：

罃，長頸缾也。

《說文》云：

罃，備火長頸缾也。[317]

郭氏誤解了備火的意思，備火即防火。這種像藥罐的東西根本滅不了火。此器與盤成套。兩器同時出土，而且從銘文可以知道是同時製作的[318]。這說明此器用爲盥洗器。

𤉲、鎣這類名稱是少數，而且與自名盉的器相比，看不出任何不同的特徵。因此我們不採取此名作爲獨立的器種名。

2. 鐎

帶三短足的像藥罐的容器。器體較扁，有蓋，流往往裝飾獸頭或鳥頭，提梁也是青銅製(圖23〔1〕、〔2〕)。

用途是温酒。此外在作鬱鬯時，用以煮稱爲鬱的香草的湯。

---

〔309〕《考古圖》卷5，20葉。
〔310〕于省吾1934: 上，29。
〔311〕容庚1941: 下，圖478。
〔312〕劉喜海1840:1，28。
〔313〕京都大學人文研究所考古資料照片。
〔314〕《書道全集》(平凡社版)圖100收録自名“盉”的戰國時代器。筆者觀察過原物，器形是鐎，但銘文是僞刻，因此不取此例。
〔315〕Karlgren1958, pl. 20; 18e. f.
〔316〕郭沫若1962a，圖版壹陸。
〔317〕郭沫若1962a：11。郭氏説此伯百父盉“頸確長”，這個説法太勉强了。
〔318〕郭沫若1962a，圖版壹捌，1；捌玖，1；12頁。

此器没有自名例[319]。《博古圖録》把這類器也叫盉[320]。容庚則説："憶《漢富平侯家温酒鐎》[321]其制似如此，故改稱爲鐎以别于盉。其用乃以温酒。"[322]富平侯鐎的器形不見於出版物。最近太原近郊發現了自名"鐎"的西漢青銅器，腹徑15釐米，器體呈茶壺形，三足，鳳首流[323]。把手不是提梁而是曲柄，這一點與容庚所見之物不同，但器體的形狀、三足、有流這些特徵與我們所謂鐎相同。

附帶説，《説文》云：

（1）　　　　　　　（2）

圖23

鐎，鐎斗也。

根據自名例可知，鐎斗是有柄的三足鍋形器[324]，其形制與容庚所謂鐎不同。

關於鐎用以煮鬱湯，《周禮·鬱人》"和鬱鬯以實彝而陳之"注所引鄭司農云：

鬱……以煮之鐎中。

三、盛酒（水、羹等）器

1. 尊

如下三種器，按照歷來傳統，稱爲尊：（1）有肩尊。肩廣，下腹收小，上口侈大，有圈足（圖24〔1〕、〔2〕）。（2）觚形尊。形體像很粗的觚（圖24〔3〕）。（3）觶形尊。形體像很粗的觶，但從上面看，其形狀呈圓形（圖24〔4〕）。

（1）　　　　　　（2）　　　　　　（3）　　　　　　（4）

---

[319]　參看注〔314〕。此外《博古圖録》卷19，38葉的銘文被釋爲"……自作盉"，但關鍵的表示器名的字，至少根據目前能看到的版本，只能説像被壓扁的皿字，無法釋讀。
[320]　《博古圖録》卷19，38葉以下。
[321]　容庚 1931:4，8。
[322]　容庚 1941:上，390。
[323]　戴尊德 1982。
[324]　端方 1908:6，2葉。

（5）　　　　　　　　　　　（6）　　　　　　　　　　　（7）

圖 24

（1）有肩尊來自大概屬於二里頭四期的陶製大口尊，對大口尊加圈足和口頸就成爲有肩尊。這一點筆者有另文考證[325]。"酉"字是大口尊的象形，因此大口尊本來應該被稱爲酉。酉是"秬鬯一卣"之卣的本字，大口尊當是盛秬鬯的容器。但卣這一名稱歷來用以表示另外一種形制的器，因此我們不採用卣作爲這類器的名稱。

（2）觚形尊和（3）觶形尊，如第四章第三節二（2）所討論，和觚同樣是盛醴的杯子。有些器的器腹像扎啤杯子那樣有把手，據此可知是杯子；這些器上口像觚一樣侈大，不適合直接用嘴喝，據此可以推測這些器盛的是用枓挹取喝的醴。

這類器沒有自名很清楚的例子[326]。《博古圖録》把這類器稱爲尊以來，一直使用這個名稱[327]。《新定三禮圖》14 卷所見的尊是不弇口、深腹的鉢形。它畫成這種形體的根據是漢代所謂尊的器。圖24[5]的銘文有河平三年的紀年，自名"銅温酒尊"[328]。這種三足器和圈足的大鉢形器（圖24[6]）被稱爲尊，這一點王振鐸已經做了詳細的考證。王振鐸還指出，較大的盆形器中有自名"温酒尊"的例子（圖24[7]），這類器在酒宴上使用[329]。

陳夢家認爲"尊"字是我們暫時稱爲尊的器的象形字[330]。他説"陶器有作短項圜體圜底者，吳大澂據金文尊字象兩手奉尊形，以爲是瓦尊，至確。安陽小屯及山東龍山均發掘得此類之陶尊[331]。案此尊即甲骨文酉字象形……銅尊係本于陶尊而演進者。"用我們在開頭介紹的名稱，他認爲銅尊是按照（1）有肩尊、（2）觚形尊、（3）觶形尊的順序從陶尊發展過來的。然後説"自宋以來，惟尊之名稱最爲混淆……。案尊爵並有共名專名，此所言尊與爵皆專名也。專名之尊，即酉之象形，而後世禮書之觶乃尊之形聲字也。尊字見于甲骨文，觶字見于《説文》，是尊古于觶。以後世禮書字書之觶以名上古之尊，其不當明矣。……有爵（或角）自名曰'斤隹壺'或'隹壺'者，余以古'爵''雀'通而雀係隹之孳

---

[325] 林 1979b，8—14。

[326] 壽縣蔡侯墓所出的一件觚形尊銘文云"作大孟姬媵彝 ![]"（安徽文管會等 1956，圖版叁柒）。表示器名的最後一個字上半左旁是金，右旁似也可以釋作余。此字上半和下半"皿"之間有很大的空白，可見有所殘泐。另一件尊銘可以釋爲"作大孟姬媵障"，但障字下半殘泐，根據其他的例子推測，或許其下還有一字。但目前公開的拓本在障字處結束，無法確認這一點。另外父丁尊（陳、松丸 1977：下，A426）銘云"作父丁寳彝障"（陳、松丸 1977：上，R338），陳夢家認爲此處似可釋爲器名之"尊"。但此銘文"彝"字與一般的字形很不一樣，其真僞可能有問題。

[327] 《博古圖録》卷 6、卷 7。器名"尊"似來自呂大臨。《考古圖》卷 4，40—41 葉所收壺銘云"作……障壺"，呂大臨在"障"字下逗開，認爲此"障"是器名。容庚在將這類器稱爲尊時云："余初（容庚 1927）以尊之類觚壺罍者歸之觶觚壺罍，而以犧象諸尊當專名之尊。然尊之銘既已習稱，改定爲觚觶，終嫌無別。故今于似觚觶而巨者，仍稱爲尊焉。"（容庚 1941：上，391）

[328] 王振鐸 1963：5；圖版貳 :1。

[329] 王振鐸 1963：1—6；圖一三、一四；圖版貳 :3。

[330] 陳夢家 1946：上，25。

[331] 原注引 Wu Chin—ting（吳金鼎）1938：圖版一七及六七。

乳字，故疑隹壺即爵壺也，此第一期*爵自名之例外。第三期†徐義楚鍴是尊而自名曰鍴若崗，亦例外也。王國維釋鍴爲觶而以《説文》觶觛卮膊皿五字爲一字，是也。《説文》觶之重文作觝作觚。古音凡從‘尊’‘辰’‘崗’‘單’得聲者音皆相近，故知尊崗觶乃古今聲音之變也。”

　　陳夢家的這個意見難以令人信從。金文尊字的確從酉從収，但甲骨文、金文酉字所象的不像陳氏所説的那樣是側面呈稍微束頸的橢圓形的陶器，而應如筆者所説是商代中期的所謂大口尊[332]。鼎中有一種是對陳氏所引的圜底器加三足而做的[333]，可見它並不是盛酒等飲料的器，而是烹煮器。我們在另文中指出過尊字所從酉表示的大口尊是釀酒用的甕[334]，但從酉從収的尊不一定是酉字所象的大口尊的名稱。比如説從斤從収的兵字用爲兵器的共名，而不是指斤的專名。尊字的情況與此相同，除了共名以外尊也沒有其他的用法。既然不能證明尊是器名，“後代的觶相當於商周時代的尊”這種説法也失去了其成立的基礎[335]。

2. 鳥獸尊

　　鳥獸尊是象各種鳥、四足獸的容器的總稱。頸部或背部有口（圖25〔1〕～〔4〕）。

　　鳥獸尊被想像爲盛酒的容器。

　　關於自名例，子作弄鳥鳥尊（圖25〔4〕）自名“弄鳥”是目前唯一的例子[336]。《博古圖録》引用《周禮·司尊彝》將這類器稱爲犧尊、象尊、鳧尊[337]。《周禮·司尊彝》所見六種尊和六種彝的有些名稱似乎來自商周以來的象鳥獸的尊或匜，這一點筆者有另文考證[338]。我們認爲按照《博古圖録》以來的傳統，把這類器稱爲鳥獸尊沒有什麼特別不合適的地方。

（1）　　　　　（2）　　　　　（3）　　　　　（4）

圖25

〔332〕林 1958，50。
〔333〕請比較河南省文物工作隊第一隊 1957a 的圖 3 鼎和圖八甕。
〔334〕林 1979b，7—8。
〔335〕水野 1959:32 對尊字作了與陳夢家同樣的説明，但這是錯誤的，自不待言。附帶講，陳氏説“隹壺”是“爵壺”，云“古‘爵’‘雀’通而雀係隹之孳乳字”，這太武斷了。
〔336〕Pope, Gettens, Cahill and Barnard1967, no. 112.
〔337〕卷 7。
〔338〕林 1980。

*　譯按：林先生把此“第一期”翻譯爲商周時期。

†　譯按：林先生把此“第三期”翻譯爲春秋時期。

3. 方彝

（1）　　　　　　　　　（2）

圖 26

從上面看的形狀呈長方形，整體形狀類似於箱子的有蓋容器（圖26〔1〕、〔2〕）。我們從容庚的意見稱之爲方彝。

這類器可能用以盛鬱鬯。

如王國維所指出[339]，彝是具有一定用途的器物的共名，而不是某種器的專名。因此自然沒有自名方彝的例子，也沒有自名其他名稱的例子。容庚將這類器稱爲方彝，云：“考之于禮，器無以方彝爲名者。《博古圖》[340]有彝舟一類，……余以彝屬之於簠，而此方彝無所繫屬，故別爲一類。”[341]筆者覺得既然是暫時起的名稱，不如使用禮書中所見的器名。但這個名稱已經很流行，而且即使勉强從禮書找出另外一個器名，同樣也沒有什麼根據。因此我們也採用這個名稱。

關於這類器的用途，容庚歸之於酒器，但沒有説明其理由。水野清一指出師遽方彝（圖26〔2〕）蓋有缺口，此處應該插勺子，據此可以確認方彝是盛酒器[342]。這類器內有中壁，能盛兩種液體。我們在第四章第三節之一（5）指出，這個中壁是爲了盛鬱和鬯。

附帶講，陳夢家説這類器的名稱及功用不詳，但疑爲匱。他認爲這是《尚書》的金縢之匱，及見於其他書的收藏貴重物品的青銅盒[343]。這樣想是他的自由，但必須提出證據。

4. 卣

有一種器器體與壺相近，或者像是頸部以上被砍掉的壺形；有提梁，其形狀與藥罐的提梁相似。我們對這類器採用卣這個名稱。這類器一定有蓋。有提梁的鳥獸形容器也歸於此類（圖27〔1〕～〔4〕）。

（1）　　　　　　（2）　　　　　　（3）　　　　　　（4）

圖 27

如第四章第三節之一（3）所引，叔趯父卣銘文自稱“小鬱彝”，據此可知這類器用以盛鬱（的煮湯）。

〔339〕《説彝》，王國維 1921:3，14。
〔340〕卷 8，16 葉。
〔341〕容庚 1941:上，407。
〔342〕水野 1959:49。
〔343〕陳夢家 1946:上，21。

　　將這類器命名爲卣，始自《考古圖》。《考古圖》卷四，30 葉所收樂司徒鈚銘文云"旅"，《考古圖》將之誤釋爲"從卣"，並誤認爲我們所謂卣的器"與樂司徒相似而有提梁"，亦稱之爲卣。《博古圖錄》承襲此説[344]，認爲有提梁的器是卣。"秬鬯一卣"在周天子賜予的物品中被排在第一，其卣不可能是這樣小的器，這一點我們在第四章第三節之一（1）指出。因此《考古圖》的命名顯然是不妥當的。但我們由於無法得知這類器當時稱爲什麼，只能暫且使用這個不合適的名稱。

　　然而有人主張《考古圖》以來被稱爲卣的器正是經傳所見的卣。陳夢家云："《説文》云：'鹵，艸木實垂，鹵鹵然，象形，讀若調。'經傳作卣，甲骨文作卣或卣，金文作卣、卣，後者即《説文》之鹵。……甲金之卣象弧形。卣者壺之有提梁者（壺源於弧[345]），故杞白壺之器銘自名曰'寶卣'即寶卣也。"[346]

　　高本漢的意見與此差不多。他説稱爲卣的器，尤其器身高瘦的那種，正是壺本身；卣是有提梁的壺。他還説形制與金文卣字相似的是淮式的斜頸弧壺[347]。

　　今按，《尚書·洛誥》"秬鬯二卣"等之"卣"和青銅器銘文如毛公鼎"秬鬯一卣"之"卣"可以相對應，石鼓文、青銅器銘文所見卣、卣用爲"攸"（意爲所）[348]。可見金文卣確實是《説文》鹵（即隸書卣）。鹵，《説文》云："艸木實垂鹵鹵然。象形。"根據此説，陳夢家説"卣象弧形"只不過是憑空想像而已。即使卣象弧形，也有説不通的地方。卣字作卣，卣中顯然從土。此"土"既然不可能是聲符，卣應該是會意字吧。這一點應該怎麼解釋[349]？《考古圖》的命名本來犯了雙重錯誤，給這種錯誤設法作解釋，是極其荒唐的。

　　關於所謂卣的自名例，陳夢家還引用了"鑵"[350]、"夾"[351]等例子，但都不正確。

5. 罍

　　罍這類容器有廣肩，器身或多或少呈筒形，漸向底部收小，有短頸。有蓋的器也有不少。肩部有一對耳，帶環，下腹還有一個耳。

　　　　　　　　　　（1）　　　　　　　　　（2）　　　　　　　　　（3）

[344]　9—11 卷。
[345]　陳夢家 1946：上，31。
[346]　陳夢家 1946：上，33。
[347]　Karlgren1952a, pp. 43, 56.
[348]　劉心源 1902：5，20 葉。
[349]　此外陳夢家説杞白壺自名卣，也是不對的。此字，郭沫若 1957 之考釋 198 釋作壺，云："壺字蓋文作壺，器文作壺……王國維以爲'卣'非。然器與蓋分藏二家，字迹亦小異，是否一器之析或二器之殘，殊未能知耳。"銘文有兩種是一個很重要的問題，他只引用其中對自己有利的器銘，這種做法我不敢苟同。
[350]　陳夢家認爲容庚 1941：下，圖 912 的自名"鑵"的器蓋是卣蓋，認爲這是卣自名"鑵"的例子（Ch'en1945, p. 33）。但容庚的解説云"高一寸二分。圈頂橢圓，形如觶蓋"（容庚 1941：上，482），此蓋是否所謂卣的蓋本身有問題。而且其銘文似有鏨刻的痕迹，其真僞也有問題。
[351]　陳夢家對員卣（陳、松丸 1977，A629）的銘文"員作夾"云："'夾'字與'旅''鼎''壺'同一地位，有可能爲器名，即卣。"（陳、松丸 1977：119）此"夾"爲器名的可能性的確不是沒有，但"夾"前沒有形容詞，如"寶夾"、"隨夾"等，因此無法確定"夾"是否爲器名。

（9）　　　　　　　　（10）　　　　　　　　（11）　　　　　　　　（12）

（13）　　　　　　　　（14）　　　　　　　　（15）　　　　　　　　（16）

（17）　　　　　　　　（18）

圖 29

　　春秋中期的天姬壺（圖29〔11〕）自名 "壺"[371]，從器高看，腹徑偏大，整體矮胖。同樣屬於春秋中期的陳侯壺（圖29〔12〕）也自名 "壺"[372]，形制與天姬壺相近，但腹部的鼓起相對突出，有點像洋蔥，環耳有環。

---

〔371〕　容庚 1941：下，圖 731。
〔372〕　容庚 1941：下，圖 732。

春秋晚期的曾姬無邮壺（圖29〔13〕）自名"尊彝尊壺"[373]，爲西周中期以來的傳統形制，但蓋部有很大的紐，雙耳是圓雕全身的龍。

戰國早期的杕氏壺（圖29〔14〕）自名"弄壺"[374]，圈足較矮，腹部與頸部相比，腹部佔據的體積大，腹最大徑位置偏高，用環鏈連接蓋和像衣櫃把手那樣的提梁。

戰國中期的令狐君嗣子壺（圖29〔15〕）自名"尊壺"[375]，形制與上面介紹的各種不同，頸部下部變細，腹最大徑大致在腹部的中間；肩有獸環，其形制沿襲到漢代；蓋上有春秋晚期多見的很誇張的花瓣狀裝飾。

以上的例子説明，商代以來對各種各樣形制的器都使用壺這個名稱。例如像西周早期的才壺那樣的細長的形式，西周晚期以後多見的、平剖面呈橢方形的形式，戰國時代的套活鏈的提梁的形式等，都稱爲壺。

另外，洹子孟姜壺（圖29〔16〕）有除了壺之外的自名[376]。此壺的形制是腹最大徑偏下的那種，從器形看可能是春秋早期器。關於它自名的器名，其字有所殘泐，有幾種解釋[377]，其中郭沫若釋爲銅的意見最爲妥當[378]。郭氏認爲此銅字與酒器的鍾及盛算之"中"均是一音之轉變。

漢代有自名壺、鍾的器，若只根據自名的例子，難以闡明兩者形制的區別[379]。戰國時代有一例形制是壺、卻自名重（鍾）的器（圖29〔17〕）[380]。我們認爲鍾是壺的一種，不採納鍾爲器種名。

漢代，鍾的平剖面呈方形的器稱爲鈁[381]。漢代鈁的祖先可以追溯到戰國時代（圖29〔18〕），今援用漢代的名稱，將這類形制的壺稱爲鈁。

7. 瓠壺

整體細長，頸部往一個方向彎曲的壺，我們稱爲瓠壺。頸部彎曲的那一面的肩部有上下方向的提梁（圖30〔1〕、〔2〕）。其用途應該與壺相近。

這類器沒有自名例，無法得知當時的名稱。自從《博古圖録》以來一直將這類器命名爲瓠壺[382]。此器大概從春秋晚期開始出現，正如《博古圖録》所説，範作瓠形。由於當時是否把這類器和壺當作同一類器很可疑，我們爲這類器另立一類。

（1） （2）

圖30

---

〔373〕 容庚 1941：下，圖 744。

〔374〕 容庚 1941：下，圖 769。

〔375〕 容庚 1941：下，圖 745。

〔376〕 郭沫若 1957，圖 186、187。

〔377〕 此器有兩件，表器名的字一件寫作𨭉，一件作鈊。吳式芬 1895（卷 3 之 3，23 及 26 葉）釋之爲鈖。容庚 1941（上，435）釋之爲鉼是在吳式芬釋的基礎上認爲鈊＝鈖＝鉼。今按，兩件器的字應該是同字。吳式芬根據筆畫少、殘泐多的字認爲此字從金從匕，是難以令人同意的。方濬益 1935（13，37 葉）將第一器的字釋爲錯，認爲這不是壺的別名而是彝器的通名，也應該是錯的。如果兩件器的字是一個字，第一器字左旁橫筆下雖然現在斷開，但根據第二器的字，原來應該是連着的。

〔378〕 郭沫若 1957：213—214。

〔379〕 林 1976：247—248。

〔380〕 咸陽市博物館 1975：72，圖四、五。其銘文云："安邑下官重。"此外還有藤井有鄰館藏的獸耳壺也自名重（鍾）。其器影收入梅原 1936 之圖版 78，但不知爲何銘文至今未發表。

〔381〕 林 1976：248。

〔382〕 卷 12，47 葉。

有人認爲壺來自瓠，容庚很扼要地講這個意見[383]：古籍中用壺表瓠，兩者同音；甲骨文、金文壺字長頸鼓腹圓底，其形狀與瓠很相似。也就是説，他認爲壺是對瓠加圈足、耳、蓋形成的[†]。就壺的起源而言，此説成立的可能性確實很高。但如上所介紹，青銅壺的形制自從在商代形成以後，有自己的演變過程，與瓠截然不同。至於瓠，例如從"一瓢之飲"這一句可以知道，瓠也有與壺不同的用途，一直沿用到漢代[384]。既然如此，在製作頸部彎曲的範作瓠形的容器時，他們是否認爲此器的起源與傳統悠久的壺相同，將之當作壺，並稱爲壺，是很可疑的。上下方向的提梁的做法也很特殊。甲骨文中有一個从𝕭的字[385]，此𝕭的形象與瓠壺相似，頸部往一個方向彎曲，下腹鼓起，一面有耳，但不知此字用爲何字。

圖 31

8. 方壺

青銅器中有一種其平剖面呈方形的有蓋"瓶"形器，如圖 31。至今没有發現自名例。因爲圖 31 的器出土於婦好墓，這座墓的發掘報告稱之爲方壺[386]，我們也採用了這個名稱。關於這類器的用途，可能是盛煮鬱的湯、鬱鬯等，因爲卣中有一種對這類器加提梁的器（圖版册，卣 101）。出土實例甚少。

9. 瓿

這是寬度比高度長，腹部很鼓的"瓶"形容器。頸部很短，有圈足，器口很廣，不外侈（圖 32〔1〕、〔2〕）。

（1）

（2）

圖 32

---

〔383〕　容庚 1941：上，780—781*。陳夢家 1946:31 引用更多的資料主張同樣的看法。
〔384〕　瓠雖然没有發現商周時期的例子，但漢代的漆器出土於甘肅（黨國棟 1958，圖一一）。
〔385〕　羅振玉 1913:6，42 葉，8；6，43 葉，1。
〔386〕　中國社會科學院考古研究所灃西發掘隊 1980:64。

＊　譯按：容庚 1941：上没有 780、781 頁，此出處當有誤。容庚 1941：下，圖 780、781 收録瓠壺，林先生在注〔383〕所引容庚 1941 疑是此處。

†　譯按：林先生説以上是容庚先生的意見，但原書出處有誤，容庚 1941 只收録瓠壺的圖版，根本没有提出"壺來自瓠"這種意見（參看注〔383〕譯按）。林先生在此介紹的應該是陳夢家 1946:31 的內容。

從器形判斷，這類器可能用以盛酒、水等液體。

這類器沒有自名例，也没有推測這類器當時被稱爲瓿的根據。將這類器命名爲瓿始自《考古圖》[387]，《博古圖録》也承襲這個命名[388]。如下所述，反而有證據表明將這類器命名爲瓿是不對的。但現在起其他的名稱只會造成混亂，我們也採用歷來所用的稱呼[389]。

《考古圖》對瓿的命名云：“按此器……不知何器。《説文》云：‘瓿，甊也。大口而卑，用食。’疑爲此器。姑以瓿名之。”明確説這個命名是一個假説。後代人只要稍微想想，就能發現這個命名是不合適的，並可以糾正，但竟然不加批判地承襲了這個命名。《説文》云：

> 瓿，甊也。

又云：

> 甊，似小瓿，大口而卑，用食。

按照此説，與瓿相似的甊是食器。“用食”二字，徐鍇《説文解字繫傳》無，但從段玉裁所引《淮南子·説林》“狗彘不擇甊甌而食”看，恐怕不是妄加的。“用食”的意思應該是用以盛食物，從這個器物拿食物吃。歷來稱爲瓿的器物大多高度約 30 釐米，比這更大的器也不少。這麼大的器不適合於“用食”的用途，這是瓿這一名稱不合適的第一個理由。此外，按照古書訓詁多用的“大”、“小”這種比較抽象的區分法，瓿屬於“小”的一類。《漢書·揚雄傳》“吾恐後人用覆醬瓿”顏師古注云：

> 瓿，音部，小甖也。

歷來稱爲瓿的器，與任何容器相比，都不算小，這是第二個理由。

10. 鈚

這是器體比較大，口幾乎不外侈，頸短的“瓶”形容器。無圈足。其特徵是從口到頸、肩、腹形成圓滑的曲線，器腹不太鼓，頸部或肩部有一對環耳，也有在下腹處再加一個耳的器。

從器形判斷，這可能是盛酒、水之類的器。

這類器以從“比”之字爲自名。大概屬於春秋早期的孟城鈚（圖33〔1〕）[390]自名“行鈚”[391]。喪史實鈚（圖33〔2〕）的時代比孟城鈚晚一點，帶有春秋中期的紋飾，自名“鈚”[392]。弘鈚（圖33〔3〕）與喪史實鈚時代大致相同，自名“旅鈚”[393]，此器從上面看呈方形。春秋晚期的蔡侯𦉥鈚自名“鈚”（圖33〔4〕）[394]，這件器從上面看也呈方形。

---

[387] 卷5，23 葉。
[388] 卷 20。
[389] 陳夢家 1946（上，28）認爲這類器是罍。這似乎是因爲他認爲這類器和自名罍的洛牧罍屬於同一類。
[390] 容庚 1941：下，圖 801。
[391] 羅振玉 1936:18，14 葉。左旁有點殘泐，但容庚的摹本如此復原（容庚 1959:5，30）。
[392] 容庚 1941：下，圖 800。
[393] 《博古圖録》卷 10，27 葉。
[394] 安徽文管會等 1956，圖版拾 :2。

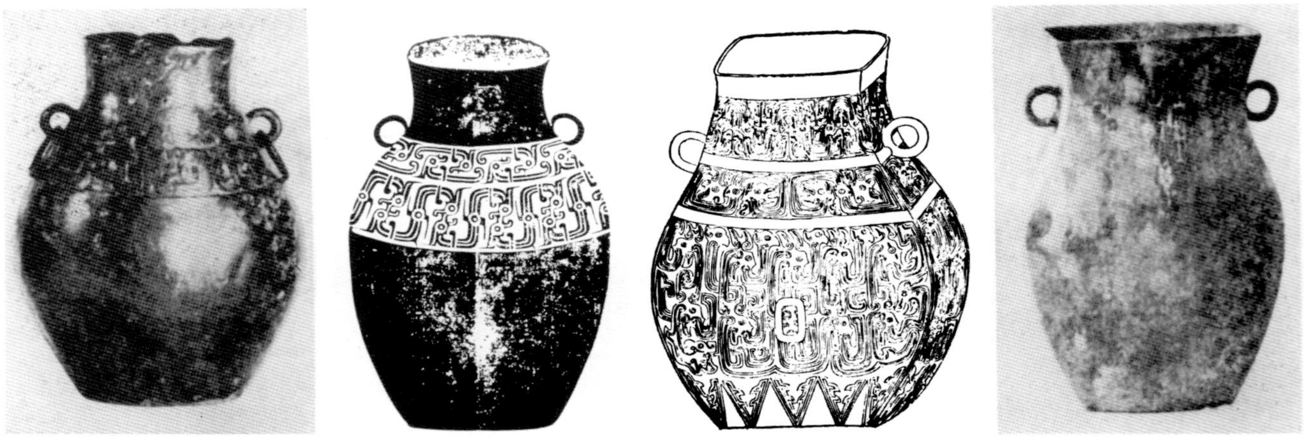

（1）　（2）　（3）　（4）

圖 33

這些器都具有如上所述的特徵，字或从缶，或从金，或从金和皿等，但都从比。看來表示這類器的器名之字以比爲聲符是毋庸置疑的[395]。

从金从比的字是箭鏃的意思，没有容器名的訓詁，但也難以找出讀音與“比”相近的容器名。而且，如上所述，以从“比”聲之字爲自名的器有特定的形制，不能看作罍、缶等形制稍微相似的器物的異名。雖然不見於古籍中，但當時確實有一種器被用从“比”聲之字表示，因此我們將這類器命名爲鈚。

11. 缶

我們所謂缶，形制與壺比較相近，有短頸，但不侈口，無圈足，有蓋。

用途是盛酒、水，也用以打水[396]。

容庚設了缶這一器種[397]，以𦊊兄缶爲其例[398]。此器自名“𨥫”，但其銘文的真僞可疑[399]，因此我們不取這個例子。蔡侯䜌缶有方體、圓體兩種（圖 34〔1〕、〔2〕）[400]，具有如上所説的特徵，都自名“障缶”。此外，時代比此器更早的，屬於春秋中期的倗缶也自名“障缶”（圖 34〔3〕）[401]。當時被稱爲缶的器還有注〔396〕所引陶缶。另外，如下所述，還有加限定詞盥的“盥缶”、“浴缶”等器名，這些器有時候也自

〔395〕吳式芬將喪史賓鈚的器名釋爲鉼，云：“鉼舊釋鈃，今審是从并而缺二畫，蓋即鉼，變缶从金耳，非後世金鉼字也。”（吳式芬 1895：卷 2 之 3，39 葉）但此字没有二横筆，怎麽能釋爲鉼呢？吳氏没有説明其理由。容庚在《金文編》（5，30）將孟城鈚的器名釋爲鉼，云：“鉼从从，乃从并之省。”但他卻將喪史賓鈚的器名歸入“鈃”字下（14，3），云：“鈃从金从比，通鉼。”這個説法是有矛盾的。如果此字右旁是比，爲什麽可以看作幵？从幵的字爲什麽能夠通从并的字？陳夢家認爲此字从从，將此字釋爲瓶、鈚，讀爲瓷（陳夢家 1946: 上，28—29）。他把蔡侯器的器名釋爲鎰，重複了同樣的説法（陳夢家 1956:100）。今按，此字右旁，正如劉心源所説（劉心源 1902:18，19—20 葉），“明明从比”。弘鈚的表示器名的字，因爲摹本很差，在此不討論。其他的字右旁都作 ∫∫，其豎筆彎曲，而且比較傾斜。“从”所从的“人”一般作 ʔ，其豎筆較直；“比”所从“匕”一般作 ∫，其豎筆彎曲。這個區别從商代以來一直存在。另外，雖然是漢代的例子，通過雲夢大墳頭 1 號墓出土的遣策和出土實物的比較，我們可以知道用木塞口的所謂扁壺稱爲“鈚”（湖北省博物館 1981:17）。我們在此説明的春秋時代的鈚和漢初的鈚形制不同，兩者的關係需待今後研究。

〔396〕容庚 1941: 上，453 云：“《禮記・禮器》：‘五獻之尊。門外缶。門内壺。’《左傳》襄公九年‘具綆缶’注：‘汲器。’《詩・宛丘》：‘坎其擊缶。’《史記・李斯列傳》：‘擊甕叩缶。’《説文》：‘缶，瓦器，所以盛酒漿。秦人鼓之以節歌。象形。’是缶具酒器、水器、樂器三者之用也。”鳳翔高莊秦墓發現了秦國陶缶的自名例（吳鎮烽、尚志儒 1981，圖版捌，1；圖十二、十三）。此器和青銅缶最大的不同點是折肩，其整體形狀簡直像是算珠。

〔397〕容庚 1941: 上，453。

〔398〕容庚 1941: 下，圖 803。

〔399〕“元日己丑”一句和銘文字體很可疑。此銘文即便不完全是僞刻，也是有人對漫漶不清的銘文動了手脚的東西。

〔400〕安徽文管會等 1956，圖版拾 :3；拾壹。

〔401〕河南省博物館、淅川文管會、南陽地區文管會 1981，圖版柒，1；圖三，3。

名“缶”。可見“缶”這個名稱的含義很廣。但在蔡侯墓出土的器中，自名“盥缶”、“壺”、“鈚”等的器和“缶”並列出現，據此可知至少春秋晚期“缶”指特定的器種。

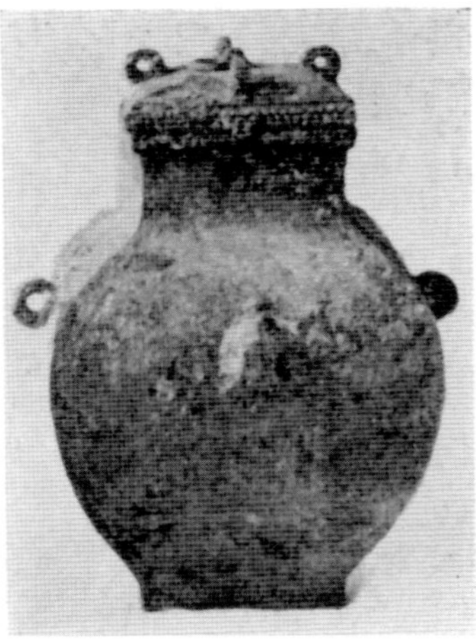
（1）
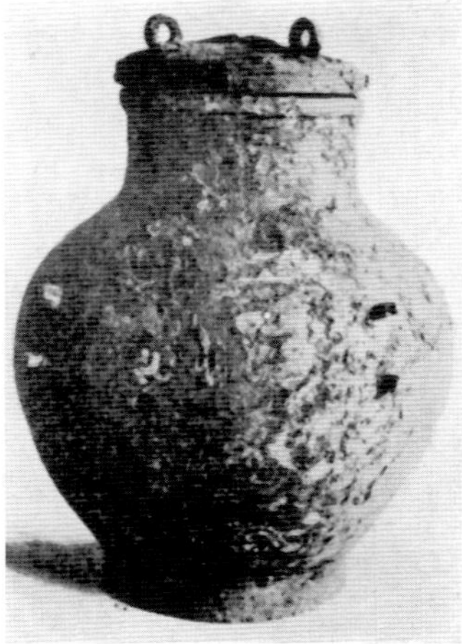
（2）
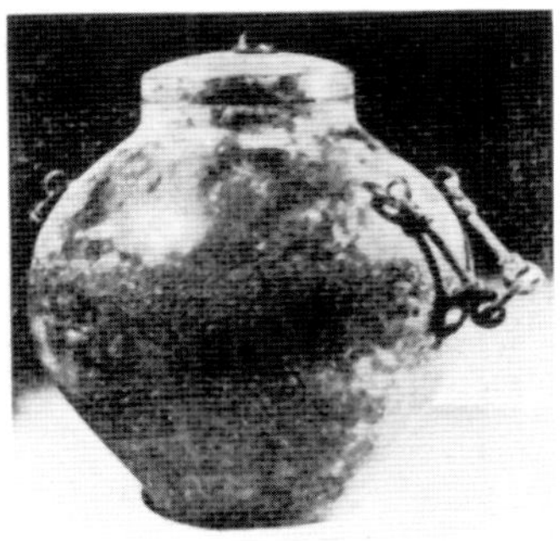
（3）

圖34

12. 盥缶

器的高度和寬度差不多相同，折肩，腹下部收斂，短頸，有蓋。有一對耳，也有帶鎖鏈的提梁。

其用途，如器名所示，是盛洗手等的水。蔡侯墓出土的盥缶中有舀水用的瓢形小勺子〔402〕。

自名例有蔡侯䶵盥缶（圖35〔1〕）〔403〕，自名“盥缶”，其形制如上所述。蔡侯朱盥缶（圖35〔2〕）形制相同〔404〕，但自名“缶”。也就是説，同一個國家的，時代很接近的同類器有兩種自名。此外淅川下寺出土的孟縢姬盥缶（圖35〔3〕）形制相同，但自名“浴缶”〔405〕。爲了與上面討論的缶做區别，在此採用“盥缶”爲器種名。

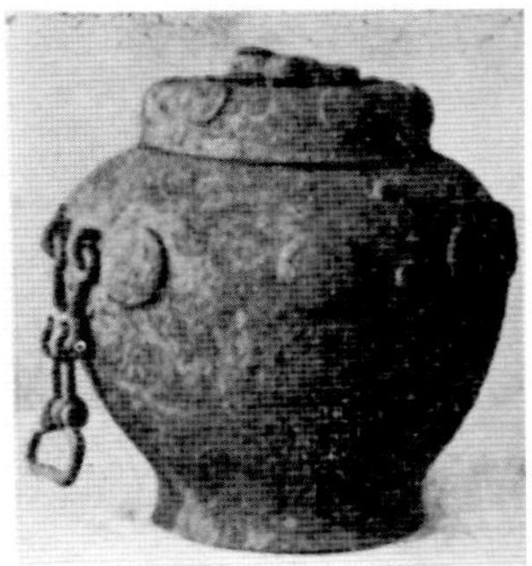
（1）
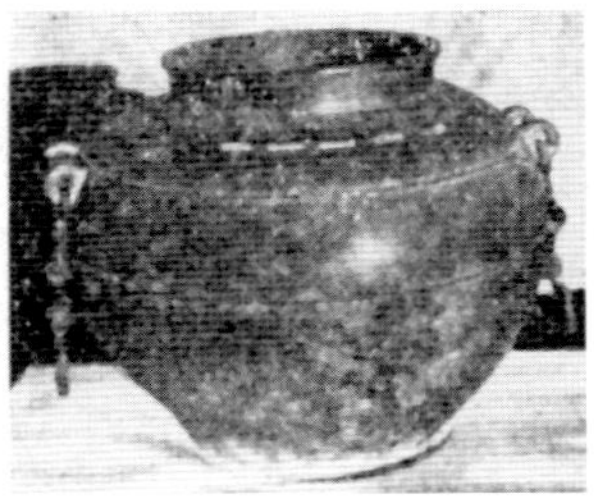
（2）
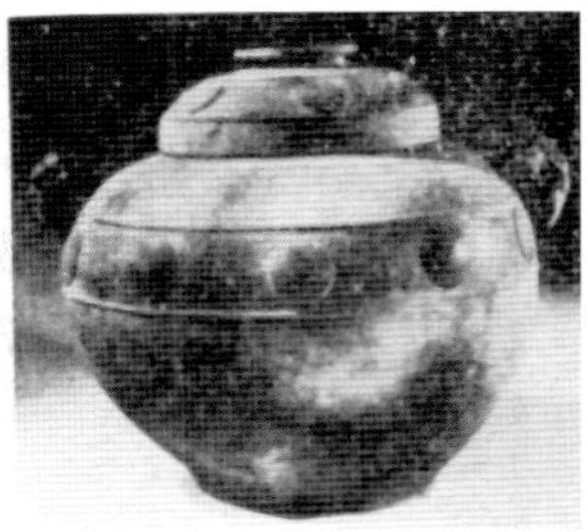
（3）

圖35

13. 甂

器的寬度比高度大，頸部很短，像領子，口有外侈的緣。肩有一對或兩對耳或環。

關於這類器的用途，國差甂云“用實旨酒”，可見用以盛酒。此外，漢代的資料中有用以盛醬的例子〔406〕。

---

〔402〕 安徽文管會等 1956，9 頁，圖版拾貳 :2。

〔403〕 安徽文管會等 1956，圖版拾貳 :1、2。

〔404〕 商承祚 1962，圖二；仲卿 1962，圖 1。

〔405〕 河南省博物館、淅川文管會、南陽地區文管會 1981，圖版柒，2；圖三，5。

〔406〕 參看注〔408〕所引。

關於自名例，春秋晚期的國差𦉜（圖36〔1〕）自名"寶𦉱"是唯一的例子[407]。阮元認爲此"𦉱"是"𦉜"字[408]。古籍中没有記載説明𦉜是怎樣形制的器。因此，嚴格地説，此"𦉱"是否爲"𦉜"，還難以確定。如注〔408〕所引，𦉜受二斛。而這類器的高度都在30釐米左右，概算其容量，爲約二斛。從這一點看，這類器有𦉜的資格。就憑這一例把𦉜採用爲器種名確實有點不可靠，但可以看作這類器的器物比較多（圖36〔2〕、〔3〕），有必要給這類器命名，因此採用了這個名稱。

（1）　　　　　　　　（2）　　　　　　　　（3）

圖36

14. 榼

器體像水壺一樣扁*，頸部很細，有圈足。肩部往往有一對環。
用途是盛酒等。

圖37

《博古圖録》將這類器命名爲區壺，云："形制特區，故因其形而名之。"[409]容庚注意到齊國把容器名的豆、區、釜、鍾用爲量名，並指出《西清古鑑》收録漢代的這類器[410]，其銘文所謂"長區容一斗"之"區"是齊國用爲量名的器[411]。容器名被用爲量名應該是因爲其器物被用爲量器，但這種口小的壺作爲量器根本不合適。根據這一點，把這件"長區"之"區"看作量名的"區"，恐怕難以成立。

其實雖然是漢代的例子，但樂浪出土的這類形制的漆器自名榼[412]。這類器從戰國時代到漢代一直使用，因此把這個名稱用到先秦時代的器應該没有太大的問題。《説文》云：

　　　　榼，酒器也。

附帶講，有一件這類器的銘文中自名寫作𦉱[413]，陳夢家釋爲盍，説此字即《説文》"盍，小甌也"之盍，友區古音近，故長區自名曰區；《方言》五"甌，……之間謂之㼡，……謂之甌，其大者謂之甌"，

〔407〕　容庚 1941：下，圖 806。
〔408〕　阮元 1804（卷 8，11 葉）云："案，𦉱即𦉜字。《廣雅·釋器》云：'𦉜，瓶也。'亦作擔。《後漢·明帝紀》注引《埤蒼》云：'擔，大罌也。'字或作儋。《史記·貨殖列傳》云：'醬千𦉜。'徐廣云：'𦉜，大罌缶。'《方言》云：'甖，齊之東北海岱之間謂之𦉜。'《漢書·蒯通傳》注引應劭云：'齊人名小罌爲儋，受二斛。'"
〔409〕　卷 13，14 葉。
〔410〕　卷 34，5 葉。
〔411〕　容庚 1941：上，482—483。
〔412〕　林 1976：248。
〔413〕　容庚 1941：下，圖 918。

* 譯按：過去日本有一種器身很扁的水壺很普遍。林先生所謂水壺指的應該是這種。

盉爲小甌，則爲甌矣[414]。今按，陳氏釋爲盉的字从兩個彳（左），而不从友，因此此字可否釋爲盉是有問題的。至於陳氏引用的《方言》和《説文》，《方言》"A、B、C……，X 也"的意思是 A、B、C……是屬於 X 的各種器物的名稱，陳氏竟然忘了這一點，理解爲 A、B、C……的器物和 X 是形制相同的器，在此前提上進行討論。陳氏對器名訓詁的理解方法是不對的。陳夢家爲何硬要把那個字解釋爲甌呢？難道他捨不得扁壺之扁字？

15. 錍

圖 38 所示器自名"錍"[415]。器腹扁平、肩部有環這兩點與榼相同，但榼腹部的側視之形呈橫向長橢圓狀，此器則差不多呈圓形；榼側面有棱角，此器的平剖面則是扁圓形。與此器形制相同的青銅器，至今爲止只有中山 51 號墓所出器[416]，但這些器具有與其他器明顯不同的特徵，而且知道當時的名稱，因此我們設了錍這一器種。

圖 38

錍字作爲一種箭鏃的名稱出現在《方言》中，但沒有器名的訓詁。以从卑聲的字爲名的容器有甀。《説文》云：

> 甀，罌謂之甀。

《方言》云：

> 罃謂之甀。

在此所謂罌、罃的含義似乎很廣泛，包括各種用途、形狀的器物，與"瓶"相類。《方言》云：

> 瓶、甂……罌也。……罌，其通語也。

戴震《方言疏證》云："案：罌罃同音，蓋一字。"我們可以知道甀是瓶類的名稱，但不清楚此瓶的特徵怎樣。因此，此器自名的錍可否釋爲甀是有問題的。今使用錍字。

圖 39

16. 釜

器體呈頭部和底部被砍掉的卵形，器側有很大的縱向把手，屬於量器。

關於自名例，子禾子釜（圖 39）[417]和陳純釜[418]都自名"爸"。劉心源釋爲釜[419]，吳大澂説是豆區釜鍾之釜[420]。郭沫若確認子禾子釜在銘文中被稱爲爸[421]。

---

〔414〕 陳夢家 1946：上，33。
〔415〕 胡振祺 1981。
〔416〕 河北省文物管理處 1979，圖七。
〔417〕 上海博物館 1959a：5—13。
〔418〕 上海博物館 1959a：15—24。
〔419〕 劉心源 1902：6，35 葉。
〔420〕 吳大澂 1896：24，3 葉。
〔421〕 郭沫若 1954：347。

這是作爲量器製造的，但《左傳》昭公三年“齊舊四量：豆、區、釜、鍾”所見量名本來都是容器名。“釜”應該不僅指這種量器，也指盛酒等的“甀”形器。因此我們把這類器放在盛酒（水、羹等）器的末尾。

四、飲酒器

1. 瓚

酒杯上加彎曲的板狀把手而做的器（圖40〔1〕、〔2〕）。此器用以酌鬱鬯，獻給祖先或貴賓。

關於下圖所示器的用途，我們在《中國古代的祭玉、瑞玉》中做過詳細的討論*，本書在第一編第四章第三節之一（2）中介紹了其概要，請參看。

（1）　　　　　　　　　　　　　（2）

圖 40

2. 觚

器口像喇叭那樣敞開，具有圈足的喇叭形杯子（圖41〔1〕、〔2〕）。

這類器無疑屬於酒杯類，但從口的敞開形狀看應該不是喝酒用的，裏面放的可能是用栖挹食的稍微有粘性的醴[422]。

此器沒有自名例。這類器是否禮書所謂的觚也不能確定。《考古圖》關於這類器的命名説：此器口可以容納二爵，而古籍中有爵一升、觚二升的説法，因此此器可能是觚；此器的四隅作四稜，這是意爲稜的觚[423]。這就是現在把這類器稱爲觚的由來。陳夢家竟然忘了這類器在先秦時是否稱爲觚是不確定的事，以爲是無疑的，他説：“觚之爲器，具

（1）　　　　　　　　（2）

圖 41

細長之腰，自侈口至侈底向内凹作一弓形之弧度。觚之有稜柧，非其所以爲觚之必要條件，觚言其弧也。”[424]然而這類器是否觚本來就是問題。此外，“自侈口至侈底向内凹作弧度”的器多的是。

古籍對觚這種器的形狀没有任何定義。如容庚所引，古籍中説其容量是二升或三升[425]；我們在第一編第四章第三節之三（3）説先秦時代的觚似乎是侈口的杯子形器。我們最多只能知道這些。而今日所謂觚，如容庚所説，“腹小而口侈，所容不多，飲時酒易四溢；且腹下或有鈴，有端拱之意，與他飲

---

〔422〕　參看第四章第三節之二（2）。

〔423〕　卷5，12葉。

〔424〕　陳夢家1946：上，26。

〔425〕　容庚1941：上，401：“《周禮·考工記》‘梓人爲飲器，勺一升，爵一升，觚三升’。與韓詩説‘二升爲觚’微異。《説文》角部‘觚，鄉飲酒之爵也。一曰觴受三升者謂之觚’。”

---

*　譯按：《東方學報》第40册，1969年3月；後收入林巳奈夫《中國古玉の研究》，吉川弘文館，1991年2月。該書有楊美莉先生的翻譯，《中國古玉研究》，藝術圖書公司，1997年。

器不類，則觚之是否爲觚，不無可疑"。[426]也就是説，今所謂觚有作爲飲器的觚並不合適的地方。

如上所述，以往稱爲觚的器在先秦時代是否確實被稱爲這個名字，尚有很多問題。但使用別的名字只會引起混亂，因此我們暫時採用觚這個名稱。

3. 觶

侈口，束頸，垂腹，有圈足的杯子形容器。俯視呈圓形或橢圓形。有些器有蓋，少數器有鋬（圖42〔1〕～〔3〕），用途可能是飲酒用的。以往稱爲觶，但沒有自名觶的器。給這類器命名爲觶始自《博古圖録》[427]。但關於其命名的理由沒有任何説明。

(1)　　　　　　　　(2)　　　　　　　　(3)

圖 42

春秋晚期的儀楚觶、郘王觶自名"祭嵩"、"祭鱄"及"嵩"[428]。這些表器名的字，劉心源讀爲觶[429]。王國維根據這些自名器作過考證，認爲觶、觛、卮、磚、觶是一字[430]。雖然他的考證很珍貴，但根據筆者目驗，這件器不僅銘文是僞刻，而且器物本身也是僞作，因此我們不能同意王説。

此外，長沙馬王堆一號墓出土遣策 184 號簡云 "髹畫大杝容四升十"（用漆畫花紋的大型杝，容量爲四升，十件）。關於此杝，整理者説疑爲觶或觛之變音[431]。今按，《説文》説觶受四升，其容量與遣策所説的杝一致，但整理者認爲此杝是同墓出土的朱書 "四升" 的大耳杯十件。而禮書所見的觶，如我們在第四章第三節之一（3）所説，應該是器口稍微外侈的杯子形器。兩者形狀完全不同，因此此説也不能苟同。總之，以往稱爲觶的器當時叫什麽，目前不明。在此暫時承襲以往的稱呼。

此外，當時被用爲大型杯的器還有觚形尊和觶形尊。但爲了方便起見，我們把這些器和盛酒器的有肩尊一起説明。請看該條。

4. 兕觥

角形容器。用以飲酒[432]。

六合程橋春秋晚期墓出土銅器的花紋中，有一個人物把豆放在前面，拿着又長又大的器喝東西，這似是兕觥（圖43〔1〕）[433]。

---

〔426〕 容庚 1941:上，401。

〔427〕 16 卷。

〔428〕 容庚 1941:下，圖 590、圖 591。

〔429〕 劉心源 1902:17，35 葉。

〔430〕 《釋觶觛卮磚觶》，王國維 1921:6，12—13。

〔431〕 湖南省博物館、中國科學院考古研究所 1973:上，144。

〔432〕 容庚 1941（上，423）引用陳祥道《禮書》（99，1）語，指出它在饗、燕、鄉飲中用爲酒杯。

〔433〕 江蘇省文物管理委員會、南京博物院 1965，圖十三。此外成都百花潭中學十號墓出土的畫像紋壺也有拿角杯的人物（獸環下的一層，帳篷中從左數第二個人），但所載摹本不夠準確，沒有把它正確地摹出來（四川省博物館 1976，圖版貳）。

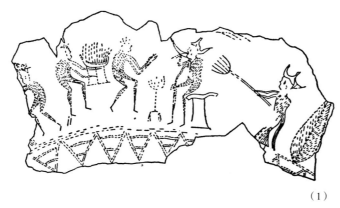
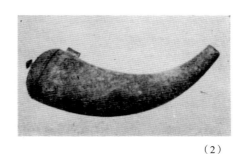

（1）   （2）

圖 43

　　這類器没有自名例。容庚解釋這個器名的由來，説："《考古圖》與《博古圖》皆無兕觥之名。《續考古圖》著録之兕觥二器，即《博古圖》之所謂匜也。《西清續鑑》（甲編十二：十七）以一形似牛角之器爲兕觥，蓋本於《三禮圖》（十二：五）。"[434]

　　王國維似乎從《續考古圖》得到了啓發，把明明是匜的器看作兕觥[435]。爾後或許是因爲尊重王國維的權威，也有可能是因爲没有認真讀過他的文章，無論如何，一般都遵從這個命名。然而我們不能採用此説。

　　王國維的意見大致如下：

　　　　自宋以來，所謂匜者有二種：其一器淺而鉅，有足而無蓋，其流狹而長（甲類）；其一器稍小而深，或有足，或無足，而皆有蓋，其流侈而短，蓋皆作牛首形（乙類）。……（舉實例）……余以爲後者非匜也，何以明之？甲類之匜皆自名匜，而乙類三十餘器中絶無匜字。此一證也。匜乃燕器，非以施之鬼神，而乙類之器，其銘多云作父某寶尊彝，其爲孝享之器，而非沃盥之器可知。此二證也。古者盥水盛於盤洗，匜惟於沃盥時一用之，無須有蓋，而乙類皆有之。此三證也。然則既非匜矣，果何物乎？曰：所謂兕觥者是已。何以明之？曰：此乙類三十餘器中，其有蓋者居五分之四，其蓋端皆作牛首，絶無他形。其證一。《詩·小雅》、《周頌》皆云"兕觥其觩"，觩者曲也，形容棘匕、天畢、角、角弓，亦用此語。今乙類匜器、蓋皆前昂後低，當流處必高於當柄處若干，合於觩義。其證二。古人云觥大七升，今乙類比受五升之斝尤大，其爲觥無疑。此説雖定於余，亦自宋人發之。《續考古圖》有兕觥二，其器皆屬匜之乙類。此書僞器錯出，定名亦多誤。獨名乙類匜爲兕觥，乃至當不可易，今特爲疏通證明之。*

　　容庚對此説批評如下：守宫作父辛觥（圖50〔3〕）中藏一勺，則此類器乃盛酒之器而非飲酒之器，與兕觥之罰爵義不合；王氏以爲匜皆無蓋，而有有蓋之例（圖50〔4〕）；甲乙兩類之匜，其分別則乙類屬早期，甲類屬晚期，乙類盛酒，甲類瀉水；《西清續鑑》之兕觥與《三禮圖》合，中央研究院發掘安陽，得一器與《續鑑》之兕觥同而有蓋，則王氏所定觥之名，或須更定[436]。

　　王國維《説觥》一文，除了容庚所指出之外，不合理之處還有不少。高本漢也正面地反對此説[437]，

〔434〕　容庚 1941：上，424。
〔435〕　《説觥》，王國維 1921：3，12。
〔436〕　容庚 1941：上，426。
〔437〕　Karlgren1952a, pp. 89—92

* 譯按：此段文字中"形容棘匕、天畢、角、角弓，亦用此語"一句和"合於觩義"一句，非王氏原文，而是林先生撮述其文大意改寫的内容。

是很有道理的。第一，在過去稱爲匜的器物中，西周晚期以後的器自名例多，據此可知它稱爲匜，而王氏所謂的觥屬於商、西周之際。王氏强調西周晚期以後的匜和商、西周之際的觥之間的區別，但如容庚所指出，根據蓋的有無作區別根本没有道理。又如高本漢所説，兩者的大小、深淺、流的長短都相同，王氏所説的那些區別其實不存在。第二，王氏又從用途的角度對甲乙兩類做區別。他説甲類的匜，從銘文可知是盥器，乙類銘文則説寶尊彝，表明它是祭祀鬼神的器。但盤在西周晚期以後和匜構成一套，顯然是盥器，而其銘文有時候説“寶尊彝”、“尊彝”等[438]。也就是説，根據銘文推測乙類的用途和匜不同，是不對的。高本漢指出祭祀的過程中有時候也洗手，並説頌諸器中匜和鼎等構成一套，而鼎銘明確地説是祭祀用的。第三，王氏根據蓋的有無對甲乙兩類作區別，但既然這個區分標準如容庚所指出的那樣不準確，王氏對甲乙兩類用途之别的推論也無法成立。

王氏列舉了三個根據認爲乙類是兕觥，但其説服力也非常薄弱。第一，王氏説乙類的蓋皆作牛首形，但它不是牛首而是龍首，它帶着象虎耳的 C 字形角、菌形角、羊角等[439]。很諷刺的是，其中没有一個帶水牛角即兕角的例子。不僅是蓋端，其他部分也没有裝飾帶兕角的龍的例子。王氏似乎把兕觥解釋爲“裝飾兕的觥”的意思，但很不湊巧，乙類都不裝飾兕。第二，王氏認爲形容詞“觓”形容的是口緣和蓋的彎曲輪廓線，但從他引用的例子看，“觓”與匕、弓、角等搭配，它形容的是這些物品整體。像王氏那樣認爲“觓”形容的是器物的某一部分的彎曲形狀，有勉强之嫌。第三，王氏把器的大小作爲乙類是兕觥的證據，也不可取。每類器物各種各樣大小規格都有，不像後代學者想像的那樣按照器類有一定的容量。不僅如此，各類器物間是否有一定的大小比率，也不好説。還有，王氏把乙類器和斝的大小做比較，但如上文所述，其所謂斝是否古書所見的斝也没有得到證明。

總之，王國維的所有論點都不可取。平心而論，王氏分的甲、乙兩類顯然是同一種器。如容庚所指出，兩者的區別是時代的早晚。

那麼兕觥是怎樣的器？關於這個問題，容庚首先引用《詩·卷耳》的《釋文》：

　　　　觥……罰爵也，以兕角爲之。[440]

然後引《西清續鑑》卷12，17 葉命名爲兕觥的角形容器，及安陽殷墟發掘所得的同類器（圖43〔2〕）[441]，他似乎認爲給這類器命名爲兕觥更恰當。兕觥的形容詞“觓”符合這類器的形狀。《詩·良耜》“有捄其角”，把“捄”用作牛角的形容詞，而這類器正好呈牛科動物的角形[442]。兕是水牛，兕觥本來是用兕即水牛的角做的酒杯。《説文》云：

　　　　觥，兕牛角可㠯飲者。

《周禮·閭胥》注云：

　　　　觥用酒，其爵以兕角爲之。

---

〔438〕　容庚 1941：上，458—459。
〔439〕　林 1953。
〔440〕　聶崇義《新定三禮圖》卷12、《太平御覽》卷761·觥條也引鄭玄《三禮圖》“觥受七升，以兕角爲之”。
〔441〕　容庚 1941：上，423。
〔442〕　林 1953:216。

青銅製的遺物很少見，可能是因爲當時一般使用兕角製的兕觥。表飲酒器名的字有很多是從角的，如
觶、觶、觚、觴等[443]，但《説文》只對觶説以角爲之。或許我們據此可以認爲這表示用角做觶的習俗到
較晚的時代一直存在。

　　如王國維所指出，觶有壯大之意。保留水牛角原形的容器作爲這個意義的觶很合適。兕觥還有"罰
爵也"的訓詁[444]。爲什麼是罰爵呢？是因爲水牛角杯不僅容量大，而且如果不喝乾，無法放下。這相當
於今天的 tumbler*[445]。

5. 桮

圖 44

　　器體呈橢圓形盤狀，其長邊有一對梳子形把手（圖 44）。用途是飲酒、羹。
　　先秦時代的器物中沒有自名例，但漢代有很多例子。如果舉青銅器的例
子，史侯桮自名"染桮"[446]。再看漆器的例子，例如樂浪王光墓出土的這類器
自名"杯"、"羹杯"[447]。我們以此類推，把先秦時代的這類器也稱爲桮。
　　關於它的用途，容庚説《大戴禮記・曾子事父母》"執觴觚杯豆而不醉"是
盛酒的例子，《史記・項羽本紀》漢王所説的"幸分我
一杯羹"是盛羹的例子[448]。東漢畫像石的酒宴的畫面
中都用這類器喝酒。東漢墓葬中發現的一件銅案上放
置幾件桮，其中一件出土時上面有雞與豬肋骨[449]，這
可以理解爲盛羹的例子。

圖 45

6. 卮

　　這是器體呈圓筒形，一側有環形把手的酒杯（圖 45）。這類器在漢代稱爲
卮，王振鐸對此有考證[450]，而且馬王堆一漢墓出土遣策的記載和出土遺物可以
相對照，證實此事[451]。因此這類器稱爲卮完全沒有問題。

---

[443]　這些器在古代應該大都是用角做的。但郭寶鈞説角、斝、觶、觶、觚等飲酒器的形制來源爲角所演化（郭寶鈞 1935），
　　　純粹是臆測，我們難以贊同。

[444]　《詩・卷耳》鄭箋等。

[445]　《儀禮・鄉射禮》中，關於敗者飲罰酒時用的酒杯，説把它放在豐即"豆"形器座上：
　　　　　　司射適堂西，命弟子設豐。弟子奉豐升，設于西楹之西，乃降。勝者之弟子洗觶升，酌，南面坐，奠于豐上降。
　　　我們懷疑，只有在這個場合纔把酒杯放在器座上，是因爲這個酒杯本來是罰爵的觶；觶因爲無足，如果沒有器座，
　　　無法放置。但根據我們現在能看到的版本，其酒杯都不是"觶"，而是在其他禮中也普遍使用的酒杯"觶"。此"觶"是
　　　"觶"之誤，還是《儀禮》成書時不使用"觶"而使用"觶"，我們不得而知。
　　　　附帶講，雖然是漢代的例子，雲夢大墳頭一號墓出土遣牘有"髹畫角傷二"。發掘報告者將此角傷讀爲角觶，説
　　　未被擾亂的墓葬中沒有發現與此記載相當的器，但有兩件銅器座上有漆器的痕迹，可能是此角觶的器座（湖北省博物
　　　館 1981:18）。既然是"角觶"，其本體部分應該是用角做的，它完全腐朽，不見墓葬中是很有可能的。我們設想與角
　　　製酒杯相配套的豐是這種青銅器座（上引論文，圖四二:1；圖六三），應該沒有太大的問題。

[446]　端方 1908:6，23 葉；容庚 1931:4，20 葉。

[447]　朝鮮古蹟研究會 1935，圖版 43，插圖 13；圖版 44，插圖 13。

[448]　容庚 1941:上，455。

[449]　廣州市文物管理委員會 1961:56。

[450]　王振鐸 1964。

[451]　林 1976:245—246。

---

*　譯按：tumbler 是來自 tumble（摔倒）來的詞。小稻義男編集《研究社　新英和大辭典》（第五版，1980 年）"tumbler"條中
　　有"大杯"義，説 tumbler 本來圓底或尖底，故要把它立起來，它馬上就摔倒，這就是 tumbler 意爲大杯的由來。林先生
　　這一句講的當是這個意思。

　　容庚云[452]："《説文・厄部》：'厄，圜器也，一名舥，所以節飲食'。《博古圖》[453]定厄之名，今從之。嘗見大中宜酒酒器[454]巨腹斂口，兩環爲耳，與垂葉象鼻紋厄[455]相似，其爲酒器可信。"容庚所謂大中宜酒酒器是收頸的壺形器，從發掘所得器看，是與甑構成一套的釜類器鬵。它和容庚所謂垂葉象鼻紋厄並不相似。

五、挹注器

1. 枓

小杯狀容器或碗狀容器加長柄的勺子（圖 46〔1〕～〔6〕）。

枓用以挹取酒等飲料。

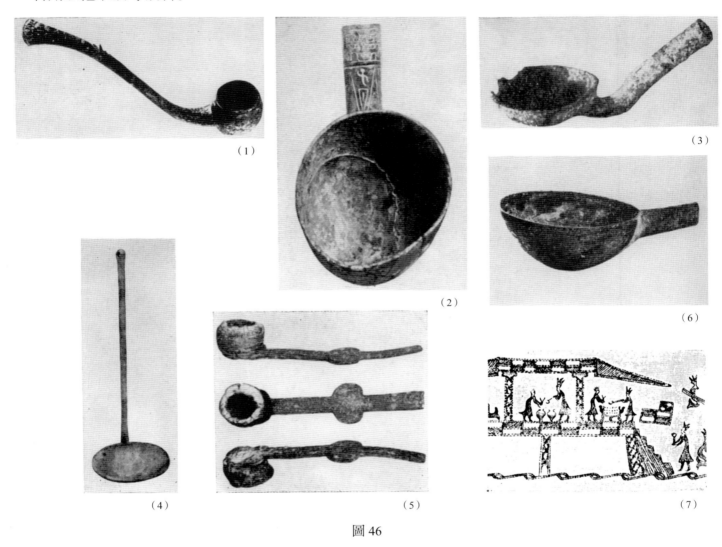

（1）

（2）

（3）

（4）

（5）

（6）

（7）

圖 46

　　過去認爲這類器是勺。王振鐸則説：金文斗字作𣁒，勺字作𠂤；從斗、勺二字的字體看，斗之柄出自斗首腰際，勺之柄與勺首通連，斗、勺二字象斗、勺之側面形。也就是説，他指出我們在本條説的斗是斗，下一條所謂勺是勺。他還説斗在古之時斷竹爲筲而旁置柄者，勺之祖型出於剖匏爲勺之象[456]。此説基本準確。

---

〔452〕　容庚 1941：上，454。
〔453〕　卷 16，7、8 葉。
〔454〕　羅振玉 1935：下，19 葉。
〔455〕　容庚 1941：下，圖 808。
〔456〕　王振鐸 1948:189—200。

象科形的字，比金文更早的甲骨文中也有以之爲偏旁的字。關於甲骨文斗字，及比它多一筆的升字，于省吾有系統的討論[457]。爲了醒目，我們用表的形式表示：

		斗（或從斗的字）	升（或從升的字）
西漢	十六斤八兩鈁[458]	〔字形〕	〔字形〕
西漢	梁鍾[459]	〔字形〕	〔字形〕
東漢	《說文》	〔字形〕	〔字形〕
新	新嘉量[460]	〔字形〕	
新	新量斗[461]		〔字形〕
前 344 年	大良造鞅量[462]		〔字形〕
戰國中期	子禾子釜[463]		〔字形〕
戰國	斟 半小量[464]	〔字形〕	
春秋晚期	嗣料盆蓋[465]		〔字形〕
春秋晚期	邻□尹句鑃[466]		〔字形〕
春秋晚期	秦公簋[467]	〔字形〕	〔字形〕
西周中期	眘 簋[468]		〔字形〕
商代晚期	甲骨[469]	〔字形〕〔字形〕	〔字形〕
商代晚期	甲骨[470]		〔字形〕

據此可知"斗"字最古的形體確實作〔字形〕、〔字形〕等。如王振鐸所説，上部的コ形象斗首。我們在匕條中也講過，這種象形字象的是容器的剖面形。斗柄中間的圓點或橫線是什麽呢？這應該是斗柄中間的半圓形突起物，如小屯 331 號墓出土斗（圖 46〔5〕）。把圓形簡省作一短線，除此之外也有不少例子。我們在此列舉的這類勺子在商代被稱爲斗是毋庸置疑的。

王振鐸説斗之柄出自斗首腰際，勺之柄與勺首通連，以此爲兩者區別，但兩者的區別是否如此清

---

〔457〕于省吾 1944:13—14,《釋祿》。
〔458〕容庚 1931:2，23 葉。
〔459〕容庚 1931:2，18 葉。
〔460〕容庚 1931:3，9 葉。
〔461〕容庚 1931:3，7 葉。
〔462〕郭沫若 1957:291、292。
〔463〕羅振玉 1936:18，23 葉。劉心源 1902（6，35—37 葉）釋爲斜。此從郭沫若 1932:55 的意見，認爲此字從半從升。
〔464〕羅振玉 1936:18，27 葉。
〔465〕容庚 1933：考釋，8 葉。
〔466〕羅振玉 1936:18，3—4 葉。由於上下文的文意不清楚，無法確定此字是否升字。郭沫若 1930 根據押韻把此字的下一字讀爲兄，進而認爲此字必爲父。但此説過於武斷。
〔467〕羅振玉 1936:9，33—34 葉。羅福頤 1933（3，22 葉）説這是後刻字。此字雖然不是與器物的製作同時刻的，但從字體看應該是戰國時代以前刻的。
〔468〕羅振玉 1936:8，51 葉。郭沫若 1932:63 云："王國維疑勺，案當是升。"*
〔469〕孫海波 1934：坿 34。不知爲何，中國科學院考古研究所 1965 沒有收錄這個字體。于省吾對此有考證，指出此字從升、斗（于省吾 1944,《釋祿》）。
〔470〕中國科學院考古研究所 1965:531。此字以往被釋爲勺、升、必等。島邦男釋爲斗（島 1953:190—192；島 1958:302—304）。于省吾認爲此字與〔字形〕是同字（于省吾 1944,《釋必》）。雖然此説不可從，但兩者的造字方法確實相同。〔字形〕所從〔字形〕是去掉戈字〔字形〕中象戈頭的一橫而造的字，是戈柄即柲；〔字形〕則是在柲處加指示符號而造的字。〔字形〕（亦＝腋）與此同例，是在人正面形的腋下加指示符號的兩點而造的。〔字形〕的造字方法也與此相同，是表斗柄意的字，即《説文》"杓，枓柄也"之"杓"的初文。從結論看，這個解釋與王國維認爲此字以勺聲一致。附帶講，赤塚忠把甲骨文〔字形〕和篆文勺直接聯繫起來作解釋，並且否定從漢代的篆文追溯至訛變發生之前的金文字形的做法（赤塚 1959:147），我們對此難以苟同。

---

* 譯按："郭沫若 1932:63"所指不明。我們在郭沫若 1932 一書中没能找到林先生引用的那一句，在此根據林先生的引文做了翻譯。

楚是一個問題。容庚説《儀禮》所見的勺是把取酒的器，而䵼父卣、守宮作父辛匜中藏有我們所謂斗的
器，因此這類器應該是勺[471]。但《詩・小雅・大東》云：“維北有斗，不可以把酒漿。”《大雅・行葦》云：
“酌以大斗。”這説明先秦時代用斗酌酒，因此容庚的推理不能成立。然而北斗七星的柄與斗首通連，如
果按照王振鐸的標準，這應該是勺，卻被稱爲北斗。有一件屬於戰國時期的銅上有畫像紋，其畫面是
一個地基很高的建築，建築内右端的人物往大鼎或罍伸出勺子，把酒灌到其對面的人物伸出來的酒杯
形容器内，這種情形也見於圖左下（圖46〔7〕）。圖46〔6〕雖然是商代器，但其形制與圖46〔7〕所見器
相類。因此我們把這類器也稱爲料。

　　此外，漢代有一種大型勺子，其柄與勺首通連，被稱爲斜（料）[472]。圖46〔4〕是與此相類的先秦時
代器物的例子。《説文》用轉注解釋勺、料二字*，可見東漢時代料和勺被看作同類器，但先秦時代被稱
爲這兩個名稱的器物有什麽區別，這種區別隨着時代怎麽變化，目前不清楚。我們把具備上面列舉的
那些特徵的器稱爲料。

2. 勺

以剖開葫蘆形爲原形的勺子（圖47）。

　　一般認爲勺用以酌酒。但恐怕不僅用以酌酒，還用以把取水、羹等。《説
文》（段注本）云：

　　　　勺，料也，所以把取也。

此外《周禮・梓人》“梓人爲飲器，勺一升”注云：

　　　　勺，尊升也。

圖47

此“尊升”，校勘記引段玉裁的意見，認爲當作“尊斗”。

　　勺没有自名例。王振鐸根據勺的字形推測勺之祖型出於剖匏爲勺之象[473]，應該是對的。我們從篆
文追溯勺字字形的演變過程，如下表：

楷書		勺
東漢	篆文	𠃌
西漢	漢印[474]	𤰔
戰國	古璽[475]	𢎥
西周早期	禦父己鼎[476]	𤴗

〔471〕　容庚1941：上，456。
〔472〕　自名例見林1976，233，5—100圖。此外，雖然不是自名例，但我們還知道特徵與此相近的勺子被稱爲這個名稱。那
　　　　　是雲夢大墳頭一號墓出土的銅勺（湖北省博物館1981，圖四一：13），整理者認爲這件銅勺是該墓出土木牘所謂“鐵料
　　　　　金料各一”之“金料”（18頁）。
〔473〕　王振鐸1948：189—190。
〔474〕　羅福頤1930a：9，14葉。
〔475〕　羅福頤1930：附，12葉。
〔476〕　羅振玉1936：4，21葉。羅振玉1931釋爲祀，但没有任何説明。陳夢家（陳夢家1936a：137）釋爲礿，説𤴗即《説文》勺。

*　譯按：林先生所謂“轉注”是互訓的意思。《説文》云：“料，勺也。”勺字，雖然大徐本作“勺，把取也”，但段玉裁校改爲
　　　“勺，料也。所以把取也”。

西周時期的 ∫ 無疑象勺類器物的形狀。此字的柄部和頭部相通連，如王振鐸所指出，是象剖開葫蘆做的調羹形勺子。此字也像匕、斗一樣象容器的剖面形。

圖47所示的器，從上面看，其勺頭呈心形。這可以理解爲被剖開的嫩葫蘆凹進去的部分。當時也有可能稱爲斗，但我們按照命名原則把這類器歸類於勺。

六、盛尊器

1. 禁

器高很矮的板狀或箱狀器座（圖48〔1〕、〔2〕）。

上面放盛酒器。有時候也放食器。

禁沒有自名例。據説是寶雞出土的一套銅器中有這類器，端方稱爲柉禁[477]。但如容庚所指出，這個名稱是不對的[478]。根據《禮記》記載，身份越高，所使用的這類器高度越低。也就是説，天子、諸侯根本不使用；大夫使用無足的棜，稱爲斯禁；士使用有足的禁，其形狀像是較矮的長方形托盤[479]。禁應該是如圖48〔1〕所示的箱狀器座。無足的斯禁則可以理解爲如圖48〔2〕所示的較矮的那種。

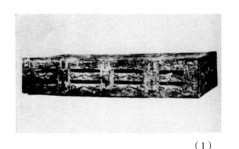 

（1）　　　　　　　　　　　　（2）

圖48

禁用以承盛酒器，這一點容庚引用《儀禮》所見的例子做過説明[480]。此外西周到戰國時代的簋有些置於方座之上，或許這也可以稱爲禁。

第三節　盥洗器

1. 盤

底部淺寬的洗臉盆狀容器。

貴人在洗手時用匜澆水，盤是承水的器[481]。

《考古圖》收録伯戔頮盤[482]，其器形圖有點怪，但此器自名"頮盤"。盤的命名當來自於此。邇來我

---

〔477〕　端方1908:1，1葉。

〔478〕　容庚1941：上，456。

〔479〕　《禮記·禮器》云："天子諸侯之尊廢禁，大夫士棜禁，此以下爲貴也。"鄭注云："廢猶去也。棜，斯禁也，謂之棜者，無足有似於棜，或因名云耳。大夫用斯禁，士用禁，禁如今方案，隋長局足，高三寸。"（此引文根據校勘記的意見校改）

〔480〕　容庚1941：上，455。

〔481〕　容庚云："《禮記·內則》'進盥，少者奉槃，長者奉水，請沃盥，盥卒，授巾。'鄭注：'槃承盥水者。'《國語·吳語》'一介嫡男奉槃匜，以隨諸御。'韋注：'槃承盥器。'"（容庚1941：上，458）

〔482〕　卷6，2葉。

們在此所謂盤被稱爲盤。下面根據自名例看一下怎樣的器被稱爲盤。

商代器中没有自名例，但甲骨文般字以容器盤的象形字爲偏旁。陳夢家認爲甲骨文般字从殳从皿字側書彐[483]。他認爲甲骨文般字左旁是盤形容器的象形字，這一點是對的，但這不是皿的側書。篆文皿作皿；金文中與此相對應的字，例如有盂鼎之盂字所从；甲骨文中與此相對應的字，例如有地名盂之盂字所从。其字形的弧線是淺腹的鉢形容器的斷面形，其下有表示圈足的，器口緣處都有朝下的短線，此短線可能表示商代晚期陶器特色的很厚的口緣。甲骨文般字作，其左旁是。把它向左旋轉90度的的形狀正是根據西周晚期自名例可以確定爲盤的容器。但此字口緣没有短線，不能看作皿字。而且《説文》云：

> 皿，飯食之用器也。

也就是説皿是食器，與水器的盤用途不同。

甲骨文般字雖然从容器盤的象形，但也从殳，不是容器盤的象形字本身。此般字可能表示敲盤的意思。自古有宴席上敲擊容器唱歌的風俗[484]，般字的本義可能是敲盤唱歌而快樂。《爾雅・釋詁》云：

> 般，樂也。[485]

按照此解釋，容器“盤”是表盤樂意的字的假借用法[486]。

甲骨文般字所从的盤的象形與後代盤的形制有所不同，忠實地保留腹部較深的商代盤（圖49〔1〕）的特徵。但這類器在商代是否被稱爲盤，没有確證。陳夢家説甲骨文般或省殳[487]，但他所説的字和般所从是完全不同的兩個字，並不能證明讀爲般。

自名例從西周時代開始出現。西周中期的周棘生盤（圖49〔2〕）自名“般”[488]。本體部分是器底平、器壁直立的皿狀器，再加上圈足。器壁有一對附耳。時代相同的免盤（圖49〔3〕）自名“般盂”[489]。此“般盂”二字，如郭沫若所説，不是一個器名，而是盤和盂的意思[490]。此盤的形制與前一例相同，但圈足下另加三根棒狀短足。

西周晚期的師寏父盤（圖49〔4〕）自名“般”[491]，是圈足下没有三足的普通形制。

春秋早期的薛侯盤自名“般”[492]，它像免盤一樣，圈足下有三短足。

春秋晚期的齊侯盤（圖49〔5〕）自名“盥盤”[493]。整體很扁，無花紋，是簡樸而實用性很强的形制。

---

〔483〕　陳夢家 1946：上，36。
〔484〕　《説文》云：“缶，瓦器，所以盛酒漿，秦人鼓之以節歌。”
〔485〕　這個意思的般亦寫作槃，參看郝懿行《爾雅義疏》該條。表快樂意的字往往以表樂器的字爲偏旁，如樂、喜、龢等。
〔486〕　郭寶鈞 1935：705 根據《方言》“般，大也”作解釋，但按照這個解釋無法説明此字的結構。
〔487〕　同注〔483〕。
〔488〕　容庚 1941：下，圖 835。
〔489〕　Karlgren1936, pl. 25, B155.
〔490〕　阮元云：“般即盤字，盂以和調五味者，盤盂，盂之有承盤者也。”（阮元 1804：7，17 葉）郭沫若云：“同作之器，必有盤有盂兩種，故云‘用乍盤盂’。”（郭沫若 1957：91）當從郭説。順便講，這裏所謂的盂，可以解釋爲匜的異名，也可以解釋爲用途與匜相同的盂（參看匜條）。盤、匜同出的例子，容庚列舉了很多（容庚 1941：上，465）。
〔491〕　容庚 1941：下，圖 838。
〔492〕　大村 1923：40。
〔493〕　容庚 1941：下，圖 845。

所謂作"盤盉"之盉指匜[517]，此"盤盉"之盉的確也有可能是如在此所介紹那種匜的別名之盉。但和盤構成一套的注水器不僅有匜，也有形制是盉的器[518]，因此我們不能確定此"盉"是匜的別名之盉。如下所述，匜有時也用以注酒漿等飲料，其用途和盉相近，而盉和匜一樣可用以盥洗，兩者的用途有所重複。據此可知匜有盉的別名不是偶然。

春秋晚期的齊侯匜（圖50〔12〕）自名"盥盂"[519]。此器的形制也是匜。盂這一名稱用以表示盛水用的深腹容器、蒸穀物用的容器；如上所述，鼎也有冠以盂字的例子。盂似乎是一個含義很廣泛的詞，有點類似於日語的"鉢"[520]。

此外王子适匜（圖50〔13〕）銘文有"逭盥"一詞[521]，容庚說此乃脱略器名也[522]。此說可從。

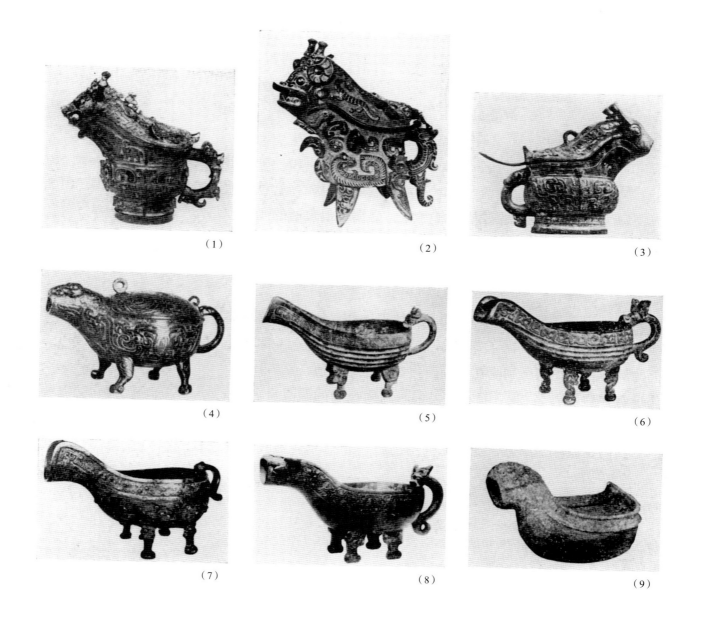

(1)　　　　　　(2)　　　　　　(3)

(4)　　　　　　(5)　　　　　　(6)

(7)　　　　　　(8)　　　　　　(9)

---

〔517〕 陳夢家 1955—1956：（三），71。
〔518〕 比較早的例子有扌敢盉（梅原 1959—1964:3，第 253 器）和盤（梅原 1959—1964:2，第 91 器），分別自名"盉"、"盤"。此外還有伯白父盉和盤。參看盉條。
〔519〕 容庚 1941：下，圖 858。
〔520〕 陳夢家云"西周晚期以來的匜，和此器（引者按，被置於蔡侯墓所出吳王光鑑中的勺）同源于半瓠（即匏）"，並說我們在此列舉的盂、盉皆衍弧音（陳夢家 1956:103—104）。他忽視我們援引的其他器的例子，持這種意見，實在太草率了。
〔521〕 容庚 1941：下，圖 870。
〔522〕 容庚 1941：上，466。

（10）　　　　　　　（11）　　　　　　　（12）

（13）

圖 50

我們在本條開頭說匜亦用以注酒漿。徐鍇《說文解字繫傳》本云：“匜，似羹魁。柄中有道，可以注水酒。”徐鉉《說文解字》本作“可以注水”，無酒字。段玉裁認爲當從前者，引用《禮記·內則》“敦牟卮匜，非餕莫敢用”鄭注：

　　　卮匜，酒漿器。

作爲匜用以注酒的證據。此說當是。《說文》“匜，似羹魁。柄中有道，可以注水酒”的意思是，匜的相當於羹魁柄的部分成爲中空的流，經過這個流可以注裏面的水或酒。在此所講的匜是如漢代的寶氏銀匜的那種[523]，其形制來自先秦的無足、前後長度較短的匜。

（1）　　　　　　　　　　（2）

3. 鑑

大型的深鉢形澡盆。器側有一對或兩對耳。用以洗澡，也用以盛冰，冰鎮食物[524]。

《博古圖錄》[525]、《西清古鑑》[526]收錄鑑，但其所謂鑑是爐類器。《西清續鑑甲編》把我們所謂鑑作爲冰鑑收錄[527]。

（3）　　　　　　　　　　（4）

圖 51

〔523〕《文物參考資料》1954年第10期，圖版21；張鐵弦1954:54。此器自名“銀匜”。張氏亦引《金索》卷三·雜器之屬所收始建國元年匜（自名“注水匜”）。
〔524〕容庚云：“其用以盛水。字通作濫，《莊子·則陽》‘靈公有妻三人，同濫而浴’，《墨子·節喪》‘几梴壺濫’是也。又其用以盛冰，《周禮·凌人》‘春始治鑑……’注‘鑑如甄，大口，以盛冰，置食物于中，以禦温氣’是也。”（容庚1941:上，469）
〔525〕卷20，19葉。
〔526〕卷31，61—64葉。
〔527〕卷14，31—32葉。

　　自名例有如下幾例：吳王光鑑（圖50〔1〕）自名 "薦鑑"[528]，器體呈頸部稍微收束的半球形，有一對耳，器內放置一件小勺。吳王夫差鑑（圖50〔2〕）自名 "御監"[529]，器高較矮，但形制與吳王光鑑相同。智君子鑑（圖50〔3〕）自名 "弄鑑"[530]，器形與前兩例大致相同，但有圈足，耳有兩對。戰國時代的邾陵君鑑（圖50〔4〕）自名 "金監"[531]，其形制簡單樸素，頸部稍微收束，但器壁很直，也沒有環耳之類。自名例雖然就這麼多，但能夠讓我們明確地了解當時稱爲鑑的器形是怎樣的。

4. 銷

圖 52

　　我們所謂銷，器體沒有鑑那麼大，腹也沒有那麼深，但也沒有盤那麼淺，是與我們使用的洗臉盆差不多的器。圖 52 是戰國時代器。

　　自從《考古圖》[532]、《博古圖錄》[533]以來，盤、盆、盂之類的器被稱爲洗。但如徐中舒所指出[534]，洗是洗淨手或器物用的盤匜類器的總稱，不是有稱爲洗的器物。因爲漢代的這類器中有自名銷的例子[535]，我們把這個名稱援用到先秦時代的器物。

第四節　樂　　器

1. 鐘、鎛

　　橫斷面呈杏仁形的像寺院中吊鐘形的樂器。有幾種形制，例如有一種（鐘）是底部的器口（于）[536]彎曲，呈凹弧形，懸掛鐘體的部分是棒形的柄 "甬"；有一種（鎛）是于平，懸掛鐘體的部分是呈コ形的紐；有一種（紐鐘）是于彎曲，懸掛鐘體的部分呈コ形，等等。

　　鐘往往做一套，以構成音階，但也有時候只用一件。前者還有行鐘和歌鐘之別。行鐘是田獵、戰爭時攜帶，用以演奏進行曲，爲此由 do、mi、so 等單純的音構成；歌鐘是祭祀、饗宴時奏樂用的，因此平時一直掛着，音階比行鐘更多[537]。

　　《考古圖》收錄我們所謂鐘，把所有形制的器都稱爲鐘[538]。《博古圖錄》把我們所謂鎛稱爲鎛鐘，以與鐘作區別[539]。

〔528〕安徽文管會等 1956，圖版拾伍。

〔529〕容庚 1941: 下，圖 872。

〔530〕Karlgren1952a, pl. 71.

〔531〕李零、劉雨 1980，圖一：左，圖版肆:3。

〔532〕卷 9，19—22 葉。

〔533〕卷 21，9—22 葉。

〔534〕徐中舒 1931:316—317。

〔535〕林 1976:230。

〔536〕關於鐘各部分的名稱，參看本條補論。

〔537〕李純一 1957:46—47；李純一 1973。

〔538〕卷 7。

〔539〕卷 22，9 葉。

（1）　　　　　　　（2）　　　　　　　（3）　　　　　　　（4）

（5）　　　　　　　（6）　　　　　　　（7）　　　　　　　（8）

（9）　　　　　　　（10）　　　　　　　（11）　　　　　　　（12）

（13）

（16）

（14）

（15）

（17）

圖 53

　　鐘、鎛自名例很多。西周晚期的例子有：戜鐘（圖53〔1〕）自名"寶鐘"[540]，邢人鐘（圖53〔2〕）自名"大龢鐘"[541]，虘鐘（圖53〔3〕）自名"龢龢鐘"[542]，虢叔旅鐘（圖53〔4〕）自名"大龢龢鐘"[543]，楚公鐘（一）（圖53〔5〕）自名"錞鐘"[544]，楚公鐘（二）（圖53〔6〕）自名"寶大霋鐘"[545]，克鐘自名"龢鐘"[546]。只有虘鐘的甬是後補的，篆是排列小圓錐形做的。其他的都是置有甬的，像《周禮·鳧氏》記載的那種典型的鐘。這些器都自名"……鐘"，據此可知當時被稱爲鐘。關於與鐘搭配的龢、龢等字，已有不少學者作解釋，在此從馬承源説，認爲此字是衆多的意思[547]。

　　春秋早期的例子有：芮公鐘（圖53〔7〕）自名"從鐘"[548]，鄭邢叔鐘自名"霝鐘"[549]。這兩件的形制都

---

〔540〕　容庚 1941：下，圖 948。

〔541〕　容庚 1941：下，圖 950。

〔542〕　容庚 1941：下，圖 953。

〔543〕　容庚 1941：下，圖 947。

〔544〕　容庚 1941：下，圖 945。

〔545〕　容庚 1941：下，圖 946。

〔546〕　端方 1908：續，1，10—12 葉。

〔547〕　阮元（阮元 1804:3，12 葉）釋龢爲棽，認爲是《國語·周語》所見大林。

　　　　方濬益（方濬益 1935:1，23—24 葉）反對此説，説有"大龢"銘的鐘大小各殊，而大林是音律名。因此説"大龢"是大林不合理。

　　　　馬承源（馬承源 1981:142）説："南宮乎鐘銘云：'司土（徒）南宮乎作大龢棥鐘，茲名曰無昊鐘。'顯然'無昊'（無射）是鐘的律名，而大龢是鐘名。"此説很對。馬氏認爲此大龢和《周語》所見大林相同，此"林"是《廣雅·釋詁三》"林，衆也"，"林，聚也"之林；其數衆多，編懸之似林聚植，故稱大林鐘或稱林鐘。此説似大致可從。此外還有如下幾種説法：

　　　　吳大澂（吳大澂 1885:1，6 葉[*]）認爲鏮、龢、霋是一字，最後一字象手執卜鼓鐘形。

　　　　劉心源對霋的看法與吳氏同（劉心源 1902:9，4—5 葉）；對鏮和龢，認爲分別是龢和穐，意爲合和斂，鐘銘的意思是其音之合且斂（劉心源 1902:9，7—8 葉）。

　　　　孫詒讓（孫詒讓 1929:2，9—13 葉）認爲龢、龤、霋等字都是牆之省變，牆是宮縣、軒縣之通稱。

　　　　郭沫若（郭沫若 1930:1，72—73）根據讀音認爲這些字即後起之鈴字。

　　　　唐蘭（唐蘭 1933:71—72）認爲《爾雅·釋樂》"其（引者按，即鐘）中謂之劇"之"劇"是"劇"字之誤，現在討論的那些字是劇=劇字。

〔548〕　容庚 1941：下，圖 952。

〔549〕　馮雲鵬、馮雲鵷 1821:1，39 葉。

---

[*]　譯按：吳大澂 1885 不分卷，而且是圖録，沒有考釋，此出處當有誤。這些字見吳大澂 1881：附録，4—5 葉，吳大澂在霋字下注云："象手執卜鼓鐘形。"吳大澂 1886:2，3 葉亦云："霋，象手執卜鼓鐘形，當即龢之異文。"林先生所引疑是此兩書中的一處。但林先生如何誤寫作"吳大澂 1885:1，6 葉"，難以確知。

與西周晚期的鐘相同，自名"鐘"。

春秋中期到晚期的例子：從西周晚期以來延續下來的、置有甬的器有：者減鐘（圖 53〔8〕）自名"☒鐘"[550]，叔夷鐘自名"寶鐘"[551]。懸掛鐘體的部分呈コ形、于彎曲的器有：楚王領鐘（圖 53〔9〕）自名"鈴鐘"[552]。于平、懸掛鐘體的部分是紐的器有：鑃鎛（圖 53〔10〕）自名"寶鎛"[553]，公孫班鎛自名"龢鎛"[554]，叔夷鎛自名"寶鎛"[555]。這些器都自名"鎛"。此外有形制相同卻自名"鐘"的器：許子鎛（圖 53〔11〕）自名"鈴鐘"[556]，宋公成鎛自名"訶鐘"[557]，麋侯鎛（圖 53〔12〕）自名"龢鐘"[558]。

春秋晚期的例子：于彎曲，懸掛鐘體的部分是紐的蔡侯鐘（圖 53〔13〕）自名"訶鎛*"[559]。于平的蔡侯鎛（圖 53〔14〕）也自名"訶鐘"[560]。兩者的名稱没有區別。

戰國早期的例子有：屬氏鐘（圖 53〔15〕）于彎曲，懸掛鐘體的部分是紐，自名"鐘"[561]。

通過以上的例子，當時稱爲鐘的器形就很清楚了。關於自名鎛的器，唐蘭的研究最詳細[562]。他的意見大致如下：按《儀禮·大射》云"笙磬西面，其南笙鐘，其南鎛"，可見鐘與鎛是分别使用的不同的東西。鐘口彎曲，鎛口平。關於其大小，《説文》云"鎛，大鐘淳于之屬"，《周禮·春官·鎛師》序官的鄭注云"如鍾而大"，蓋據所見之鎛大於鐘也。但《國語·周語下》云"細鈞有鍾無鎛……大鈞有鎛無鍾，甚大無鎛"，則謂鎛小於鐘[563]，疑爲較古之制。故傳世器物，如弓鎛大於弓鐘矣。鎛爲鐘類，故上引《國語》的韋昭注逕以鎛爲小鐘。然鎛可稱鐘，而鐘不可稱鎛。

容庚反對此説，説唐蘭把于平的器作爲鎛，在鐘類之後另立一類，但有于平而亦稱鐘的例子，而且于平者器不皆大，據此可知鐘和鎛没有區別[564]。

其實唐蘭也注意到于平的鎛中也有稱鐘的例子。他説鎛可稱鐘，而鐘不可稱鎛，此説很有道理。段玉裁也從訓詁學的角度對《説文》鎛條加注説："鄭注《國語》、《禮經》皆云：'鎛似鐘而大。'……鄭云'似鐘'，則非鐘也。"

古籍中所見的關於鐘和鎛大小關係的注釋，與實物對照起來看，不是很準確，因爲鐘、鎛都是按照音階順序從小到大排列懸掛的。我們以壽縣蔡侯墓所出鐘、鎛爲例看[565]，就整體而言，可以説鎛的一套比甬鐘的一套小，而比紐鐘的一套大。但若隨便拿各套中的一件論其大小，没有任何意義。雖然

〔550〕　容庚 1941：下，圖 957。

〔551〕　《博古圖録》卷 22，11—14 葉。

〔552〕　容庚 1941：下，圖 964。

〔553〕　容庚 1941：下，圖 969。

〔554〕　羅振玉 1917a：上，3 葉。

〔555〕　《博古圖録》卷 22，5 葉。

〔556〕　《考古圖》卷 7，7—8 葉。

〔557〕　《博古圖録》卷 22，27—32 葉。

〔558〕　容庚 1941：下，圖 972。

〔559〕　安徽文管會等 1956，圖版拾玖 :2、圖版伍叁等。

〔560〕　安徽文管會等 1956，圖版拾玖 :1、圖版伍壹等。附帶説，這些自名中的"訶"讀爲"歌"，是"能奏樂的"的意思。參看李純一 1973。

〔561〕　容庚 1941：下，圖 960。

〔562〕　唐蘭 1933：82—83。關於自名鎛，《博古圖録》（卷 22，9 葉）齊侯鎛鐘條引用《國語·周語下》"細鈞有鍾無鎛"，説鎛小於特鐘而大於編鐘。吴大澂引用《説文》、《爾雅》，説鎛是大鐘（潘祖蔭 1872，2，6 葉）。

〔563〕　這個解釋根據的是韋昭注，但大鈞、細鈞的意思不清楚。爲何根據《周語》的這段文可以説鎛小於鐘，不是很清楚。

〔564〕　容庚 1941：上，495。

〔565〕　安徽文管會等 1956：10、圖版拾捌～拾玖。

* 　譯按：此"鎛"當是"鐘"之誤植。

鍾縣謂之旋，旋蟲謂之幹[577]

　　這兩句一起解説比較方便。鄭注云："旋屬鍾柄，所以縣之也。鄭司農云：旋蟲者，旋以蟲爲飾也。玄謂今時旋有蹲熊、盤龍、辟邪。"這句話的意思是説，旋附着於鍾柄上，是用以掛鐘的東西；鄭司農説"旋的蟲"的意思是旋以蟲爲裝飾；玄謂，今時（東漢）的旋上有蹲下的熊、盤曲的龍、辟邪。唐蘭云："據記文三分甬長以設旋，則知旋必着於甬。旋義爲環，今日驗古鐘甬中間均突起似帶，周環甬圍，其位置正與《考工記》合，是所謂旋也。於旋上設蟲形之柄，故謂之旋蟲，即所謂幹。旋蟲與旋，本相聯繫，故名相襲。"[578]此説非常準確。但唐蘭從程瑤田的意見，認爲幹是斡之誤，我們仍採用幹字，見上注。關於這兩句，程瑤田等人有不同的解釋，非常雜亂。我們在注裏作了介紹，請參看[579]。

──────────

[577]　此幹字，阮元《校勘記》云："唐石經、諸本同。程瑤田云：'幹，當作斡。《説文》：斡，蠡柄也。然則鍾柄亦得名斡矣。'按：凡旋者皆得云斡。"阮元引用的程瑤田説見《臬氏爲鍾圖説》，云："余謂幹當爲斡，蓋所以制旋者。……《説文》：'斡，揚雄、杜林説皆以爲軺車輪斡。'斡或作轂《説文》：'轄，車軸耑鍵也。'或作舝。……"程瑤田把斡理解爲轄的意思。轄是插在車輪的外端處，防止車輪脫落的東西。但這個理解是錯誤的，應該從段玉裁注"小車之輪曰斡"的解釋。因此"斡"難以看作鐘甬上面的部位的名稱。另外，程氏《設旋疑義記》云："《説文》又以蠡爲瓢，解斡爲蠡柄。此亦如户樞轉運之義，譬如旋蟲，亦堪舉似。"但鐘的旋不是有什麼東西在此旋轉，因此不一定硬要把旋作這樣的理解，進而把幹改爲斡。如後所引，按照幹字作解釋也能講通，因此我們不採納改幹爲斡的説法。

[578]　唐蘭 1933:69。

[579]　關於旋，程瑤田《臬氏爲鍾圖説》云："《孟子》謂之追蠡，言追於出甬上者乃蠡也。蠡與螺通，《文子》所謂'聖人法蠡蚌而閉户'是也。螺小者謂之蜓蝸，郭璞《江賦》所謂'鸚螺蜓蝸'是也。曰旋曰蠡，其義不殊，蓋爲金柄於甬上，以貫於懸之者之鑿中，形如螺然，如此則宛轉流動，不爲聲病，此古鐘所以側懸也。旋轉不已，日久則刓敝滋甚，故《孟子》以城門之軌譬之。"關於幹，如前注所引，程瑤田改爲斡，理解爲插在車輪外端處、防止車輪脫落的舝，云："《天問》'斡維焉繫'，戴東原注云：'斡，所以制旋轉者。'鍾之旋蟲，蓋亦是物與？"也就是説，程瑤田認爲旋是螺，指設在甬上的田螺形榫頭，插在掛鍾設備上的卯眼；幹是舝，像插在車輪外端處的舝一樣，插在榫頭，以防止榫頭脫落。圖 63 是程瑤田按照這個理解畫的圖。

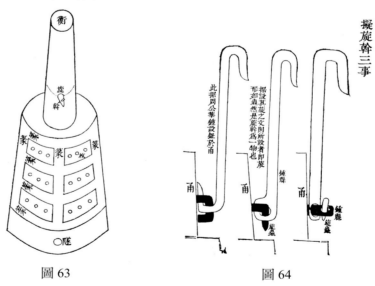

圖 63　　　　　　　　　　圖 64

　　程瑤田説旋是《孟子》所謂"追蠡"之蠡，蠡與螺通；幹是舝。這些都没有旁證，而且出土的鐘中根本没有像程氏所想像那樣的設備。

　　程瑤田《臬氏爲鍾章句圖説》提出了另外一種解釋，云："鍾縣於甬，變動不居，謂之旋。甬上必有物如蠡，以管攝乎旋，謂之幹。"程氏還在《設旋疑義記》中再次將此兩種説法並存。程氏附了圖 64，以説明他對旋、幹的形象。真佩服他能想出這麼多離譜的解釋。

　　王引之《經義述聞》"鍾縣謂之旋，旋蟲謂之幹"條云："竊謂'鍾縣謂之旋'者，縣鍾之環也，環形旋轉，故謂之旋。旋環古同聲。……'旋蟲謂之幹'者，銜旋之紐，鑄爲獸形（獸亦稱蟲……），居甬與旋之閒而司管轄，故謂之幹，幹之爲言猶管也（《楚辭·天問》'斡維焉繫'，斡一作筦，筦與管同。……）。余嘗見劉尚書家所藏周紀侯鍾，甬之中央近下者，附半環焉，爲牛首形，而以正圜之環貫之，始悟正圜之環，所以縣鍾，即所謂鍾縣謂之旋也。半環爲牛首形者，乃鍾之紐，所謂'旋蟲謂之幹'也。而旋之所居，正當甬之中央近下者，則下文所謂'參分其甬長，二在上，一在下，以設其旋'。幹爲銜旋而設，言設其旋則幹之所在可知矣。幹所以銜旋而非所以縣，幹爲蟲形而旋則否，不得以旋爲幹也。程氏《通藝録》以旋蟲爲旋螺。徧考古鍾紐，無作螺形者。《孟子·盡心篇》'以追蠡'，趙注訓追爲鍾紐，蠡爲欲絶之貌，亦未嘗以蠡爲螺，殆失之矣。"（轉下頁注）

鍾帶謂之篆

鄭注云：“帶所以介其名也。介在于鼓鉦舞甬衡之間，凡四。”此所謂介，孫詒讓云：“《説文·人部》云：‘介，畫也。’《左傳》襄三十一年杜注云：‘介，間也。’言縱橫畫於鍾體諸名之間，示區别也。”[580]孫氏還引王引之、江永、戴震等人的意見，説篆介在於鼓、鉦、舞之間，不得介在於甬及衡之間。關於“篆”這個名稱，程瑶田《鳧氏爲鍾章句圖説》云“鉦體正方，中有界，縱三橫四，爲鍾帶，篆起，故謂之篆”。篆是突帶。

篆間謂之枚

鄭注云：“鄭司農云：枚，鍾乳也。玄謂今時鍾乳俠鼓與舞，每處有九，面三十六。”鄭司農的意思是，枚是設在用篆圍起來的方形中的像乳房那樣的突起物。如果没有鄭司農注，經文可以理解爲，枚是用篆圍起來的方形本身。但由於没有這種説法，我們只好從鄭司農的解釋。鄭玄所説的“每處有九，面三十六”，孫詒讓引王引之説，説“面”是“而”之誤；鍾乳有上中下三列，每列有三個，每面有左右兩處，共有四處，而得三十六。從古鍾實物看，只能如此理解。

枚謂之景

程瑶田《鳧氏爲鍾圖説》云：“枚隆起有光，故又謂之景焉。”如果經文没有誤脱，只能像程氏那樣認爲景是枚的别名。但上下文都用已知部分的名稱説明未知部分的名稱，説其上或其間謂之某。本句也有可能本來是“枚～謂之景”，後來脱“枚”下一字。但如今無法得知脱了什麼字，在此按照現在的本子作解釋。

于上之攠謂之隧（遂）[581]

鄭注云：“攠，所擊之處，攠弊也。隧在鼓中，窐而生光，有似夫隧。”攠弊，孫詒讓作考證，指出即摩滅[582]。“似夫隧”之夫隧，謂青銅製的凹面鏡[583]。本句的意思，如孫詒讓所説，是“于屑上當鼓處，左右之中，爲圜規而窐之，以便攷擊也”。但目前可知的先秦遺物中，是否有將鼓的一部分凹進去的實例，或鼓由於敲擊凹陷的實例，筆者從來没有發現過。唐蘭也説：“羅氏藏一鐃，口間鼓處突起以備鼓，此則微窐，其理固同，然傳世古器，則雕鏤爲花紋，又多在左鼓，且亦不盡有也。”[584]關於遂這個東西，我們有必要根據實物再作研究。

（接上頁注）今按，正如王氏所説，程氏説不可從。王氏根據紀侯鍾（瀧、内藤 1923:4）※認爲設在甬上的紐的銜環是旋，其紐是幹，但這個解釋也有問題。《考工記》的解説方法是，從已講完了的部分名稱出發，再講下一個部分的名稱，説其上或其間謂之某。按照王氏的解釋，在甬上的部分中，先講離甬遠的部分，然後講近的部分，其論述方法與其他地方相反。另外王氏關於“參分其甬長，二在上，一在下，以設其旋”説：旋是掛鍾用的銜環，幹是爲了銜環設在甬上的紐，因此只要交代旋的位置，幹的位置也就可以知道。這個説法也有點勉强。若果真如王引之所想，不必如此繞彎子，不説“設旋”而説“設幹”就可以了。看來即使是大學者，一講到名物考證，也不是那麼可靠。
※ 這件鍾很厚，而且很重，銘文的位置也有疑問。因此本書没有採録。

[580] 孫詒讓 1905。
[581] 關於最後一字的隧，俞樾（《羣經平議》卷 13 “于上之攠謂之隧” 條）云：“樾謹按，注以夫隧釋隧字，非也。隧當讀如《匠人》‘廣二尺，深二尺，謂之遂’之遂。下文‘爲遂，六分其厚，以其一爲之深而圜之’，字正作遂，可證也。《釋文》於《匠人》出隧字，曰：‘隧音遂，本又作遂。’蓋隧即遂之俗字。一簡之中，正俗錯見，傳寫異耳。”孫詒讓也同意此説。我們採用“遂”字作爲這個部分的名稱。
[582] 孫詒讓 1905。
[583] 駒井 1953:165—182。
[584] 唐蘭 1933:71。

2. 鉦

　　器體與鐘相似，橫斷面呈杏仁形，置有圓筒形的短柄或棒形的長柄（圖 55〔1〕～〔3〕）。圓筒形的短柄應該裝木柄。

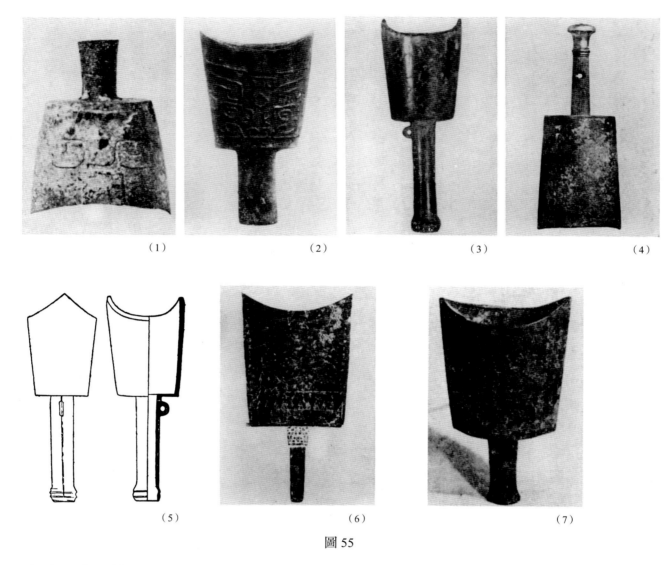

（1）　　　　　　　　（2）　　　　　　　　（3）　　　　　　　　（4）

（5）　　　　　　　　（6）　　　　　　　　（7）

圖 55

　　鉦在軍中和鼓一起使用，也在祭祀、饗宴中用以奏樂。商代的鉦有幾例大中小三個成爲一組，以構成音階的[585]。此外有一例時代大概屬於春秋晚期的鉦七個成爲一組，大小相次[586]，也應該構成音階。一般認爲鉦是手拿敲打的，但這種成組的鉦應該像鐘一樣懸掛着使用。

　　《博古圖録》收録不少鉦，其形制類似於拿掉旋、篆、枚的甬鐘。《博古圖録》給這些器都命名爲鉦，在周瑞草鉦下加解説，云：“上出柄而中空，正許慎所謂‘似鈴，柄中上下通’者是也。然慎又以鉦爲鐃。按《周官・鼓人》‘以金鐃止鼓’，而釋者亦云：‘鐃如鈴，無舌。’與慎之説蓋合。云云。”[587]《博古圖録》給這類器命名爲鉦是正確的，而且鉦和鐃相同這個解釋也不誤[588]。

　　這類器沒有自名“鉦”的例子。春秋晚期的南疆鉦（圖 55〔4〕）自名“鉦□”[589]，柄較長，柄首像門

----

〔585〕　李純一 1957:41。

〔586〕　倪振逵 1959:4，圖六。

〔587〕　《博古圖録》卷 26，39 葉。

〔588〕　這一點段玉裁解釋得很清楚。《説文》“鉦，鐃也”條云：《鼓人》：‘以金鐃止鼓。’注云：‘鐃如鈴，無舌有柄，執而鳴之，以止擊鼓。’按，鐃即鉦。鄭説鐃形與許説鉦形合。《詩・新田》傳曰：‘鉦以靜之。’與《周禮》‘止鼓’相合。”又“鐃，小鉦也”注云：“鉦鐃一物，而鐃較小。渾言不別，析言則有辨也。《周禮》言鐃不言鉦，《詩》言鉦不言鐃，不得以大小別之。”

〔589〕　容庚 1941: 下，圖 933。

把手那樣鼓起，于有一點點彎曲。時代大概相同的郤齰尹鉦自名"征墬"[590]。由於沒有此器的器形圖或照片，其柄的形狀無法得知 *，但從拓本看，于相當彎曲，銘文的方向與南疆鉦同樣以口部爲上。羅振玉把南疆鉦的器名釋爲"鉦鐵"，郭沫若則釋爲"鉦鍼"，認爲與郤齰尹鉦"征墬"相同[591]。征鍼或許像以"攻敔"表示吳一樣，是南方多見的複名，其實與鉦相同。

羅振玉把像南疆鉦那樣的器稱爲鉦，把商代的鉦稱爲鐃，以區別兩者。他説："《説文》'鐃，小鉦也'，……特以大小爲別。……鉦與鐃不僅大小異，形制亦異。鉦（引者按，如南疆鉦）大而狹長，鐃（引者按，即商代的鉦）小而短闊；鉦柄實，故長可手執，鐃柄短，故中空須續以木柄乃便執。"[592]《説文》説鉦"柄中上下通"，但他所謂鐃柄中上下通，鉦則柄中不通。關於這一點，他認爲是"記載偶疏"[593]。

容庚反對此説，云：就余所藏（商、西周時期的）十六鉦觀之，（有一件器和另外一件器的）口橫相差一倍以上，不能以大小定鉦鐃之名；（有一件器）可手持，（其他器）須續以木柄，不能以柄之長短定鉦鐃之名；《説文》明言鉦"柄中上下通"，不能僅據南疆鉦柄實而斷言柄空者之必爲鐃等等[594]。

今按，當從容庚説，不能根據器的大小區別鉦和鐃。因爲不僅商、西周時期的器大小各種各樣，每個時期的器都如此。另外，《説文》説鉦柄中上下通。從羅振玉、容庚所引的例子看，商、西周時期的器柄中空，春秋以後的器柄則實。若果真如此，《説文》是不管春秋以後的例子的，只講商、西周的制度。這是很奇怪的。然而戰國時期的器中也有柄中上下通的例子（圖55〔5〕），因此不必疑慮這一點[595]。羅振玉説商代的器小而短闊，春秋時期的器大而狹長，但兩者間有其中間形態，我們大致可以追溯其演變過程。

雖然沒有嚴格意義上的自名"鉦"的例，但我們相信以上的論證證明把我們所謂鉦都稱爲鉦是正確的[596]。

---

〔590〕　羅振玉 1936:18，3—4 葉。

〔591〕　羅振玉云："中間有'鑄此鉦鐵'四字，則均可辨，則此器名鉦鐵，殆即鉦也。"（羅振玉 1934:9，鉦鐵條）郭沫若云："'鉦'下一字容氏臨本，右旁畫有缺紋，其字必有鏽蝕，無緣遽釋爲'鐵'。余揣其字形所缺亦甚有限，殆從金成聲之字也，與郤齰尹句鑃之'墬'當是一字。'鉦鍼'與'征墬'，二而一，一而二者也。"（郭沫若 1930:79）又云："余謂'征'假爲鉦，古人之鉦有複名，此事有南疆鉦可證。"（郭沫若 1930:77）

〔592〕　羅振玉 1930:1，24 葉。

〔593〕　羅振玉 1934a：9，鉦鐵條。

〔594〕　容庚 1938a，圖 104，⌂ 鉦的考釋。

〔595〕　附帶説，雖然是新莽時期的例子，但《漢金文録》卷 3，9 葉收録一件自名"侯騎鉦"的器的拓本。于彎曲，裝飾篆和枚，其器體似與鐘完全相同，但柄部的形狀不明。

〔596〕　陳夢家給我們所謂的鉦命名爲執鐘。他在介紹以往的鉦、鐃等命名後云："案鉦之名始見《詩·采芑》，鐃則戰國晚世秦漢之名，皆軍樂器也。而商世執鐘爲祭祀享宴之編鐘，其性質雖與鉦鐃同而用異，今故不用其名。其形爲後世鐘所本，而執以鳴之，故權名之爲執鐘。"（陳夢家 1946：上，38—39）另外，陳氏給《博古圖録》收録很多件的稍微大一點的一類命名爲鏞，云："《爾雅·釋樂》'大鐘謂之鏞'，《説文》同，今暫以此名殷末周初的大型鐘。"（陳夢家 1955—1956：（五），125）

的確，商代的鉦有時三個成爲一組，也有時五個成爲一組，以構成音階。據此可知鉦用以奏樂。但這些鉦相當重，在奏樂時不太可能都用手拿着敲打。鉦雖然是音階樂器的鐘的先驅，但既然不可能是手持演奏的，執鐘這個名稱不合適。淹城出土的例子顯然是鉦，但七個成爲一組。商代的三個成爲一組或五個成爲一組的例子是其先驅，稱之爲鉦一點問題也沒有。陳氏自創了"執鐘"這一名稱；而對於比它稍微大一點的樂器，卻命名爲另外一個名稱"鏞"。其命名法缺乏一貫性。

---

*　譯按：此器現藏上海博物館。吳鎮烽《商周青銅器銘文暨圖像集成》15988 號（上海古籍出版社，2012 年 9 月，第 29 卷513—515 頁）收入此器的照片，其形制描述説此器"柄及舞部殘缺"云云。

也有一些器，形制與鉦完全相同，卻自名“句鑃”。那就是時代大概屬於春秋晚期的其彤鉦（圖55〔6〕）[597]和姑□鉦[598]。關於這個名稱，王國維説：古音翟聲與睪聲同部，又翟鑃雙聲字，疑鑃即鐸也。三器銘文，或云“以孝以享”，或云“以樂嘉賓及我父兄”，則其器乃用之於祭祀賓客，與鐸之用於軍旅者不同。吳越間禮俗自與中原不同[599]。

容庚反對此説，云：“句鑃體多純素，與鐸不同；且鐸文順刻而句鑃文倒刻，疑非同器而異名者。”他還認爲王氏所謂用途的不同是句鑃和鐸不是同一種器的鐵證[600]。

郭沫若認爲句鑃即是鉦，鐲、鉦、鐃、鐸爲一器之異名。他批評容庚説，云：“此乃拘泥於後世禮家之説耳。（王國維所謂）吳越間禮俗不同正是應有之解，特不僅吳越與中原禮俗之不同，實可以上推至殷周間禮制之不同。……彝器中事物悖於所謂禮制者多多矣。……花紋之繁簡，了不成問題。……銘之順逆，此亦殷周異俗而已。”[601]此説很有道理。

關於“句鑃”這個名稱，陳夢家作解釋，云：“王國維疑鑃即鐸，是也。案句即敂，《説文》云‘敂，擊也’，鐸本振舌而鳴，句鑃無舌，從外擊之。……故曰句鑃。”[602]此説似可從。

羅振玉説：句鑃與鉦形狀頗同，與鉦殆一物而異名也[603]。唐蘭也從此説[604]。今按，從用途的角度看，郊譆尹鉦銘文説“□彼吉人言”，其用途也和鉦相同。認爲句鑃是鉦的異名，應該没有問題吧。

這類器還有一件自名“寶𣔭壽”的器（圖55〔7〕）[605]。殷滌非認爲此字從金從三黽，黽亦聲，並把它讀爲鼃；至於最後一字，他認爲此字從金從橐省聲，並把它讀爲鐸[606]。鼃是一種鼓，在此似應該讀爲其他的字。不管怎樣，這個例子增加了一個稱爲“某鐸”的例子。

鉦還有“丁寧”的名稱[607]。鐲，《説文》説“鉦也”，也是鉦的異名。鉦的異名很多，但這些字表示的器物具體有無不同之處，目前不明。

3. 鐸

器體與于彎曲的鐘相同，置有筒形或棒形的柄。器内，即相當於鐘舞的部分的内側，懸掛舌，搖動它可發出聲音（圖56〔1〕、〔2〕）。

鐸在軍中使用。此外，平時有什麽布告，用此器引起人的注意。

《博古圖録》收録兩件鐸[608]，其形制似與我們所謂鐸相同，但没有説器内有没有舌或裝舌用的設備。

我們看自名例。大概屬於春秋早期的外卒鐸（圖56〔3〕）自名“鐸”[609]，此器柄呈短筒狀，内有掛舌用的環。可能屬於戰國時代的□郢率鐸（圖56〔4〕）也自名“鐸”[610]，形制與外卒鐸差不多。此外還有

[597] 郭沫若 1930:74，左圖。
[598] 羅振玉 1936:18，2—3 葉。
[599] 王國維 1915a，説句鑃。
[600] 容庚 1927:114。
[601] 郭沫若 1930:80—86。
[602] 陳夢家 1946: 上，39—40。
[603] 羅振玉 1934a: 9。
[604] 唐蘭 1933:85。
[605] 胡悦謙 1964：圖四、五。
[606] 殷滌非 1978。
[607] 參看容庚 1941: 上，485。
[608] 卷 26，39 葉。
[609] 容庚 1941: 下，圖 937。
[610] 容庚 1941: 下，圖 938。

□冠鐸也自名"寶鐸"[611]，但我們只能看到拓本，無法
得知柄的形狀。這種形制的器當時被稱爲鐸是毋庸置
疑的。

《説文》云：

> 鐸，大鈴也。

漢代的鐸頂部設懸掛用的環紐，例如漢官鐸自名
"鐸"[612]。如果是這種形制的器，那確實可以説是大型
鈴。先秦的鐸柄的形制與鈴不同。關於鐸有舌這一點，
《周禮‧小宰》"徇以木鐸"鄭注云：

> 木鐸，木舌也。文事奮木鐸，武事奮金鐸。

另外，上引的自名鐸的器，柄短，都要裝木柄。
但圖56〔2〕所示器柄長，卻有舌，因此陳夢家把它也
歸屬於鐸[613]。可從。根據筆者目驗，此器內確實有青
銅舌。

（1） （2）

（3） （4）

圖56

4. 鈴

鈴是器體較小的鈴鐸。器體與鐸相似，頂部設懸掛用的弧形紐，器內有舌（圖57〔1〕、〔2〕）。

鈴掛在旂上使用，振響它以引起人的注意。掛在馬、狗脖子上的器也應該可以稱爲鈴。

《西清古鑑》收錄一件叫漢風鈴的器，器兩側有鰭形裝飾[614]。雖然搞錯了時代，但稱爲鈴是對的。

自名例有王成周鈴（圖57〔3〕），自名"令"[615]，疑是春秋時期之物，其形制與如上所述差不多。唐
蘭、容庚、陳夢家等都把這類器形稱爲鈴，沒有異議[616]。

容庚對鈴的用途云："一綴于旂上者，《詩‧載見》'和鈴央央'，《左傳》桓公二年'錫鸞和鈴'，毛公
鼎'朱旂二鈴'是也。一爲樂器，《周禮‧春官‧巾車》'大祭祀，鳴鈴以應鷄人'是也。"

另外，殷墟的小墓所出器及車馬坑所出的掛在馬首上的器[617]，形制與自名鈴的器沒有特別大的區
別，我們認爲沒有必要爲這些器另立一類，因此把這些器也都歸在鈴類中。

---

〔611〕 鄒安 1916:1，75 葉。

〔612〕 端方 1908：續，下，42 葉。

〔613〕 陳夢家 1946：上，39。

〔614〕 卷 36，52 葉。

〔615〕 容庚 1941：下，圖 941。

〔616〕 唐蘭 1933:88；容庚 1941：上，489；陳夢家 1946：上，40。

〔617〕 馬得志等 1955，圖版拾伍；郭寶鈞 1951，圖版貳伍。

此外還有方形盤狀器下有托盤的一種[630]。這也是鑪[631]。

春秋時代，鑪是在房屋內隨便移動使用的。關於這一點，尚秉和根據《左傳》作了很扼要的說明[632]。鑪往往有銜環或提鏈，表示鑪是經常移動使用的。

2. 箕

簸箕形工具（圖60[1]、[2]）。

如下一條所述，這類器是鏟木炭用的，相當於今日的"十能"*。《博古圖錄》收錄底部鏤空的這類器，命名為冰斗[633]。容庚把這類器中較大的一種歸類於科[634]。他們都沒有說明其根據，但此器的形制與斗不合。郭寶鈞說此器的形狀如今日的簸箕，據此命名為箕[635]。長沙楊家嶺出土的西漢青銅器中有一件與圖60[2]形制相同的器，其銘文云："【張瑞君】官丌。"[636]丌即其，讀為箕。這類器在更早的時代也被稱為箕是很有可能的。

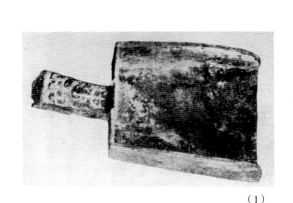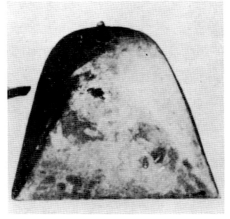

（1）　　　　　　　　　　　　（2）

圖60

3. 炭鈎

圖61[2]是平山縣中山國六號墓出土的例子[637]。這座墓的正式發掘報告還沒有出版，中山王國文

---

[630]　京都大學人文科學研究所考古資料。
[631]　《博古圖錄》（卷20，19葉）收錄一件鏤空的長方形四腳器，此器被放在也是方形的四腳托盤狀器物上，《博古圖錄》稱爲冰鑑。此外還有一種器，形制與此大致相同，但不是鏤空的，其托盤的足很短。從其器形和鑪相似這一點看，這類器應該是鑪。這類器的四足與貫通托盤底部的榫頭接合。按照這個結構，冰融化後，托盤會漏水。因此這類器不可能是冰鑑。雖然是漢代器，但托盤被鏤空的四腳長方形器中有自名"鑪"的例子（容庚1931:4，20葉）。根據以上幾點，我們認爲有托盤的那種也應該是鑪。
[632]　尚秉和1938:162—163："《左傳》定三年：'邾子自投于牀，廢于鑪炭，爛，遂卒。'是裝炭於鑪，近牀取煖，移徙也。又昭十年：'初，元公惡寺人柳，欲殺之。及喪，柳熾炭于位，將至，則去之。'是以炭溫地，使元公坐其處而煖也。"附帶說，在《周禮》，宮人掌管"共鑪炭"之事。
[633]　卷20，11葉。
[634]　容庚1941:下，圖884。
[635]　郭寶鈞1959:24。郭氏說此物似用以轉移食品，但這個關於用途的推測沒有根據。作爲對食物使用的器，這類器太厚，而且很重。
[636]　湖南省博物館1966:184，圖三:14、15。
[637]　東京國立博物館等1981:156。此圖錄中如果只說"中山王墓出土"，沒有交代墓葬編號，意味着其器爲六號墓所出。此器當是河北省文物管理處1979:11所謂"五齒耙一"。

---

*　譯按："十能"是日語，是搬木炭用的器物，相當於漢語的煤鏟、煤鍁。

物展覽的圖録命名爲"炭かき"*，並説明此器與提鏈鑪、箕一起出土[638]†。既然此器與鑪一起使用，箕是鏟木炭用的，那麼這個工具應該是搜木炭用的。當時的名稱不得而知。因爲"炭かき"是日語，我們使用在漢和辭典‡裏找到的"炭鈎"這個詞。順便講，過去筆者把輝縣琉璃閣等出土的這類器（圖61〔1〕）稱爲畢[639]，是錯誤的，需要糾正。

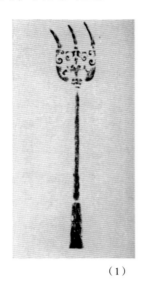

(1)　　　　　　　　　　　(2)

圖 61

4. 槄

器體較小的瓶形容器。有蓋，器體和蓋用繩子繫住（圖62〔1〕、〔2〕）。

此器應該放在車上，盛潤滑油。

我們曾經討論過壽縣蔡侯墓所出器，推測這是槄[640]。陝縣上村嶺1052號墓所見器（圖62〔2〕）出土時在離彝器較遠的地方，而和兵器、車馬具一起出土[641]。此例可以證實我們的推測。

(1)　　　　　　　　　　　(2)

圖 62

---

〔638〕　東京國立博物館等 1981:156。

〔639〕　林 1964:234。

〔640〕　林 1959:199。

〔641〕　此器是中國科學院考古研究所 1959，圖二二《第 1052 號墓墓地平面圖》中的 46。

---

* 譯按：此"かき（kaki）"相當於漢語的"搜"，"炭かき"大概的意思是搜炭器

† 譯按：林先生所謂"提鏈鑪、箕、炭鈎"是河北省文物管理處 1979:11 所謂"火盆二、箕二、五齒耙一"。這三件器的彩色照片見於河北博物院等《戰國雄風　古中山國》（文物出版社，2014 年 12 月）的圖 104（雙提鏈耳三足銅盆）、圖 109（有柄銅箕）和圖 110（五齒炭耙），圖 110 的解説云"炭耙與雙提鏈耳三足銅盆和有柄銅箕一同出土"。

‡ 譯按：漢和辭典是用現代日語解釋古漢語的詞典。

《青銅器種類的命名》補遺[*]

鬲

咸陽任家嘴出土青銅器中有我們定爲第五B型的鬲，發掘報告稱之爲敦[1]。報告者依據的可能是梓溪的研究[2]。梓溪把戰國時期的有蓋鼎中帶環耳的器稱爲敦，認爲敦是從鼎經過這種形狀演變過來的。但這個發掘報告說，這件器底部有煙炱，内裝雞骨。這説明該器是烹煮器，在埋葬時裝了雞湯。既然如此，它顯然不是盛穀物用的敦，而無疑是烹煮肉或魚用的鬲的一種。

圈足釜

這是江上、水野兩位先生所謂綏遠式銅容器的祖型[3]。兩位先生認爲這種器的起源在南俄、西伯利亞，但耳的形狀受到春秋戰國時代鼎的影響[4]。近年來年代可以確定的資料增加，現在知道圈足、雙耳的最早的例子（春秋時代）在中國文化圈内的北部被發現，其花紋也純粹是中國作風[5]。本書中這些時代最早的例子成爲討論的對象。這種器當時應該有中國名，但目前不詳。因爲這是帶圈足的釜，我們稱之爲圈足釜。

隨縣鰱魚嘴出土的器影圖版盞9的銘文云："盼于殹之行盞。"程欣人、劉彬徽兩位先生介紹這件器，說盞是流行於楚地的一種器形[6]。這種器有三個短足，深腹，有淺蓋，蓋、器周壁各有三個環耳。既然銘文説"行盞"，這應該就是攜帶用器。當時可能把蓋耳和器耳拴起來，以防止蓋子掉下[7]。如程、劉兩位先生所引，阮元《積古齋鐘鼎彝器款識》早已著錄盞蓋，其銘文云"王子申作嘉嬭盞盖"。阮元對"盞"字作如下解釋：

> 或釋作琖，非是。琖與斝爵同類，安得有若是之大蓋乎？《玉篇》云："盞盞，大盂也。"《廣雅》案盞與敦、椀同釋爲盂，此即盞字。[8]

也就是説，阮元從這個蓋推測這件器當是盂、敦之類，並認爲這個推測與此"盞"之釋相合。此説可從。

除了這種形制的器以外，據説器影圖版敦82即第七型敦的銘文自名"䭫盞"[9]。但銘文拓本没有公開，目前無法確認這一點[†]。

---

[1]　咸陽市博物館 1986:22。
[2]　梓溪 1958:56。
[3]　江上、水野 1935:173—188。
[4]　江上、水野 1935:183—184。
[5]　顧志界 1986、劉莉 1987。
[6]　程欣人、劉彬徽 1983。
[7]　這種形制的器，即使没有銘文，其結構都相同。可見這種器的用途本來就是如此。
[8]　卷7，26葉。
[9]　王海文 1986:30。

---

[*]　譯按：此補遺原來收入第三卷第一編第二章後。現根據内容移到此處。
[†]　譯按：拓片收入《殷周金文集成》04634，銘文是"大廥（府）之饋盞"。

盌

《古文字研究》第13輯介紹1966年西安市文物管理委員會徵得的乙卯尊，見下圖[10]。珍貴的是圈足內壁上的銘文有器物自名：

用作己【寶】盌（析子孫形）

圖　乙卯尊

相當於器名的字的上一字從拓本上看不出來。介紹者説，觀驗原器，發現在所闕字的右下角，似有"貝"字的殘痕，故可意補一"寶"字[11]。他們接着説，表示器名的字，上半部右邊從凡，左邊稍有泐痕，殆即邕字之殘，故字可隸定作"盌"。他們認爲這個字是"盤"字的異構，尊被稱爲盤也不足爲怪，並按照這個理解展開討論[12]。

今按，他們説這個字表示器名，可以釋作"盌"是對的。但他們認爲此字是"盤"的異體字[13]，我們則難以苟同。這篇論文的作者説甲骨文"般（盤）"從凡，但我們在本章盤條中已指出，甲骨文"盤"所從的是丬，即把盤的象形旋轉90度的形狀，而不是凡。甲骨文中另有凡字[14]，其原形作丬，其形狀左右對稱，乙卯尊的那個字所從也寫作這個形體。我們認爲，此字從"邕"是因這是盛邕的器，從"皿"是因此字表示器皿，而"凡"疑爲此字的音符。我們在第一編第四章指出，觚形尊可能用爲飲酒杯，類似於今天的啤酒杯。只是筆者想不出表示飲酒杯的從凡的字。但《方言》有盌字，或許這就是這個字。凡、氾同音可通。《方言》第五云：

盂、椷、盞、盌……，桮也。……自關而東趙魏之間曰椷，或曰盞，或曰盌。

盌是桮類。這個"盌"和那個"盌"可以看作同一類的名稱。《方言》説"桮也"，此桮字在漢代指所謂耳杯[15]。但上引《方言》所謂桮的東西中，盞有時指cup形杯。《禮記·明堂位》有從玉旁的琖字，此字表示杯子，云："爵，夏后氏以琖，殷以斝，周以爵。"在此所謂爵表示cup形杯，詳見第一編第四章第三節之三。此"琖"和"盞"表示的應該是同一個詞。如果這個理解不誤，《方言》所謂的桮當包括cup形杯。如此想來，我們可以更加相信"盌"是cup形杯的觚形尊的自名。

---

[10]　王慎行、王海珍 1986。
[11]　王慎行、王海珍 1986:215。
[12]　王慎行、王海珍 1986:215—216。
[13]　這篇論文的作者之一王慎行先生在另文中重申這個看法（王慎行 1987:49）。
[14]　中國科學院考古研究所 1965:13，7。
[15]　林 1976:242—243。

　　按照這個思路更進一步地説，表示器物名的這個字所从“凡”似不妨理解爲觚形尊的象形字，但這一點我們不會那麼堅持。這個字形體很單純，我們難以證明它不是別的東西的象形。

湯鼎

　　彭浩先生説：楚墓中常見一種小口廣肩鼎，雙耳立於肩上，耳多爲環形或方形，習慣稱之小口鼎或環耳鼎。這種鼎往往與盤、匜同出。淅川下寺春秋墓出土同式的鼎自名爲“浴□”和“瀘鼎”，“浴”即“浴”的別字體，“瀘”讀作“盥”，説明這是一種盥洗器具[16]。此説可從。他還指出信陽長臺關 1 號墓出土遣策 214 號簡所見“湯鼎”就是同墓出土的這個型式的鼎[17]。這個名稱很清楚地表示器物的用途，因此採用它爲器種名。

盥盤

　　器影圖版盥盤 1[†] 自名“錣盤”。這件器頸部略收縮，其形狀可以説是體矮的小鑑。如圖版所示，大小差不多、形制相同的器還有不少。因爲這個形制與盤、鑑都不同，給它單獨設定一個器種。自名“盤”的上一字不見於其他文字資料，報告釋爲盥[18]。春秋戰國時期的盤中有一些銘文云“作盥盤”的例子[19]，此“盥”和那個字不是一個字，因此它或許不應該釋爲盥。但筆者對此字的釋讀没有其他的想法，因此採用了這個意見。

---

[16]　彭浩 1982:33—34。
[17]　彭浩 1984a:65。[*]
[18]　江西省歷史博物館、靖安縣文化館 1980:13。
[19]　同上。

---

*　譯按：此：“彭浩 1984a”不見於本書的引用文獻目錄，指的當是《信陽長臺關楚簡補釋》（《江漢考古》1984 年第 2 期）。
†　譯按：在此所謂“器影圖版”指的是第三卷的器影圖版，因此本卷圖版册没有收錄盥盤的器影。

第四章　殷、西周時代禮器的類別與用法

第一節　序

　　商周時代禮器的遺物——主要是青銅器——歷來按照用途分爲食器、酒器、盥器、樂器等，並按照器類命名。筆者也在 1964 年發表了《殷周青銅彝器の名稱と用途（殷周青銅彝器的名稱與用途）》一文[1]。本書第一編第三章是其改訂增補版。該篇文章的主要目的是以銘文中的“自名”爲最主要根據，確定商周時代青銅容器和樂器的各種形制器物的名稱。至於用途，我們根據古籍或銘文的記載，以及與這些器物同時出土的遺物、器形等作推論，只講其基本用途，如煮肉、盛穀物、温酒等。後於 1968 年撰寫了《殷西周時代社會における青銅容器の役割（青銅容器在殷、西周時代社會中的角色）》[2]，這篇文章廣泛討論祭祀用的青銅器在商、西周時代社會中扮演的角色，以及當時人對這些器物的觀念。這些文章都可以説是序論性質的東西。青銅器的使用方法中最重要的是了解各種器物在怎樣的儀式中，在怎樣的階段，爲了給誰提供什麼，與哪些器物組成組合，怎樣使用。本章討論禮器的類別和用法這個問題。

第二節　禮器的類別

一、用於祭祀的器與用於宴饗賓客等的器

　　我們在本章要討論的容器類和樂器，根據銘文，其大部分是後代人所謂諸侯、卿、大夫、士等統治階層[3]在定期或臨時舉行的祭祀中或接待賓客時使用的。至於他們平時使用的器物，目前可知的極少[4]。

---

〔1〕　林 1964。
〔2〕　林 1968a。
〔3〕　商王、周王的器目前知道的極少。獣鐘、獣簋是其稀少的例子（羅西章 1979:90）。
〔4〕　商周青銅器中，雖然爲數不多，但有一些以“弄”這個詞稱呼的器物。例如春秋晚期的鳥形容器銘文云：
　　　　子之弄鳥。（Pope, Gettens, Cahill and Barnard 1967, p. 573）
　　同是春秋晚期的鑑銘云：
　　　　智君子之弄鑑。（Pope, Gettens, Cahill and Barnard 1967, p. 483）
　　要考慮此“弄”的意思，時代與這些器相同的林氏壺銘文可以參考：
　　　　盧（吾）台（以）爲弄壺。……盧（吾）台（以）匽（宴）歓（飲），旰我室家，罘獵母後，寣（饗）在我車。
　　這句話的意思是“我製作弄壺。……我以此器在我家裏宴飲，弋獵時如何如何，具陳於車中”（郭沫若 1957：考釋，227 葉）。此例可以證明弄壺屬於與聖相對的俗、與公用相對的私用，是自己遊玩享樂用的壺。《説文·玉部》云：
　　　　玩，弄也。（轉下頁）

使用這些器物的重大儀式，在可能是比西周時期晚很多的時候——大約是戰國末到漢初——編纂的《周禮》中被整理爲五種禮，即《周禮》大宗伯所謂吉禮（祖先、天地衆神的祭祀），凶禮（哀悼人的死亡、天災、戰災並救濟的儀式），賓禮（朝見、聘問），軍禮（兵士選拔、通過狩獵進行的訓練、閲兵、土木工程時的人民調動），嘉禮（冠禮、婚禮、射箭比賽、饗宴等）。其中混雜着像軍禮這種性質不同的禮[5]，但不管怎樣，現在要討論的容器類大致是在這些場面使用的。

通過青銅器銘文可以知道的用途中最多的是吉禮中的祖先祭祀，這一點不用贅述[6]。然而，按禮，在定期舉行的四季的祭祀及在這之間臨時舉行的祭祀中，祭祀結束後，同姓的人設宴，並舉行繹祭即以尸爲賓的祭祀[7]。由此可見，祖先祭祀，即以祖先的靈魂爲對象的饗宴，和以舉行祭祀的人爲對象的饗宴是連續進行的。因此，祭祀死者時使用的器物應該在生者的饗宴中也使用。我們在禮書中也能找

（接上頁）從上引銘文可以推測的"弄"的意思應該是《周禮》所見的"玩好之用"。也就是説，《周禮·大府》"凡式貢之餘財，以共玩好之用"注云：

　　謂先給九式及弔用，足府庫而有餘財，乃共玩好，明玩好非治國之用。

可知"玩好"這個詞中有與祭祀、政治無關的含義。銘文中説"弄"的器早到商代。殷墟發現的方形器蓋銘云：

　　王作如弄。（中國科學院考古研究所安陽發掘隊 1976，圖一、二）

西周 IA 的卣也有相同的銘文（陳、松丸 1977，A560，R188；本書圖版册卣 102）。但商代"弄"的意思和以上介紹的春秋晚期的"弄"有多少差異，由於缺乏材料，無法判斷。

[5] 小南一郎先生指出其中軍禮部分的文體與其他部分不同（加"也"字，如"大師之禮，用衆也"），其形成時代比較晚（此意見是小南先生口頭告訴筆者的）。

[6] 至於祭祀自然神時使用的器，筆者曾經發表過如下看法（林 1968a：6—7）：

　　商代人祭祀的不僅是去世的祖先，還有天帝與人們相信住在各個地方的自然神。像天帝那樣的神，商代人似乎以爲只要有火燒犧牲的香味就滿足，因此其祭祀可以不用容器。那麼自然神的祭祀呢？這一點雖然不清楚，但可以設想這種可能性：商代青銅器中無銘器佔多數，其中有可能也有這種用途的器。此外，雖然有銘文，但銘文中没有去世的父、祖等名字，而只見氏族徽章的器也有不少。我們已經指出，此徽章（"物"）是住在其氏族之生活區域的自然神（"物"）的名字*。若果真如此，只寫氏族徽章的器作爲祭祀其地的自然神的容器很合適。例如名字叫"可"的，以此字爲徽章的氏族是在叫"河"的自然神的領土內生活的。寫"可"這一徽章的器不僅屬於這個氏族，同時也屬於"河"神，當然應該用以祭祀此神。

　　此外，雖然不能説是自然神的例子，但作爲極其稀少的例子，有一個"饗上帝"的例子見於大約公元前四世紀末的中山王方壺銘：

　　鑄爲彝壺，節于醴（禋）醑（齊），可灋可尚，已（以）鄉（饗）上帝，已（以）祀先王。（朱德熙、裘錫圭 1979，圖一）

[7] 參看林 1980:58。

---

* 譯按：林先生在《殷周時代的圖像符號》（林 1968）一文中對圖像符號和"物"的關係作了系統的論述。他的主要意思大致如下：

　　"物"有標識的意思。《周禮·春官·司常》云："司常掌九旗之物名。（鄭注：物名者，所畫異物則異名也。）"《左傳》定公十年云："叔孫氏之甲有物。（杜注：物，識也。）"《説文·衣部》云："卒，隸人給事者爲卒，古染衣題識。"（據段注本）通過這些記載可以知道，旗幟、甲胄、衣服等物品上加"物"。青銅器上的那些圖像符號正是這種"物"。

　　"物"也有鬼神的意思，如《漢書·郊祀志》"有物曰蛇"顏注云："物謂鬼神也。"《左傳》宣公三年云："昔夏之方有德也，遠方圖物，貢金九牧，鑄鼎象物，百物而爲之備，使民知神姦。故民入川澤山林，不逢不若。螭魅罔兩，莫能逢之。"商周時代的人相信全國各地的川澤山林中存在着各種各樣的"物"。《左傳》的這段記載告訴我們商周時代有把這種"物"鑄在青銅彝器上的習俗。青銅彝器上的動物紋正是這種"物"。

　　青銅彝器的動物紋中也有一些用爲圖像符號的，如（編號是《集成》的編號）：

（龍，0119）　　　（鳳凰，5347）　　　（鳳凰，6860）　　　（蛇，3314）

據此可知，圖像符號中有一類是象鬼神（"物"）形的。圖像符號是氏族的徽章，其讀音當是其氏族的名字，而鬼神的名字也應該和其氏族的名字相同。這些鬼神應該是使用這個圖像符號的氏族的神。如此看來，加在各種物品上的標識其實是鬼神（"物"）的圖像，因此叫"物"。

到其證據，例如六尊，《周禮·司尊彝》説用於祖先祭祀，而《小宗伯》説用於祭祀、賓客[8]。此外也有一些銘文（雖然不是很多），表明在接待賓客時使用宗教活動時用的器物，而不是專門爲賓客準備另外一套器物。在此引用一些同時提到祭祀和祭祀以外的作器目的的例子。

令簋（西周早期）：

> 用它宴請來訪並回去的王，用它讓同事們高興。[9]

小臣宅簋（西周早期）：

> 用它宴請來訪並回去的王的人（執事者）。[10]

衛鼎（西周中期）：

> 用它祈禱長壽和永遠的物質性幸福，也用它宴請來訪並回去的王的執事人及許多朋友。[11]

七年趞曹鼎（西周中期）：

> 用它宴請朋友。[12]

善鼎（西周中期）：

> 我用它請來自己的同族人和異姓人。[13]

白康簋（西周晚期）：

> 用它宴請朋友，用它給王的父母＊供飯。[14]

---

[8] 《周禮·小宗伯》云："辨六尊之名物，以待祭祀賓客。"賈疏云：
> 案《司尊彝》唯爲祭祀陳六彝六尊，不見爲賓客陳六尊，此兼言賓客，則在廟饗賓客時陳六尊，亦依祭禮四時所用。……若然，案《鬱人》云"掌裸器，凡祭祀賓客之裸事"，則上六彝亦爲祭祀賓客而辨之。而不言祭祀賓客者，舉下以明上，故略而不言。

[9] 用作丁公寶簋，用障史（事）于皇宗，用卿（饗）王逆逪（造），用麐（餕）寮人（郭沫若 1957：考釋，3 葉）。"逆逪"是來回的意思（唐蘭 1981：62）。

[10] 用作乙公障彝，子子孫孫永寶，其萬年用卿（饗）王出入（陳夢家 1955—1956：（二），84）。

[11] 衛肈作厈文考己中（仲）寶瀟，用匄壽匃永福，乃用卿（饗）王出入事人，眔多朋友（容庚 1936，圖 28）。

[12] 用作寶鼎，用卿（饗）倗（朋）眷（友）（郭沫若 1957：考釋，68 葉）。

[13] 用作宗室寶障，唯用妥（綏）福曉（乎）前文人，秉德共（恭）屯（純），余其用各（格）我宗子雩（與）百生（姓）（郭沫若 1957：考釋，65 葉）。

[14] 白康作寶簋，用卿（饗）倗（朋）友，用鬠（饡）王父王母（羅振玉 1936:8，45 葉）。饡，從商承祚所引張傚彬説（商承祚 1935：鏡，4 葉），讀爲飯。

＊ 譯按：林先生把原文"王父王母"解釋爲"王的父母"。

晉姜鼎（春秋早期）：

> 用它安撫遠方和近處的上流階層之人，並讓他們歸服。[15]

此外，這種句子在鐘銘中也比較多。例如虘鐘（西周中期）：

> 用它給嘉賓聽音樂。[16]

許子鐘（春秋中期）：

> 用它設宴給人歡喜，用它給嘉賓、大夫及我的朋友聽音樂。[17]

王孫遺者鐘（春秋晚期）：

> 用它設宴給人歡喜，用它給嘉賓、父兄及我的朋友聽音樂。[18]

根據這些例子的存在，我們應該可以認爲，有些器物即使在銘文中只説用於祖先祭祀，實際上也用於賓客的接待等伴隨祭祀舉行的事，銘文只是省略了這種用途而已。

若進一步思考，可以指出，同一套器物之所以不僅用於祖先祭祀，也用於參加祭祀的共同體成員的饗宴，不只是因爲這兩件事要連續進行這種簡單的理由。其實祖先祭祀是請祖先靈魂降臨，把它作爲最重要的賓客，進行接待。王國維關於祼指出：

> 今以禮意言之，則祼者古非專用於神（祖先的靈魂）。其用於神也，亦非專爲降神之用。《周禮·小宰職》：“凡賓客贊祼。”《大宗伯職》：“大賓客則攝而載果（祼）。”《小宗伯職》：“凡祭祀、賓客，以時將瓚果（祼）。”《肆師職》：“大賓客贊果（祼）將。”《鬱人職》：“掌凡祭祀、賓客之祼事。”《大行人職》：“上公之禮，王禮再祼而酢，諸侯、諸伯壹祼而酢，諸子、諸男壹祼不酢。”《郊特牲》：“諸侯爲賓，灌用鬱鬯。”是古於賓客亦以鬯爲獻酢。其於神亦當用以歆之，而不徒用以降之矣。[19]

因此，用於接待祖先靈魂的器物理所當然地也用於接待賓客。

二、關於禮器用途的當時的類別

這些祭祀、宴饗賓客的禮中使用的器物，可根據用途分爲幾大類，其中最大的分類法是樂器和飲食

---

[15] 用作寶隣鼎，用康馴（揉）妥（綏）褱（懷）遠趩（邇）君子（郭沫若 1957：考釋，229 葉）。

[16] 虘作寶鐘，用追孝于己伯，用亯大宗，用濼（樂）好賓（羅振玉 1936:1，17 葉）。

[17] 自作鈴（鈴）鐘……用匽㠯（以）喜，用樂嘉賓大夫，及我倗（朋）友（郭沫若 1957：考釋，178 葉）。

[18] 自作龢鐘……用亯台（以）孝，于我皇且（祖）文考，用旂（祈）釁（眉）壽……用匽台（以）喜，用樂嘉賓父兟（兄），及我倗（朋）友（郭沫若 1957：考釋，160 葉）。

[19] 王國維 1921，《與林浩卿博士論洛誥書》。

器[20]。後者的銘文中所見的寶彝、尊彝等的 "彝" 這個詞對前者不使用。看來在商、西周時代人的意識中，區別於樂器的禮器是 "彝器"。然而 "彝器" 在後代一般指宗廟裏經常使用的鐘鼎類，其中也包括樂器[21]。雖然 "宗器" 是時代稍微晚一點的詞，但它表示與樂器並列的飲食用禮器。《左傳》襄公二十五年云：

> 賂晉侯以宗器樂器。

其注云：

> 宗器，祭祀之器。樂器，鐘磬之屬。

此宗器中，用於食物的鼎和簋在當時似乎被稱爲鬶彝。西周早期到春秋晚期的鼎和簋的銘文中，說 "作鬶彝"，或說爲了鬶作器的例子非常多[22]。除了鼎、簋外，甗有一例，簠有兩例，盨有一例[23]。鼎當然是煮肉的器，甗是蒸穀類的器，簋、簠、盨是盛穀類的器。這些對食物使用的器可能用 "鬶彝" 這個總稱來表示。關於鼎和簋，寶雞茹家莊一乙號墓、二號墓出土的鼎和簋的銘文說作 "鼎簋"[24]，這個現象與西周晚期盤和匜的銘文說 "作盤匜" 相同。可見鼎和簋這兩種器被看作不能分開的組合。

關於這個 "鬶" 字的意思，此字在金文中往往寫作 "鬶"，从肙、肉、匕、鼎。甲骨文中有从肉、匕、鼎的 "鬶" 字，用以表示祭祀名[25]，王國維認爲此字當是《詩·小雅·谷風之什·楚茨》"或肆或將"、《周頌·清廟之什·我將》"我將我享" 之將字[26]。前者 "將"，鄭箋解釋爲把牲體 "奉持而進" 的意思，對後者說 "將，猶奉也。我奉養（文王）"。但就現在討論的金文的用法而言，"奉持而進" 這種訓詁過於模糊，不合適。關於這個金文 "鬶" 字，過去有很多人作過解釋，在此無法一一引用[27]。我們認爲，鼎、簋、簠、盨是對已烹調的食物使用的器物，而 "鬶" 是對這種器物使用的詞，作爲對這個 "鬶" 的解釋，劉心源認爲是《玉篇》所謂 "鬶，煮也" 的 "鬶"[28]，應該最合適。

---

〔20〕 參看陳夢家 1946，《中國銅器概說》，10 頁。

〔21〕《左傳》襄公十九年 "取其所得，以作彝器" 注云："彝，常也，謂鐘鼎爲宗廟之常器。"《左傳》這一條是作鐘的故事。

〔22〕 鼎，西周早期：羅振玉 1936:3，10 葉，4；3，27 葉，3；4，5 葉，4；4，15 葉，2。郭沫若 1957：圖錄，6 葉。西周中期：羅振玉 1936:2，51 葉，3；3，51 葉，1；4，5 葉，4；4，23 葉，3；4，24 葉，1；4，45 葉，2。周文 1972，圖七。羅西章、吳鎮烽、雒忠如 1976，圖一六；圖一八。陳、松丸 1977，A128，R400。西周晚期：羅振玉 1936:4，29 葉，2；4，41 葉，2。春秋早期：羅振玉 1936:4，9 葉，2。湖北省博物館 1972，圖一二。湖北省博物館 1975，圖一三，1。

簋，西周早期：羅振玉 1936:6，44 葉，2。西周中期：羅振玉 1936:6，35 葉，4；8，35 葉，2；8，47 葉，2。西周晚期：羅振玉 1936:6，53 葉，1；9，7 葉，1；9，20 葉，2；9，30 葉，1；9，31 葉，2。郭沫若 1957：圖錄，98 葉。

〔23〕 甗，西周早期：羅振玉 1936:5，7 葉，7。

簠，西周中期：羅振玉 1936:6，52 葉，2。春秋早期：羅振玉 1936:4，20 葉，2。

盨，西周晚期：《考古圖》卷 3，38—39 葉。

另外，陳夢家（陳夢家 1955—1956：（三），69—70）引用索諆角（羅振玉 1936:16，46 葉，4）和白衛父盉（劉體智 1935:9，53 葉，1），但這是僞銘。

〔24〕 寶雞茹家莊西周墓發掘隊 1976，圖三九、四二、四四、四九、五〇。

〔25〕 參看金祥恆 1972:2—3 葉。金文中也有用爲動詞的例子，如：
鬶父乙尊（郭沫若 1957：圖錄，6 葉）
作鬶女寶尊彝（羅振玉 1936:3，27 葉，3）
克其日用鬶朕辟魯休（羅振玉 1936:4，29 葉，2）

〔26〕 朱芳圃 1933:7，7 葉所引。

〔27〕 參看周法高等 1974—1977:9，4440—4454。

〔28〕 劉心源 1902:1，9 葉，鬶鼎條："鬶，《玉篇》云：'煮也，亦作鬵。' 又云：'鬴同鬵。'《說文》：'鬵，煮也。'《史記·封禪書》'皆嘗烹鬴上帝鬼神' 注：'徐廣曰：鬴烹，煮也。'《說文》無鬶鬴，古刻有鬶無鬵鬴……"

除了食器外，宗器中佔很大部分的是酒器。這類器當時用什麼總稱表示，目前不明。有一羣有宗婦銘的器，其中包括鼎、簋、壺、盤，根據器形可以知道時代屬於春秋早期，銘文都相同，説"爲宗彝齍彝"[29]。如上所述，這羣器物中，鼎和簋是齍彝，壺和盤則不是。既然如此，這個銘文的"宗彝齍彝"不能解釋爲"宗彝的齍彝"的意思。也就是説，此"爲宗彝齍彝"只能是"爲宗彝和齍彝"，即製作宗彝（壺、盤）和齍彝（鼎、簋）的意思。量簋説"錫宗彝一肆，錫鼎二"。[30]此宗彝一肆（即一套）中也不包括齍彝類的鼎。然而"宗彝"一詞在銘文中的用例没有"齍彝"那麼多。使用這個詞的器，除了上引的宗婦諸器外，卣、尊、方彝、匜、壺、爵、鼎、簋、鐘各有少數例子[31]，其中鼎和簋的銘文和宗婦銘一樣與"齍彝"一起出現。尤其值得注意的是小克鼎：[32]

作朕皇祖釐季寶宗彝。克其日用齍朕辟魯休……

這個例子説明，宗彝和作齍的器不是並列的概念，這兩個概念有重複的地方。據此可知，這些金文中所見的宗彝的含義，比宗婦諸器銘文所見的用法——即宗器中除了齍彝以外的飲酒用、盥洗用器的意思——還廣泛，有時候用爲與上引的《左傳》"宗器"比較接近的意思[33]。

總之，"齍彝"意爲容盛已烹調的食物的器物，我們試圖在商周時代的詞彙中找出表示與"齍彝"相並列的酒器的詞，但這個嘗試没有成功。雖然如此，如果没有總括酒器的詞很不方便。在此暫時把它們稱爲酒彝。

三、關於禮器使用地的當時的類別

上面討論的是根據器物本來的用途作的分類。此外，禮器銘文中往往使用限定使用地點的詞。那就是表示放在宗廟使用的"奠"，及表示軍旅、旅行時使用的"旅"。關於這些詞，因爲以往學者已經有考證，在此只簡單講一下。銘文中有無數例子的"障彝"之"障"當讀爲"奠"，意爲放在祭祀場所使用。這一點陳夢家最早指出[34]，金祥恆在《中國文字》23作過論證。此説筆者在《中國古代の酒甕（中國古代的酒甕）》中作過介紹，也作了評論[35]，在此不再重複説明。

周代銘文中所見的"旅彝"之"旅"是師旅之旅，旅彝是使用地點不限廟等一地的可移動之器。這一點黃盛璋作了很詳細的考證[36]。衆所周知，周代在出征時把遷廟的主和社主載在車上去，在駐

---

〔29〕郭沫若1957：考釋，156葉。

〔30〕陳夢家1955—1956：（三），圖五。

〔31〕卣，西周中期：羅振玉1936:12，59葉，1；13，41葉，2。
尊，西周中期：羅振玉1936:11，30葉，1。梁星彭、馮孝堂1963，圖二，4。
方彝、匜，梁星彭、馮孝堂1963，圖二，1、2。
壺，春秋中期：羅振玉1936:12，25葉。
爵，西周早期：羅振玉1936:16，41葉，4。
鼎，西周晚期：羅振玉1936:4，28葉，2。
簋，西周中期：羅振玉1936:6，35葉，8。
鐘，戰國早期：隨縣擂鼓墩一號墓考古發掘隊1979，圖一四。

〔32〕注〔31〕鼎條所引。

〔33〕附帶説，《周禮·秋官·司約》云："凡大約劑，書於宗彝。"此"宗彝"不是我們在此討論的有特定意義的宗彝，而是宗廟之常器的意思（參看孫詒讓1905這一條的正義）。

〔34〕陳夢家1955—1956：（三），73。

〔35〕林1979b：12—13。唐蘭先生的意見也與筆者相同（唐蘭1981:77）。

〔36〕黃盛璋1979。

縶地對它舉行祭祀[37]，旅彝應該是在這個時候使用的。明確記載"旅"這種用途的青銅器銘文，可以證實古籍的這個記載。此外，段金歸簋銘文説作"旅毁"，其突出的犧首部分磨滅得很嚴重。筆者認爲，除非連續幾天把它放在車上搖動很長時間，否則不會磨滅得這麼嚴重。於是筆者曾經介紹過這件器，説這個例子能夠證明關於"旅"器的上引的解釋。筆者又指出此外還有一些磨滅嚴重的青銅彝器[38]。

《左傳》定公十年云："犧象不出門。"該記載表明，宗廟祭祀使用的六彝六尊等奠器不能拿到國都之外，是當時普遍的心理[39]。西周以來，專門製造軍旅、旅行時在外地使用的青銅器。可以説，此事證明這種觀念在西周時確實存在。

最後概括本節中説明的禮器的類別：

$$禮器\begin{cases}樂器\\宗器\begin{cases}齍器\\酒彝\end{cases}\begin{cases}奠器\\旅器\end{cases}\end{cases}$$

第三節　酒彝的用法

下面討論商、西周時代祭祀、饗宴中使用的各種器物的具體用法。關於鼎、簋等對已烹調的食物使用的齍彝，很早就有人關注其數量、大小等，對此從社會階級的角度進行討論[40]。但從目前出土的文物來説，他們的討論與春秋時代以後建立起來的制度有密切關係，而與我們在此討論的商、西周時代有一點時間差。因此，關於這個問題，希望找別的機會討論。另外，關於樂器中的鐘，筆者曾經撰文從它和地方文化的關係的角度作過討論，所以在此也不討論[41]。

我們首先根據所盛之物對酒彝進行分類，然後按照所裝酒類的貴重程度排列並加以論述。

一、盛鬱鬯之器

鬱鬯是把鬱——叫鬱金的香草的葉子——搗碎並煮，用煮湯勾兑秬鬯——用黑黍釀造的酒——做

---

[37]《周禮·大宗伯》云：
　　　若大師，則帥有司而立軍社，奉主車。
　　其注云：
　　　有司，大祝也。王出軍，必先有事於社及遷廟，而以其主行。社主曰軍社，遷主曰祖。
　　關於出征時車載的主的祭祀，《孔叢子·問軍禮》講天子行軍之禮，云：
　　　以齊車載遷廟之主及社主行，大司馬職奉之。……凡行主……皆每舍奠焉，而後就館。主車止於中門之外、外門之内。廟主居於道左，社主居於道右。
　　在駐縶地仿照國内的建築佈局把祖（遷廟之主）和軍社安置在臨時的建築内，並像在國内時一樣舉行祭祀。這是當然可以想像的。
[38] 參看林 1980b：160。
[39] 筆者最近發現，《春秋左氏傳》的日譯（世界古典文學全集 13）420 頁竟然把這個"犧象"解釋爲"牛形或大象形的油壺"！
[40] 俞偉超、高明 1978—1979。
[41] 參看林 1980a。

的酒[42]。按 "禮"，鬱鬯用以裸或洗淨身體。鬱鬯的基酒秬鬯是由掌管天子的祭祀和儀式的春官之鬯人製作的，而其他祭祀中使用的甜酒、酒類是由掌管天子的日常生活的天官之酒人製作的。從這一點可以看出，鬱鬯是宗教色彩很濃厚的特別的酒。

　　添加香味用的鬱，注〔42〕所引《周禮・鬱人》鄭玄注解釋爲鬱金，此鬱金一般被認爲是 *Curcuma aromatica*[43]。*Curcuma aromatica* 是與其乾根用做咖哩粉的 *Curcuma longa* 很相似的植物。關於鬱金的用法，《周禮・鬱人》注〔42〕所引條的鄭司農注云：

　　　　鬱，草名，十葉爲貫，百二十貫爲築，以煮之鑊中，停於祭前。

這一句的意思是 "鬱是草名。十片葉子稱爲貫。把它搗碎 120 貫後，用鑊（三足的藥罐形容器）煮，在祭祀前放置"。根據上引的《中藥大辭典》，*Curcuma aromatica* 葉柄長約 5 釐米，葉片長 15—37 釐米，寬 7—10 釐米，是比美人蕉的葉子小一點的東西*。鄭司農說把這個東西搗碎 120 貫即 1200 片，然後煮。現在 *Curcuma aromatica* 的分佈地以四川至華中爲北限，只有在此以南纔能生長[44]。有些學者根據花粉的分析認爲商周時代華北的年均氣溫比現在高 2 到 4 攝氏度，然而在熱帶或亞熱帶地區生長的這個植物能否在華北栽培，筆者認爲很可疑[45]。筆者一直想得到這個 *Curcuma aromatica* 的葉子，試飲鬱鬯，

---

〔42〕《周禮・鬱人》"凡祭祀賓客之裸事，和鬱以實彝而陳之" 鄭玄注云：

　　築鬱金煮之，以和鬯酒。

也有把鬯解釋爲香草的説法。《詩・江漢》"釐爾圭瓚秬鬯一卣" 毛傳云：

　　秬，黑黍也。鬯，香草也。築煮合而鬱之曰鬯。

孫詒讓對此作解釋如下（孫詒讓 1905，鬯人第一段的正義）：

　　依毛義，秬與鬯爲二，鬱與鬯爲一，意謂築煮鬯草，合之秬鬯，薀鬱而釀之，是爲鬯酒，則鬱非草名，而鬯乃草名。依後鄭，則鬱是鬱金，秬鬯是黍酒，二者相合乃成鬱鬯。

這兩種説法中，孫詒讓引用黃以周的説法從後鄭的解釋（與上引文相同）：

　　黃以周云：《鬯人》曰 '共秬鬯'，《鬱人》曰 '和鬱酒'，是秬鬯可單稱鬯，而鬱未和鬯祇單稱鬱也。《郊特牲》曰：'周人尚臭，灌用鬯臭，鬱合鬯，臭陰達于淵泉。' 曰 '鬱合鬯'，與下 '蕭合黍稷'，同以二物相合。然則經之單稱鬯，皆秬鬯也；經之單稱鬱，皆未合鬯者也；經之單稱秬鬯者，亦鬯之不合鬱者也。" 案黃説是也。

〔43〕參看江蘇新醫學院 1977:1316。

〔44〕參看江蘇新醫學院 1977:1316。

〔45〕Chang 1980, pp. 138—141，張光直先生根據安陽殷墟發現的動物骨的研究，認爲商代這個地區的水邊、沼澤有森林，當時的氣候也很溫暖。動物骨中有很多水牛和四不像的骨，確實證明當時有這種自然環境。雖然如此，就現在只棲息在華中以南的水牛、竹鼠而言，説不定當時有適應更寒冷氣候的種類，這個種類後來絕滅了。至於數量很少的犀牛和貘，作爲珍獸被養在王室園囿中的可能性也很大。如果把動物用爲推測當時氣候的資料，需要考慮不少這種問題（林 1958a）。張先生沒有顧及這一點，是考慮不周。

　　商周時代，華北的文化中心地區能否採取鬱？關於這個問題，筆者的意見如下：《詩》中有些詩説爲了祭祀祖先，採取野草（如《采蘋》）；也有些詩説爲了準備祭祀祖先用的酒和飯，種植黍稷（如《楚茨》）。但一首詩也沒有説到鬱的採取或收穫。鬱是祭祀用的酒中最高級的酒的原材料，詩歌中竟然沒有説到其採取，可能表示鬱在華北地區不能採取。何炳棣先生根據花粉的分析和文獻資料證明，華北的黃土高原從仰韶文化時代至今一直是乾燥半荒蕪地，如果不採取任何措施，只有蓬、藜這種植物纔能生長，山、山麓、水邊以外的地方幾乎没有樹木生長（Ho 1975, pp. 23—35†）。可以想像，這種環境下没有自生的鬱，也没有人栽培。鬱正因爲是從南方運來的植物，纔特別貴重，只有一部分很高貴的人和神纔能使用。正文引用的鄭司農注説鬱以十葉爲單位，而且一次使用 1200 枚之多。從這一點看，似乎漢代人認爲鬱是乾燥保存的。

---

* 譯按：美人蕉，拉丁名爲 *Canna*。林先生在此拿日本人比較熟悉的植物作比喻。

† 譯按：引用文獻目錄中沒有何炳棣先生的論著。此 "Ho 1975" 疑是 *Cradle of the East: An Enquiry into the Indigenous Origins of Techniques and Ideas of Neolithic and Early Historic China, 5000-10000 B.C.*, Chinese University of Hong Kong, 1975。

但至今没能得到可以確定爲 *Curcuma aromatica* 的東西[46]。

　　根據《周禮》，勾兑秬鬯的鬱湯不是事先準備，而是舉行祭祀的當天做。煮鬱湯是輔佐大宗伯作國家祭祀準備的肆師的任務：

　　　　祭之日……及果築鬻。

這一句説，舉行祭祀的那天，在裸時，肆師把鬱搗碎並煮。其下還説：

　　　　大賓客，莅筵几，築鬻。

這一句的意思是，在接待大賓客時，肆師到賓客的座席（爲了準備給他們裸時用的鬱鬯），把鬱搗碎並煮。《周禮》中，用這個煮湯勾兑鬯是鬱人的工作[47]。饒有趣味的是肆師在客人面前搗碎鬱給他們看，可以想像這本身已經構成一種儀式，好比日本的茶道在客人面前煮茶。殷墟五號墓出土了軟玉製的臼和杵（圖 65）。筆者懷疑過它們是築鬻鬱用的，但臼的高度是 27 釐米，孔徑是 16 釐米；杵的長度是 28 釐米[48]，作爲築鬱的東西似乎太大了。而且此器磨損得很厲害，如果用以築鬱，恐怕不會成爲現在這個樣子。

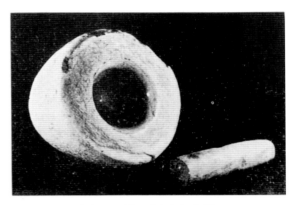

圖 65　軟玉製的臼和杵
殷墟五號墓出土，臼高 27 釐米

1. 有肩尊、截頭有肩尊、大口尊——盛秬鬯的容器

　　《周禮·鬯人》中，根據場面的不同使用各種容器盛秬鬯，其容器有大罍、瓢齎、脩（卣）、蜃、概、散等。其中，除了卣外，難以確定這些器物相當於出土文物中的哪一種。在此對器名不加分析，而根據出土遺物進行討論。

　　有肩尊是肩廣、下腹收小、上口侈大（像牽牛花）、有圈足的大型容器，如圖 66。截頭有肩尊（圖 67）是筆者爲討論之便起的名稱，其器形是由有肩尊的口部截斷而成。這些器的源頭是二里頭時期已經出現的大口尊（圖 68），截頭有肩尊是對它加圈足而作的青銅器，有肩尊是再加牽牛花形口緣的器。商代中期出現一種釉陶，其形狀是無圈足的有肩尊（圖 69）。關於這一系列的器，筆者曾經在《中國古代的酒甕》中作過討論[49]，在此簡單講一下其主要内容。

　　青銅有肩尊的容器部分形狀與二里頭三期的陶製大口尊相類，據此可以推測青銅有肩尊來自陶製

〔46〕　*Curcuma aromatica* 在日本不生長，因此筆者曾委託臺灣的朋友幫我找。這種植物的現代漢語名稱叫毛姜（薑）黄（《中藥大辭典》1316 頁），那位朋友寄信説雖然没有"薑黄葉"，但找到了"黄薑葉"，他把其樣品也附在信中。我從京大藥學部的農園要了一點 *Curcuma longa* 的乾葉來，那個黄薑葉看起來與這個 *Curcuma longa* 相似，所以我請他幫我購買。乾葉的顔色是有點帶黄色的淡綠色，有些地方變得像乾煙草一樣的黄色。被收割的葉莖長約 30 釐米，細長的葉片長約 60 釐米，寬 10—15 釐米，它們被束成一把。它的香味就像是比生薑的香味再甜一點的味道。我按照古代的鬱的使用方法把它搗碎了煮，但我一煮，那種芳香就消失了，而且出現了很濃厚的澀味，其煮湯根本不適合用來勾兑酒喝。如果只把温酒澆在搗碎的葉子上，倒能够把這個香味轉移到酒中，也没有澀味。我購買的這個"黄薑葉"，從名稱、外貌、香味看，應該是生薑類植物的葉子，但其大小比書中記載的 *Curcuma aromatica* 的葉子大很多。看來這個以"黄薑葉"的名字賣的東西應該不是 *Curcuma aromatica* 的乾葉。
〔47〕　《周禮·鬱人》云："凡祭祀賓客之裸事，和鬱以實彝而陳之。"
〔48〕　中國社會科學院考古研究所安陽工作隊 1977:79。
〔49〕　林 1979。

匜中偶爾有自名爲盉的例子，如儕匜銘文云“作旅盉”[61]。商、西周時代使用的盉是呈鼎狀或鬲狀，一側有流，其對面有鋬的器（圖 83），根據自名可知這類器在當時叫盉。關於盉的用途，王國維有如下看法：《説文》云“盉，調味也”。但這類器見於端方所藏的據説是寶雞出土的一套酒器中，因此不是調味器，而是酒器。盉是“和水（玄酒）於酒”用的[62]。對此筆者認爲，水既沒有味道又沒有香味，用這種東西勾兌酒不能説是“和”。如果是用酒和鬱勾兌，可以説“和”。盉的形制適合於煮鬱。這類器應該是煮鬱湯，並用這湯勾兌鬯的[63]。筆者認爲，匜有時候也稱爲盉這一事實説明，匜也有與盉相同的用途，即用鬱湯勾兌鬯。

筆者在上引文章中還指出[64]，《周禮·司尊彝》説裸用雞彝、鳥彝、斝彝、黃彝、虎彝、蜼彝六種器，但不管是在古籍中還是在先秦青銅器銘文中，“彝”廣泛指祭祀用的器物，而只有在《司尊彝》中“彝”被用爲器種名是很奇怪的。此外引人注目的是，此六彝中有不少冠以鳥獸名的彝。我們在此認爲匜是盛鬱鬯的容器，而鬱鬯是用於裸的，而且匜恰好有各種象鳥獸形的器形。總合以上幾點考慮，我們推測《司尊彝》的“彝”本來不是“彝”而是“匜”，《司尊彝》寫作“彝”是假借。

圖 80　西周晚期的匜　高 15.0 釐米

圖 81　商代的匜　通高 15.0 釐米

圖 82　守宮匜　劍橋 Fitzwilliam Museum

高 18 釐米

圖 83　盉　泉屋博古館藏　高 24.4 釐米

〔61〕岐山文化館龐懷清，陝西省文管會鎮烽、忠如、志儒 1976，圖二四。
〔62〕《説盉》（王國維 1921）。
〔63〕林 1964:240—244。本書第一編第三章第二節之二（1）盉條。
〔64〕林 1980:14—19。

5. 方彝——鬱鬯的容器（尊）

方彝是長方形的箱形容器，有屋頂形蓋。方彝也是近代以來使用的暫名[65]。這類器中也有像（4）匜、盉條所介紹的守宫匜一樣器内分有兩個格子的例子。那就是師遽方彝（圖84）和蓋方彝（乙）[66]。蓋有兩處缺口，不管把枓放在哪一個格子裏都可以蓋上蓋子[67]。這個結構與守宫匜相同，容量也差不多，因此方彝的用途也應該與守宫匜相類。但方彝沒有流，不能直接倒酒。

蓋方彝有甲乙兩種，但只有乙器内分有兩個格子。可能首先使用有格子的一件盛放兩種液體，然後把液體放入沒有格子的一件中進行勾兑。方彝内一般沒有格子，但這種格子應該是爲了分别裝鬱和鬯。方彝都有可以密封的蓋子，這是爲了保住香味。方彝與漢代的温酒尊有相似之處[68]，如果漢代人給這類器起名，應該是"尊"吧。

圖 84　師遽方彝　　上海博物館藏　　器口 7.6 × 9.8 釐米

6. 觶——奠時用的杯子，也用以給賓客獻酒

自宋代《博古圖錄》以來，束頸、垂腹的小壺形器被叫觶。沒有自名例。我們在第三章已經説明，這類器物中有自名斝、斝等的器，王國維對此有考證，但根據筆者目驗，這件器本身可能是僞作。

這類器形中有帶把手的一種（圖85）[69]。據此應該可以判斷，觶差不多相當於今天的啤酒杯。這類器經常帶蓋。從這一點看，根據我們在上文中考證的所謂卣、匜、盉、方彝等類推，觶也可能用來盛放香味濃厚的鬱鬯。因爲，即使是香味濃厚的酒，如果在倒入杯中後馬上喝乾的話，也不需要蓋子。那麼是什麼禮在把鬱鬯倒入杯子後很長時間不喝？那就是奠，奠禮中使用斝和角——需要注意的是，此"斝"和"角"不是今日我們用這個名稱稱呼的器物。下面説明這是怎樣的情況。

《周禮·春官·鬱人》云：

圖 85　帶把手的觶　　高 12.5 釐米

---

[65]　第一編第三章第二節之三（3）方彝條。
[66]　陝西省博物館、陝西省文物管理委員會 1960:55。
[67]　這種缺口只要有一個就夠了吧。這件器卻有兩個缺口，是出於美觀上的考慮，還是真的將兩把枓插在裏面？目前不清楚。
[68]　林 1976，5—125。
[69]　此外還有 Watson, 1963, Pl. 15a, 陳、松丸 1977，A555。

> 大祭祀，與量人受舉斝之卒爵而飲之。

大祭祀指宗廟的祭祀。這句話的意思是，如果是宗廟的祭祀，鬱人和量人一起接受"舉斝"之卒爵，喝乾斝中的酒。關於這個"舉斝"，鄭玄云：

> 斝，受福之嘏，聲之誤也。

鄭玄説斝的意思是受福之嘏，由於讀音相同誤寫了字，但這個解釋是錯誤的。有不少注釋者指出，此"舉斝"即《禮記·郊特牲》所見的"舉斝角"[70]。在宗廟的祭祀中，尸進入室内，把擺放在室内的斝（天子之禮）或角（諸侯之禮）拿起來，這就是"舉斝角"。尸在拿起斝或角之後只嘗一點，並灑一點酒在地上，然後又放下杯子，進入下一個禮節，杯子則一直擺放着。如果是天子之禮，給尸獻九次酒，最後太子喝酒。《周禮·鬱人》的意思是，鬱人和量人一起喝乾太子剩下的酒[71]。關於宗廟祭祀中舉行的幾個禮節的先後順序，學者之間有不同的看法。至於什麼時候奠斝或角，孫詒讓認爲，是朝踐之後，薦熟之時，在室内準備食器，此時祝酌酒於斝或角中，奠之於鉶南[72]。

奠時酌於斝或角中的酒應該是鬱鬯。鬱人是在祭祀或接待賓客時準備鬱鬯的官。這裏鬱人負責處理的酒不可能與他的職掌無關。

我們不知道從酌酒到太子喝酒大概有多少時間，但既然這兩者中間有好多禮節，其時間應該不短。對這個斝或角的用途而言，要有能夠密封器口的蓋子。光憑這一點，今日稱爲觶的器就很合適。

我們在上文中引用了典籍記載作説明，鬱鬯也獻給賓客。在《周禮》中，做這項準備的人同樣是鬱人。在接待賓客的場合，應該不需要設想使用與剛才的奠禮不同的杯子。在接待賓客時，酌酒後不會放很長時間，因此不需要蓋。觶中有不少沒有蓋的器，這種觶可以理解爲接待賓客用的。

7. 盉、匜及盤——用鬯或鬱鬯洗淨身體，或用水盥洗

我們在（4）匜、盉條中説盉、匜用於裸禮，但它們如果和盤一起使用，便是用來盥洗的。也就是説，在舉行重要的禮節之前，用這些器洗手。銘文中明言作盥匜的現象，據目前所知，始於春秋中期後半，如子叔嬴匜、公孫訇匜等[73]。洗手時的使用法如《儀禮》所記[74]，是用匜澆水於手，把盤放在下面承水。因此，如果盤和匜成套，它們很有可能是洗手用的。其中屬於比較早期的例子有毳匜和盤[75]，從器形看，其時代屬於西周晚期前半。它們是可以看作用於洗手的盤、匜中最早的例子。

鬱鬯是最貴重的酒，而盉、匜本是在祭祀、饗宴中用以做鬱鬯的器。這種器物爲什麼後來用以洗手了呢？

關於這個問題，筆者曾經設想如下[76]。《周禮·鬱人》云：

> 凡裸事沃盥。

---

[70] 孫詒讓1905，這一條的正義。

[71] 在此所述之事，如果不了解宗廟祭祀的程序，恐怕難以理解。關於祭祀的大致程序，筆者曾經撰文作過解説（林1980，補注），在此不重複。

[72] 同注[70]。

[73] 梅原1959—1964:4，第340器。湖北省博物館1972a，圖二。

[74] 川原1973—1978：六，公食大夫禮，141—142頁。

[75] 容庚1936，圖98。

[76] 林1980:18—20。

也就是説，每次舉行祼禮，鬱人都負責給人沃（澆水）和盥（洗手）。孫詒讓在這條經文的正義中指出，根據《少牢》和《特牲饋食禮》，尸與主人、主婦之盥的方法不同。如果是主人或主婦洗手，用罍儲水，用枓挹取其水洗手；如果是尸洗手，讓人用匜澆水，用盤承廢水。在《周禮》中，尸、王和王后用後一方式洗手[77]，也就是説，尸、王和王后受特別待遇，有人給他們用匜澆水。

在此讓人想到的是《周禮・鬯人》中所見的鬯的用法。鬯可以用來洗淨王和王后的屍體，還有王在齋戒時用它來沐浴。《周禮・鬯人》云：

> 大喪之大渳，設斗，共其肆鬯。

這句話的意思是，在大喪（王及王后的喪）之大渳（洗屍體）時，鬯人準備斗，並提供肆用的鬯。其注云：

> 斗，所以沃尸也。肆尸以鬯酒，使之香美者。

也就是説，斗是沃尸用的。用鬯酒肆尸是因爲讓屍體香美[78]。

《鬯人》接着云：

> 凡王之齊事，共其秬鬯。

這句話的意思是，在王齋戒時，提供其秬鬯。其注云：

> 給淬沐。

也就是説，秬鬯是淬沐（洗淨身體）用的。可見，洗淨屍體、王在齋戒時洗淨身體，都用鬱鬯或鬯。

《鬯人》又云：

> 凡王弔臨，共介鬯。

這句話的意思是，如果王到臣下家裏弔喪，提供其介的鬯。鄭司農云：

> 王行弔喪被之，故曰介。

根據這個解釋，此鬯酒是在王弔喪時給王灑的。孫詒讓認爲這是爲了避穢濁，這個解釋比鄭玄的解釋好[79]。

根據以上的記載可知，當時的人們相信鬱鬯和鬯有洗淨污穢、禳除不祥的作用。既然如此，雖然禮書中没有記載，但用鬱鬯或鬯洗淨祭祀的主角們之手，應該可以説是很自然的事吧。若果真有這樣的禮節，其禮節應該使用鬱鬯的容器中有流的匜。由於某種原因後來用水作洗淨，但匜仍然使用，最後變成專門用於盥洗的器。筆者認爲這就是當時的實際情況。

二、盛醴之器

醴是甜酒之屬。禮中使用的甜酒有《周禮・天官・酒正》所見的五齊。此五齊原料相配合（齊）的比例不同，如果按照從稠糊到清澈的順序列舉，是泛齊、醴齊、盎齊、醍齊、沈齊。但這五種酒分別在什麼祭祀的什麼場面使用，禮書中沒有系統的記載。醴在《儀禮・士冠禮》等文獻中出現很多次，但《周禮・春官・司尊彝》"六彝六尊之酌"條只提到五齊中的醴齊、盎齊兩種而已。鄭玄在此加注，根據經文列舉的順序，認爲在四季舉行的宗廟祭祀中，鬱齊用於祼；鬱齊之次列舉的醴齊用於祼後的朝踐及使用同一件尊的朝獻；醴齊之次列舉的盎齊用於朝踐後的饋獻及使用同一件尊的再獻[80]*。此外崔靈恩、賈公彥也討論五齊的用法之別，但孫詒讓說"經無見文，未知是否"[81]，因此我們也不求甚解。

圖86　伯庶父壺
臺北故宮博物院藏　高 33.5 釐米

1. 壺——盛醴的容器

盛醴的容器中，在銘文中能夠找到根據的是壺。容庚列舉了銘文中說"醴壺"的例子（圖86）[82]，據此可知這些器物被用爲盛醴的容器。

2. 觚、觚形尊——飲醴的杯子

歷來稱爲觚的器，器口像喇叭那樣敞開，器體細長，有喇叭形圈足，其敞開程度比器口小（圖87）。我們在第三章中說明，其命名來自宋代的《考古圖》。《考古圖》說，此器的器口可以容納二爵，而古籍中有爵一升、觚二升的說法，因此此器是觚。這個理由很不靠譜，目前不明這類器當時叫什麼。

這種所謂觚，看商代中期的器，器口敞開得不大，其形狀比較適合於杯子。但到了商代晚期，器口敞開的程度變得很極端，如容庚所指出[83]，由於器腹很小，容量不大；由於口侈，飲酒時很

圖87　觚　高 25 釐米

圖88　拿着觚或觚形尊的
人物的圖像符號　原大

---

〔80〕 孫詒讓 1905，鄭注 "凡此四者，祼用鬱齊，朝用醴齊，饋用盎齊，諸臣自酢用凡酒" 條正義。

〔81〕 孫詒讓 1905，鄭注 "唯大事與大廟備五齊三酒" 條正義。

〔82〕 容庚 1941：上，443†。除了容氏引用的例子外，還有陝西周原考古隊 1978，圖十四。

〔83〕 容庚 1941：上，401。

---

* 譯按：林先生在此試圖盡量用簡單易懂的話說明《司尊彝》、鄭玄注及孫詒讓正義的意思。但把林先生的說明譯回中文後，恐怕反而不好理解。所謂"四季舉行的宗廟祭祀"指經文中的春祠、夏禴、秋嘗、冬烝，每次祭祀進行九獻：祼（始獻二獻）、朝踐（三獻四獻）、饋獻（五獻六獻）、朝獻（七獻）、再獻（八獻九獻）。孫詒讓正義的原文是："以上文時享九獻之次差之。二祼用鬱齊，故此經亦首鬱齊。祼後三獻四獻爲朝踐，此鬱齊後次醴齊，當爲朝踐所用，而七獻之朝獻，與朝踐尊相因，則亦同用醴齊可知也。朝踐後五獻六獻爲饋獻，此醴齊後次盎齊，當爲饋獻所用，而八獻九獻之再獻，與饋獻尊相因，則亦同用盎齊可知也。"

† 譯按：當是 433 頁之誤。

容易四溢，作爲酒杯很不合適。筆者在上文中指出，這類器雖然不適合飲酒，但如果盛放的是用匙子（柶）挹食的稠糊的甜酒，即使器口極大，用它來吃也没什麽不方便[84]。《儀禮‧士冠禮》云：

> 冠者即筵坐，左執觶，右祭脯醢，以柶祭醴三，興。筵末坐，啐醴，建柶，興。

圖像符號中有如圖88的一種，由拿着瓠形尊形器坐的人和井字形構成。其瓠形尊形器上插着一件東西，其形狀似可看作匙形。此符號象的應是《儀禮》所謂"啐醴建柶"形。商代中期的器形比較適合飲酒，到了晚期口緣變得極大，很難用嘴喝。這可能是因爲這類器後來不是用來喝液體的，而是專門用來盛放甜酒，並用匙子（柶）從中挹食的。

有一類我們叫瓠形尊的器，其形狀像是既大又粗的瓠（圖89）。没有自名例，"尊"這個名稱也沿用《博古圖録》的命名，但這個命名恐怕不對。因爲漢代所謂的尊是鉢形或圓筒形容器，與歷來稱爲尊的器完全不是一個系統的[85]。

此瓠形尊雖然個兒很大，但也可以認爲是酒杯之類。因爲有一些瓠形尊器腹有把手，像是扎啤杯（圖90、91），據此可以推測瓠形尊有酒杯的用途。瓠形尊的口緣和瓠同樣侈大，説明瓠形尊也盛放稠糊的甜酒，用柶舀取它吃。但與瓠不同的是瓠形尊的器腹很粗。因此，如果尊腹有把手，像上引《士冠禮》那樣左手拿瓠形尊，右手拿柶舀取裏面的醴，也不容易從手中滑掉。

圖89　瓠形尊　　　　　　　圖90　有把手的瓠形尊　　　　圖91　有把手的瓠形尊
泉屋博古館藏 高 27.3 釐米　　　　高 32.5 釐米　　　　　　　　高 23.7 釐米

3. 柶——舀取醴並把它放入杯中的勺子，挹食醴的匙子

柶是細長的薄板狀匙子[86]。青銅柶雖然有如圖92的例子，但出土例不多。骨柶則有不少商代晚期的例子（圖93）。没有自名例。如第三章所引用，羅振玉將殷墟出土的一件骨製品當作柶。他推測，匕和柶都是挹取器，但匕是攪拌肉用的，因此其頭部應該尖鋭；柶是挹取鉶中的湯中食物和醴用的，因此它應該是目前出土的挹取器中寬頭的器[87]。凌純聲介紹江南地區的賣酒釀的風俗，説客人用小竹匕挹食酒糟，正與今日吃紙杯中的冰淇淋時使用的小木匙相似；然後指出中國古代的酒中也有像醴那種用柶挹食的酒。圖94是凌氏也引用了的器物，從形狀和大小（長度爲 15 釐米，端部的寬度爲 1.7 釐米）看，這類器很適合於這個用途。

---

[84]　第一編第三章第二節之四（2）瓠條。
[85]　第一編第三章第二節之三（1）尊條。
[86]　第一編第三章第一節之三（2）柶條。
[87]　第一編第三章第一節之三（2）柶條。

釋。但禮書經文中没有記載，孫詒讓説他們的解釋只不過是推測[92]，所以在此不引用。關於使用"酒"的場面，《周禮·酒正》列舉王之飲酒、祭祀、接待賓客、燕飲、宴請孤兒和老人、給官員賜酒等。

1. 罍——盛酒的容器

圖96　罍　高38.4釐米

罍是一種壺，形制如圖96。根據自名例可知，這類器當時用"罍"字或"䍲"字表示[93]。

宗廟祭祀中，罍在再獻時，由王、后、尸以外的祭祀參加者使用。《周禮·司尊彝》云：

其再獻用兩山尊，皆有罍，諸臣之所昨也。

鄭玄注云：

諸臣獻者，酌罍以自酢，不敢與王之神靈共尊。

也就是説，諸臣向尸獻酒，然後酌罍中的酒自酢，不敢和王之神靈共用尊中的酒。

罍中的酒有時不直接挹取喝，而首先移到小瓶子中，然後再挹取喝。《詩·小雅·蓼莪》云：

缾之罄矣，維罍之恥。

這一句證明，罍中的酒首先要移到小瓶子中。

罍中不僅盛普通的酒，有時候也盛秬鬯。《周禮·鬯人》云：

凡祭祀，社壝用大罍。

也就是説，如果在社的神壇舉行祭祀，用大罍盛鬯。這個祭祀與宗廟的祭祀不同，不舉行祼，只放置酒[94]。

《儀禮》中，盛洗手用的水的器也稱爲罍。例如《少牢饋食禮》云：

司宫設罍水于洗東，有枓。

蔡侯器中有自名盥缶的器，形制類似於罍。墓中出土了兩件，其中一件在出土時内有一只没有柄的小碗形器[95]。《儀禮》所説的罍可能指這種器。

罍和下文介紹的壺有自名器，據此可知周代用這些器名稱呼它們。也就是説，兩者都有盛酒器的用法。雖然如此，如表5所示，罍和壺在商周時代的墓葬中爲成套出土。據此可知，這兩種器雖然同是盛酒器，但其用法應該有區别。然而其用法有什麽區别，目前無法得知。

---

〔92〕 孫詒讓1905，《酒正》"辨三酒之物……"注"清酒，祭祀之酒"的正義。
〔93〕 本書第一編第三章第二節之三（5）罍條。
〔94〕 《周禮·小宰》"凡祭祀，贊王幣爵之事、祼將之事"注云："唯人道宗廟有祼，天地大神至尊不祼，莫稱焉。"參看這條注的孫詒讓正義。
〔95〕 安徽文管會等1956，圖版拾貳，2；9頁。

2. 壺——盛酒的容器

容庚[96]所引西周晚期的叟季良父壺云：

> 叟季良父作敉始奠壺，用盛旨酉（酒），用享孝于兄弟婚媾諸老。

《詩·韓奕》云：

> 清酒百壺。

據此可以證明西周時期壺是盛酒的容器。

放置壺類容器舉行飲酒禮的場景見於春秋晚期偏晚到戰國早期偏早（大約公元前五至前四世紀）的青銅壺的畫像紋。這是爲了解器物具體用法的很好的參考資料，所以在此引用一下：

圖 97　青銅壺畫像紋　北京　故宮博物院藏　原大

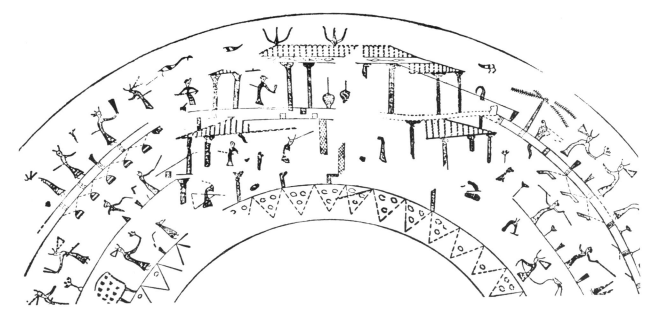

圖 98　青銅盤畫像紋　輝縣趙固村出土　2/3

---

〔96〕　容庚 1941: 上，432—433。

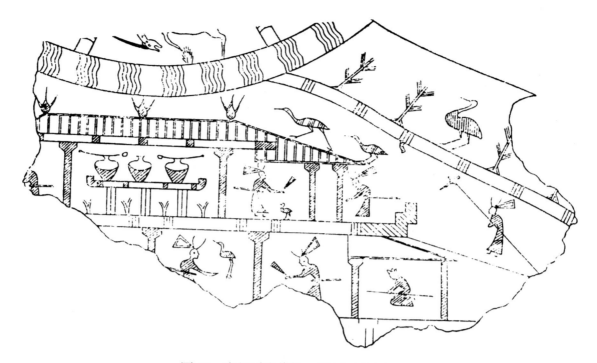

圖 99　青銅匜畫像紋　長治分水嶺出土　2/3

圖 100　青銅匜畫像紋　陝縣后川出土

圖 101　青銅橢杯畫像紋　上海博物館藏　1/1

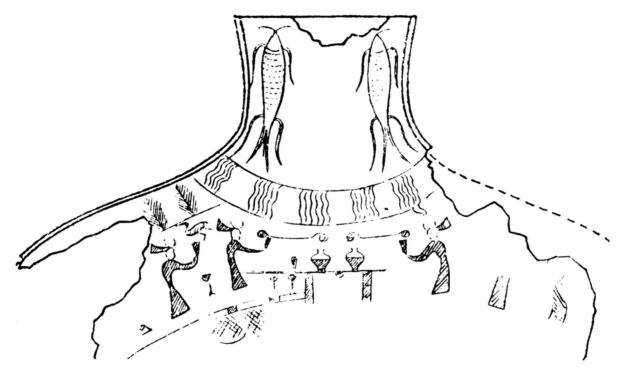

圖 102　青銅匜畫像紋　長沙黃泥坑出土　7/10

圖 103　青銅壺畫像紋

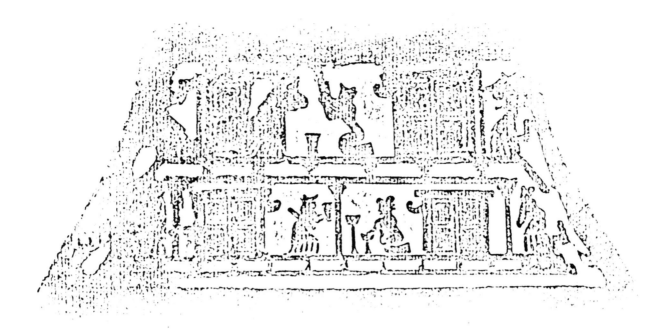

圖 104　青銅鈁畫像紋　臺北　故宮博物院藏　1/1

圖 105　青銅鑑畫像紋　汲縣山彪鎮出土　約原大

關於畫像紋中的各個主題，筆者曾經作過詳細的研究[97]。在此只講與壺相關的內容。

圖 97—101 等中，比地面高一些的土臺上建宮殿，兩根柱間放置兩件或三件壺形器。圖 99、100 中，壺形器口上放置長柄的勺子。圖 97、98 中，長棍狀的東西立在壺形器中，這應該也是插在壺形器中的勺子。因爲，圖 97 中有一個人右手拿着這個長棍狀物，左手拿着倒圓錐形的小杯，可以看出他是要酌酒的。

圖 97、99、100 等中，壺形器放在高足桌上，而圖 101 中不見這種東西。這應是《儀禮·鄉飲酒禮》所見的如下場景：

尊兩壺于房戶間，斯禁，有玄酒，在西。……加二勺于兩壺。

---

〔97〕 林 1961—1962。

此句的意思是，把兩壺放置在房與戶之間，使用斯禁，有玄酒，放在酒的西側。此所謂的"房戶間"，根據張惠言《儀禮圖》，如果從正面看堂，是兩楹間靠東的地方。畫像紋中的兩根柱是東西兩楹，其中間是堂[98]，如果把兩壺放在其靠東的地方，這正是圖97的場景。《儀禮》中所見的"斯禁"是承放壺等器物的盤。根據鄭注，斯禁是無足的，直接與地面接觸。畫像紋中所見的承盤既然有足，那是普通的禁。

我們看這些畫像紋中的壺形器。圖97中所見的器，口部侈大，腹部的最大徑在正中間。目前可知的青銅器中沒有器口這麼侈大的，但畫像紋中的器可能是器口上帶花瓣狀裝飾的那種，如汲縣山彪鎮一號墓出土的那件[99]。山彪鎮出土的器是當時稱爲壺的形制[100]。可以想像，上引《儀禮》所講的放置兩壺的場景當如圖97所示。

圖99、102等中所見的器，頸部細短，肩廣，下腹收小，其形制與上面的"壺"明顯不同。這種形制的器不見於青銅器中，可能是漆器。凌廷堪早已指出，在禮書中，尊彝一般使用木製品[101]。這些畫像紋中的器，如果器體再矮一點，就成爲同時期的罍，如圖106。三門峽市上村嶺出土的方罍[102]，其時代屬於戰國中期偏晚，比畫像紋的時代晚，器內有一件科。如圖107所示，柄部從器口突出來。這應是如圖97、98所見的那種傳統。我們在上一項已經指出，王、后、尸以外的祭祀參加者酌酒時使用罍。那麼圖99、102等中所見的器可能是罍，因爲它們是木製品，其形制與青銅器有所不同。

圖106　罍　高 29.1 釐米

圖107　方罍　三門峽市上村嶺出土　通高 32 釐米

3. 倒圓錐形杯＝爵、觚、觶、角、散之類——飲酒杯

上引的畫像紋中，飲酒用的是倒圓錐形杯。圖99中，禁下陳放着東西，其形狀有點像有兩片葉子的禾本科草。圖100中，這個東西則擺在禁上，周圍的人手裏拿着這個東西。這當是用斷面形狀表示的倒圓錐形小杯。用斷面形狀表示容器的手法，例如圖101中的罍也使用。圖101中，有人從罍的另一邊往拿着倒圓錐形杯的人伸出勺子。這是酌罍中之物，把它倒進倒圓錐形杯中的場景。圖103中，有人背着承壺的禁，把那個東西遞給坐着的人，這也是把酌滿酒的杯子遞給人的場景。圖97中，授受杯子的兩個人都是站着的。圖104下段的場景是，有人把已經酌滿酒的那個形狀的杯子給坐在豆前的

---

[98] 林 1961—1962：（一），34—44。
[99] 郭寶鈞 1959，圖版拾肆、拾伍。花瓣形裝飾的中間有蓋子，舀取裏面裝的酒也不用拿掉這個裝飾。
[100] 林 1964:253，圖 175。
[101] 《禮經釋例》器服之例上（《皇清經解》：794，181 葉）。
[102] 河南省博物館 1976:52。

人。此畫中的杯子比其他畫中的杯子粗矮。可見這種細長的倒圓錐形杯是製作這些畫像紋的公元前五至前四世紀時飲酒禮中使用的主要道具。

　　這些畫像紋中所見的這種形狀的杯子現在能看到嗎？圖99中所見的那麼細長的杯子，在目前可知的考古遺物中找不出來。但上引的畫像紋中也有比較粗矮的那種，如圖104上段中央陳放在兩個人物之間的器。下段中央，柱子左邊的人手裏拿的杯子與此相類，但上段的比下段的還要粗。這些器下腹收小，其形制讓人想起商代中期的觚。圖105上段中央的飲酒場景中的杯子，與圖104中的杯子相比，足部敞開得大。但此圖畫得不太好，而且我們目前只能看到摹本，根據此圖討論足部的敞開程度等細微的特徵是很危險的。

　　現在討論的杯子中，如上所述的較粗的那種，在考古遺物中不是没有。圖108是長安張家坡出土的成套青銅器中的一件。從花紋看，時代屬於西周晚期。張家坡還出土了帶一個或兩個把手、器體相同的器（圖110、111）。

圖108　筒狀的青銅杯

長安張家坡出土　高 13.6 釐米

圖109　筒狀的青銅杯

高 13.6 釐米

圖110　帶把手的筒狀青銅杯

長安張家坡出土　高 13.3 釐米

圖111　帶把手的筒狀青銅杯

長安張家坡出土　高 12.2 釐米

圖 112　帶把手的筒狀象牙杯

安陽殷墟 5 號墓出土　高 30.3 釐米

圖 113　帶把手的筒狀大理石杯　高 9.5 釐米

圖 114　帶把手的筒狀玉杯

Courtesy of the Fogg Art Museum, Harvard University, Bequest-

Grenvill L. Wintrop　高 13.5 釐米

圖 116　帶把手的筒狀黑陶杯

Museum für Völkerkunde　高 28 釐米

圖 115　帶把手的筒狀黑陶杯

Seattle Art Museum　高 17.5 釐米

　　過去發現的遺物中有一件與圖110器同樣帶着一個把手的大理石杯（圖113），此器據説是安陽出土。從把手的雕刻看，當是商代之物。器體呈上下稍微侈大的筒形、器側有一個把手的杯子從殷墟5號墓出土了兩件，但其器體比其他的器高很多（圖112）[103]。此杯是象牙製品，鑲以綠松石，把手上部是帶長冠羽的鳥形。

　　也有與圖111相似的玉杯，腰部有一條突帶，兩側有頗具裝飾性的大把手（圖114）。器體的形狀與西周晚期的張家坡出土品很相似，但器側的鳥形裝飾是戰國時代的。把手的鳥，嘴裏含着像小玉一樣的東西，站在向下前方彎曲的自己的尾羽上。這種鳥亦見於戰國時代的瓚（圖75）。漩渦形的軀幹和尾巴是鑽磨扁平的玉料而作的，這種手法見於燕下都發現的戰國末期槨飾石板[104]。此外，還有帶這種鳥形飾的黑陶杯，見圖115、116[105]，其重波紋、渦紋可以看作是公元前五世紀左右的特色[106]。但圖115相較圖114有一些細微的區別，前者腹部和足部都呈圓筒形，沒有圈足。

　　時代屬於商代、西周時期、戰國時期的，帶有裝飾性很強的把手的杯子，除了以上引用的幾例，目前沒有發現其他的例子。這可能是因爲這種杯子一般用木材等容易腐朽的材料製作的緣故。至於沒有把手的圖108、109的器，目前只發現西周時代的這兩例，但形制與此相似的杯子見於圖104、105的畫像紋。這個畫像紋既然是裝飾，畫中的場景，包括其中出現的小道具，應該都是當時極其普通的衆所周知的東西，而不可能是很少見的特殊物品。也就是説，通過這些畫像紋可以知道，這種形制的杯子在公元前五至前四世紀飲酒禮中使用得非常普遍。由於這些杯子是用容易腐朽的材料製作的，故遺物本身沒有留存下來，但這些畫像紋可以證明圖108、109所示的這種器形從西周時代到春秋末、戰國初一直在使用。圖110、111和圖114—116的器也與此相同，可以推想製作這種形制的器的傳統一直存在。圖108、109及圖104器的形制只是從圖114的器拿掉把手而已，我們應該可以推測這種器也到戰國末期還一直存在。

　　下面看古籍中所見的酒杯。《儀禮》等禮書中出現爵、觚、觶、角、散等名稱，凌廷堪指出，有時候用“爵”總稱這些器[107]。關於這些器的區別，《韓詩外傳》從容量的角度下定義：

　　　　一升曰爵，二升曰觚，三升曰觶，四升曰角，五升曰散。[108]

圖117 《新定三禮圖》的玉爵

至於這些器的形制，沒有任何説明。
　　這些器物中，爵的形制在《説文》中有若干記載：

　　　　𤔔，禮器也。象爵之形，中有鬯酒，又持之也。所以飲器。象爵者，取其鳴節節足足也。𤓷，古文爵，象形。

這句話的意思是：“爵是禮器，此字象爵形，爵裏有鬯酒，‘又’表示拿這件器。此字象爵形是採用了爵的喣聲節節足足（有節制，知足）的特徵。𤓷是

---

〔103〕　中國社會科學院考古研究所安陽工作隊1977:90。
〔104〕　河北省文化局文物工作隊1965，圖一九。
〔105〕　劍橋大學菲茨威廉博物館（Fitzwilliam Museum）的藏品中也有形制與此相似的器物。
〔106〕　在帶有與此相似的暗紋的陶器中可知年代的例子有鄭州二里岡215號墓出土陶器（河南省文化局文物工作隊1959a，圖版貳壹）。其器形大致類似於中州路第四期的器，時代是公元前五世紀。
〔107〕　《禮經釋例》器服之例上。
〔108〕　《儀禮·士冠禮》“側尊一甒”疏所引。

古文爵，象形。”也就是説，《説文》認爲爵是象爵鳥形的器。聶崇義在《新定三禮圖》卷 14 玉爵條中引用的漢代梁正、阮諶的《圖》云：“爵尾長六寸，博二寸，傅翼，方足，漆赤中，畫漆雲氣。”這個説法也與《説文》相同，認爲爵這個器象叫爵的鳥的形狀。除此玉爵外，卷 12 的爵條也簡略地引用此漢代的《舊圖》。此卷 14 玉爵條、卷 12 爵條所載的圖都是背着碗狀杯的鳥下加圓錐形足的形狀（圖 117、118）。這個形體只是鳥背着杯子而已，與 “象鳥形的杯子” 有一些距離。不管怎樣，認爲 “爵是象爵鳥形的器” 的人想像的爵是這種形體的。這一點應該是事實。

圖 118　《新定三禮圖》的爵、觚、觶、角、散

然而聶崇義的看法與此不同。《新定三禮圖》玉爵條云：

　　　臣崇義案《漢書·律曆志》説斛之制，口足皆圓，有兩耳，而云 “其狀似爵”。又案《士虞禮》云：“賓長洗繶爵，三獻尸。” 鄭云：“繶爵，口足之間有篆飾。” 今取《律曆志》嘉量之説，原康成解繶爵之言，圖此爵形，近得其實。

但不知爲什麼，《新定三禮圖》没有按照這個解釋畫圖。玉兆芳《釋爵》在這個説法的基礎上畫出爵的圖[109]，如圖 119。如果聶氏根據自己的解釋畫圖，可能與此差不多[110]。

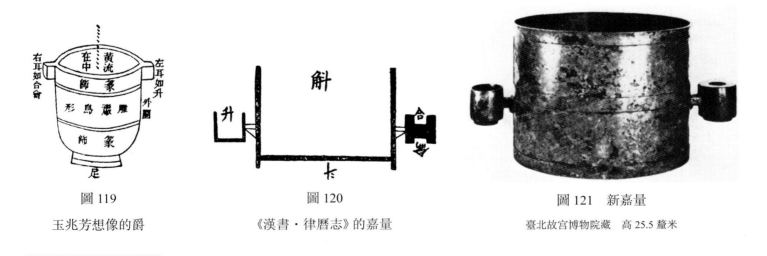

圖 119
玉兆芳想像的爵

圖 120
《漢書·律曆志》的嘉量

圖 121　新嘉量
臺北故宮博物院藏　高 25.5 釐米

---

〔109〕　丁福保 1932，爵條所引。
〔110〕　謝恩灝《釋爵》（亦見丁福保 1932，爵條）的解釋與聶崇義相同。他也反對程瑤田的解釋，即古典中所謂爵是現在一般稱爲爵的三足有柱的青銅器。他還指出古典中所謂爵的足是圈足。

與 "俗" 相對的 "聖"[131]。或許可以考慮此柱的功能是象徵性的。也就是説，爵裏的酒有時用於裸等，當時的人要用柱上的 "囧（明）" 紋保持酒的神聖性[132]。

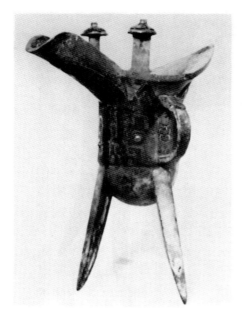

圖 124　爵　高 20.5 釐米

圖 125　有蓋爵　高 23 釐米

圖 126　匜　藤田美術館藏　高 33.5 釐米

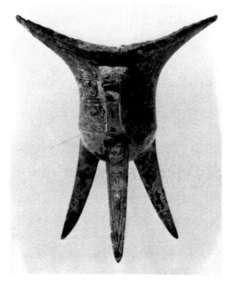

圖 127　角　高 13.8 釐米

2. 所謂角——用法不明

　　所謂角是類似於所謂爵的、帶把手的三足小型容器（圖 127）。這個命名來自《博古圖録》[133]。至於古籍中所見的角本來是怎樣形制的器，上文已經講過了。此器的形狀與所謂爵很相似，但沒有流和柱。也有帶蓋的，其形狀像雀或燕類小鳥張開翅膀的樣子。出土例不多，這一點與所謂爵不同。以爵類推，此器也可能用以溫酒。但因爲此器沒有流，其用法肯定與爵不同。用此器加熱的酒是怎麼使用的？是用小勺挹取的嗎？目前只能説用法不明。

3. 所謂斝——可以挹取溫酒的尊（？）

　　所謂斝是有三根鬲狀或爵狀足（有時四足）、有把手、口緣上有兩根柱的器（圖 128）。這個命名來自《博古圖録》[134]。至於古籍中稱爲這個名稱的器本來是怎樣形制的，上文已經講過了。從足的形狀和有柱這一點看，這類器與所謂爵應該有親屬關係。據此可以推測這類器也是在儀式中溫貴重的酒用的，但比所謂爵大很多。此器沒有流，用此器加溫的酒應該是用料或瓚挹取的。我們認爲此器兼備溫酒功能和盛酒器的尊的功能。

圖 128　斝　高 73.5 釐米

[131]　林 1963:7—11。
[132]　上山 1981:186—187。
[133]　卷 16，16 葉。
[134]　卷 15，11 葉。

第四節　禮器組合的時代演變與禮的變遷

一、隨葬禮器的資料性質

我們的研究對象之禮器大都是墓葬或窖藏出土的。我們不僅把這些青銅器單獨拿出來作研究，還着眼於這些青銅器幾件同時出土這一點，把它們看作同出的成套器物，研究器物的組合和數量的差別所具有的意義，以及時代演變的意義。我們在這一節將出土青銅器當作這種資料使用，但在此之前，我們有必要考慮同時出土的青銅器具有怎樣的性質、其製作的緣由如何。

在墓葬和窖藏這兩者當中，後者在陝西省的渭水盆地發現了不少例子。因爲青銅器在小坑中堆積得很雜亂，有些學者認爲這些青銅器在西周晚期的厲王出奔或平王東遷時倉卒埋入地窖中，後來沒有機會回來，一直留到今日[135]。此説很有可能是對的。如果此説不誤，這些窖藏青銅器有可能是匆忙地湊集過來的幾套，其組合或許有所取捨。因此，我們不能只是因爲這些青銅器是一個地方發現的，就認爲它們當時構成一套使用。

1. 生前使用品或其模型的隨葬

那麼墓葬出土的青銅器呢？在此作一個極端的假設。例如今天日本的葬禮，殯儀館在棺材的周圍加以裝飾。如果青銅器也是這種與葬禮以外的社會生活毫無關係的傳統的東西，作爲研究墓主生前生活的資料便不合適，我們只能在研究葬禮時使用。如下所述，商代墓葬出土的陶爵、陶觚等器物是專門爲葬禮使用的。雖然存在這種器物，但我們認爲，總的來説，先秦秦漢時代墓葬的隨葬品和生者的使用品没有太大的差別。這個問題，筆者在討論燕下都16號墓出土的陶製明器時討論過[136]，在此從不同的角度對這個問題進行討論。

《儀禮》中，隨葬品叫遣[137]。衆所周知，近年，把遣的名單寫在策（竹木簡）或牘（長方形木板）上的東西在幾座西漢墓中發現，與這些名單相對應的模型[138]或實用品[139]也同時發現。筆者曾經注意過一個現象[140]，這些墓葬都在楚文化地區，其位置相距不遠，時代也都屬於公元前2世紀中期到晚期，但其遣策中列舉的物品種類的精粗卻有差異。例如馬王堆1號墓遣策，食品的説明非常細緻，僅就羹一項看，已經有24種，其具體材料也一起記録，其内容頗有現實感[141]。再看鳳凰山167號墓遣策，僕人的記載很詳細。當時的人顯然認爲這些遣策中列舉的東西是墓主生前使用的，或生活中理所當然地需要的東西。關於僕人，馬王堆3號墓的遣策中記録男子676人、女子180人，也有明細。這個事實讓我們相信，這些遣策中所見的人員反映着墓主生前的僕人的規模。總之，西漢時代的"遣"的意思是把墓主的財産、隨身物品、僕人等生前使用的東西隨着屍體送到黄泉，這一點毫無疑義。

這個觀念在時代更早的春秋時代也存在。春秋晚期的臨淄郎家莊1號墓主室的周圍發現了17座陪

---

[135] 陝西省博物館、陝西省文物管理委員會 1963:5—6。

[136] 林 1980:29—42。

[137] 《既夕禮》云："書遣于策。"鄭注云："策，簡也。遣猶送也。謂當藏物茵以下。"

[138] 這種器物叫明器。《禮記·檀弓下》云："孔子謂爲明者知喪道矣，備物而不可用也。……其曰明器。神明之也。"

[139] 例如長沙馬王堆一號墓出土的漆器中寫"軑侯家"的具杯盒、案等顯然是墓主人生前使用的東西（湖南省博物館、中國科學院考古研究所 1973:95—96）。

[140] 林 1980，注（2）。

[141] 林 1975:49—50。

葬墓，其中 6 座出土了 20 歲至 30 歲的女性骨架，撰寫報告者認爲她們是墓主生前的後宮姜婢；另外兩座墓的主人是司樂和御者[142]。如這個發掘報告所引，《左傳》中有幾條臣屬或姜婢殉葬的記載。毋庸贅言，這些殉人生前是墓主的人，陪着主人去死後世界的。雖然目前沒有確證，但這個時代的墓葬中作爲隨葬品經常被發現的容器和樂器，也可以理解爲墓主生前的使用品或其模型[143]。

那麼更早的時代如何？寶雞茹家莊的西周中期墓對這個問題的討論很合適。這是相鄰的兩座墓，1 號墓的墓坑内有兩個槨室，M1 乙佔中間的位置，M1 甲位於其西邊，兩者的南北長度相等，但後者的東西寬度比前者窄一點[144]。M1 甲的隨葬品只有帶 "兒" 銘的鼎 5 件、簋 4 件和車馬器 2 件。從其位置也可以看出，葬在 M1 乙的人是這座墓的墓主人，葬於 M1 甲的則是其殉人中地位最高的一個——此外還有五位殉人被埋葬在小坑中。M1 乙出土了許多青銅容器、車、戈等，可見被葬者是男性。2 號墓打破 1 號墓的東北角，隨葬品中沒有兵器。再看 1 號墓和 2 號墓發現的青銅器和樂器，M1 乙出土的青銅器中鋬、盤、鼎、鬲、豆、甗、簋有 "彊伯自作……（器種名）" 的銘文，而卣、觶形尊、方鼎、簋分別有與此不同的銘文，另外還有無銘的罍、壺等。2 號墓出土的青銅器中，獸形匜、鼎、方鼎有 "彊伯作井姬……" 的銘文；兩件鼎雖然銘文不同，但說是彊伯給井姬作的；鬲、簋分別有與此不同的銘文，另外還有無銘的盤。在此值得注意的是，M1 乙出了不少 "彊伯自作……" 銘器，2 號墓出了不少 "彊伯作井姬……" 銘器。報告書說，從遺物可以知道 M1 乙的死者是男性，這個人就是彊伯，而緊鄰 1 號墓的 2 號墓出不少彊伯作的器，其死者當是井姬，井姬就是彊伯的妻子[145]。此說可從。

如果以上的判斷不誤，我們知道了一個很重要的事實。那就是，彊伯和其夫人的井姬都隨葬了他自己作的，或丈夫爲她作的器物。進而推測，不僅從銘文可以知道是自作器或丈夫製作器的這些器物，還有與此同時出土的器物也是彊伯和井姬生前使用的東西。如表 5 所示，茹家莊 M1 乙、2 號墓的隨葬品，如果把自作器或丈夫製作器和其他銘文不同的器、無銘器結合在一起，就形成了西周早期後半到西周中期普遍的器物組合。那麼我們可以推測如下事實：彊伯和井姬在生前除了自作器和丈夫製作器外，還各自收集各種需要的器物，在祭祀、饗宴中使用；這些器物在他們死後原封不動地被隨葬。

至於商代的情況，殷墟 5 號墓給我們提供了很好的材料。這座墓是商代大墓中罕見的發掘時未被擾亂的墓。這座墓出土了 110 件有銘銅器，其中 60 多件器上有 "婦好" 的銘文[146]，因此一般認爲這是婦好墓。衆所周知，婦好在第一期卜辭中出現好多例，是祭祀、軍事等中很活躍的人物。一般認爲以 "婦某" 稱的固有名詞是王的配偶的名字[147]。既然這麼多的 "婦好" 銘銅器從一座墓出土，這座墓的主人是婦好，那麼墓中隨葬的銅器就是她生前鑄刻自己的名字並使用的器。這應該是極爲自然的解釋。

這座墓還出土了通常被釋爲 "司母辛" 或 "后母辛" 的銘文的器（圖 129、130），以及帶 "司橐母" 銘文的器。有些學者，根據這些器物從同一座墓出土這一點，認爲 "婦好" 和 "司母辛" 或 "后母辛"、"司橐母" 是同一個人[148]。但圖 129、130 銘文釋爲 "司母辛" 或 "后母辛" 是錯誤的。我們在補論中指出，這應該理解爲由 "姒" 和 "辛" 構成的符號，"姒" 表示從 "司" 族嫁過來的女性，"辛" 是她所屬的 "物" 的天

---

〔142〕 山東省博物館 1977:99—100。

〔143〕 春秋晚期的壽縣蔡侯墓出土了 81 件有銘銅器（安徽文管會等 1956），除了吳王光鑑外，都是蔡侯騪製作的器（若干件鈕鐘的銘文中蔡侯的名字被鏟去〔安徽文管會等 1956:10〕，但同一套鐘的銘文中也有騪字沒被鏟去的，因此這套鐘的作者器很清楚）。除了這吳王光鑑 2 件、長文銘的尊 1 件、鑑 1 件、鐘和鎛 3 套 29 件外，其他銘文都是 "蔡侯騪之～（器種名）"，那些器顯然是同時製作的。但它們是蔡侯騪生前使用的，還是在他死後爲了隨葬製作的，無法判斷。

〔144〕 寶雞茹家莊西周墓發掘隊 1976，圖六二。

〔145〕 同上注，43 頁。

〔146〕 中國社會科學院考古研究所安陽工作隊 1977:62、92。

〔147〕 這個名字也見於典型的第一期卜辭以外的卜辭，因此婦好究竟是否只有武丁的配偶一位，尚有爭論（例如《安陽殷墟五號墓座談紀要》342—343 頁所見王宇信、裘錫圭的意見）。筆者認爲這是武丁時代的墓，但在此不加以討論。

〔148〕 《安陽殷墟五號墓座談紀要》，341—344 頁。

干名。按照這個解釋，“婦好”之“好”表示的是從“子”族嫁過來的女性[149]，因此婦好和“㚸辛”是出身不同的兩位女性。

如果把“㚸辛”釋爲“司母辛”或“后母辛”，並認爲這是婦好死後的廟號，那麼這種器物只能是爲這個人的祭祀鑄造的禮器。既然這種器被埋葬於死者本人的墓中，只能認爲商代隨葬品的性質與西周以後截然不同。幸好我們不採納這種解釋，不至於此。

最近公佈的洛陽出土的哀成叔鼎銘文爲以上的討論提供很有利的證據[150]。根據趙振華先生的考證，這件鼎的鑄造在公元前372年到前367年之中。趙氏所作釋文和解釋如下：

> 正月庚午，嘉曰：“余𩡧(鄭)邦之産，少去母父，乍(作)鑄飤器黄鑊(鑊)。君既安，叀亦弗其盪(盠)蒦(獲)。嘉是隹(唯)哀成叔，哀成叔之鼎永用禋祀，死(朽)于下土，台(以)事康公，勿或能匄(怠)。”
>
> 正月庚午，嘉説：“我在鄭國出生，少年時代就離開了家鄉。我鑄了炊器黄銅鼎祭祀先君。君父雖已安息，但連瓢也未能獲得。嘉就是哀成叔，哀成叔的鼎永遠用作精誠的祭祀，即使在土底下腐朽，也要用來奉祀康公，不能有所懈怠。”[151]

其中對“叀亦弗其盪蒦”句的解釋可能有商榷的餘地，但其他的解釋基本可從。在此值得注意的是，銘文説製作此器的叫嘉的人成爲哀成叔——從此稱他哀成叔這個諡號。而且銘文還説即使在土底下腐朽云云，可見這件鼎是在銘文中所説的作器者嘉的死後，當作嘉製作的器鑄造的——其後不久隨着嘉的遺體被埋葬。根據簡報，蓋頂有三個近似鳥形的裝飾；鳥目爲穿孔，孔内範泥尚存，説明是新鑄器[152]。所謂的鳥形裝飾指的似是蓋頂上的L字形板狀突起，但從照片無法確認範泥尚存的孔。如果報告者的觀察可信，這説明這件鼎在墓主的死後鑄造，而且鑄造後不久隨着死者被埋葬。

我們從這篇銘文還可以知道如下事實：當時的人設想以哀成叔爲諡號的嘉會在墓中祭祀康公——當然是他的祖先。根據這個設想，在他死後，製作一套青銅器(鼎、豆、鉶、勺各1件)，其中的鼎上刻銘文説這些青銅器是嘉本人製作的，然後隨葬在墓中。

在這裏，重要的是，我們據此可以確認，墓中隨葬的祭祀、饗宴用明器不是供死者飲食用的，而是供死者在死後像生前一樣給祖先舉行祭祀用的；這同時證明，被隨葬的非明器的實用禮器也是爲了墓主在死後繼續生前舉行的祭祀或饗宴而埋葬的。

2. 祭祀、饗宴用器組合的形成

以上討論表明，祭祀、饗宴用的器物不是同時製作整套，其中不僅有自作器或别人給器主製作的器，還經常包括别人爲器主之外的人製作的器[153]——其中有别人贈送的[154]，也有掠奪過來的[155]。或許

---

〔149〕林1968:59。

〔150〕洛陽博物館1981a，圖四。

〔151〕趙振華1981。

〔152〕洛陽博物館1981a：65。

〔153〕有些銘文只寫“作寶隫彝”等，没有寫作器者名。吳大澂云：“陳簠齋藏器有作寶彝三字，疑古之市鬻器也。故無人名。”(吳大澂1896:7，11葉)羅振玉也云：“作寶鼎子子孫孫永寶用，此鼎不言作鼎人名，乃鬻器也。”(羅振玉1930)這種没有作器者名的青銅器是爲了補充成套青銅器而買來的東西，的確不無可能。

〔154〕例如《左傳》桓公二年：宋以郜大鼎賂魯；成公二年：齊以紀甗賂晉，等。阮元在《積古齋鐘鼎彝器款識》序文中云：“鐘鼎彝器，三代之所寶貴。故分器、贈器皆以是爲先，直與土地並重，或以爲重賂。”

〔155〕上注引用的郜大鼎、紀甗是從郜國、紀國奪來的。《周禮・春官》有典庸器一官，掌管庸器(鄭注云：“庸器，伐國所藏之器，若崇鼎、貫鼎及以其兵物所鑄銘也”)。

有人以爲，那些青銅器本來是組成完整一套的，但後來由於一個個地被損壞，或被送給別人，隨之用其他的器補充，結果成爲目前能看到的這種組合。但實際情況似不是這麼回事，在很多情況下，不會一開始就製作整套器物。這一點我們從青銅器銘文也可以知道。

陳夢家曾引用銘文中提到銅器賞賜的例子[156]：

> 史獸鼎：錫豕鼎一、爵一。[157]　　（西周晚期）
> 卯簋：錫……宗彝一。[158]　　（西周中期）
> 曶簋：錫曶宗彝一肆，錫鼎二。[159]　（西周中期）

此外還可以舉如下例子：

> 師毀簋：錫女……鐘一磬五。[160]　（西周中期）
> 公臣簋：錫女……鐘五。[161]　　（西周晚期）

其中卯簋的"宗彝一"是曶簋的"宗彝一肆"即宗彝一套的意思。如果這個宗彝是上文講的廣義的宗彝，周王賞賜的就是一套完整的宗器。其他的例子則都不是完整的一套。曶簋銘文分別記錄宗彝一肆和鼎，可見鼎所屬的齍彝跟宗彝是互相獨立的，但周王似乎沒有賞賜齍彝中的簋[162]。至於其他銘文中的銅器，它們顯然不成套，無需贅言。

另外，松丸道雄先生認爲，如果銘文中說因爲受到周王的賞賜作器，其銘文和器物都是由王室的人來製作的[163]。根據此說，帶這類銘文的青銅器都得看作王室的賞賜品。我們在表7中對這種同銘器作了統計。如表所示，同銘器的組合很固定，其器種只有卣、觚形尊等若干種，要舉行祭祀饗宴根本不夠用。

我們再看一下銘文中所見的幾種器物製作的記載。西周晚期的鄭季盨云：

> 作鄭季寶鐘六、金障盨四、鼎七。

此銘文中的彝器顯然不組成一套。然而函皇父製作器的銘文云[164]：

> 函皇父作琱妘般（盤）盉、奠器：鼎簋一具，自豕鼎降十又（有）一、敦（簋）八，兩鐳（罍）兩壺。

這段銘文説，函皇父製作了琱妘的盤盉和奠器，奠器的内容是鼎簋一套——豕鼎以下十一件和簋八件、

〔156〕陳夢家 1955—1956：（三），68—69。
〔157〕羅振玉 1936:4，23 葉，2。
〔158〕羅振玉 1936:9，37 葉，2。
〔159〕陳夢家 1955—1956：（三），圖 5。
〔160〕郭沫若 1957：圖録，98 葉。
〔161〕岐山文化館龐懷清，陝西省文管會鎮烽、忠如、志儒 1976，圖一八。
〔162〕或許可以考慮這種可能性：因爲這個銘文是鑄在簋上的，所以沒有提到簋。如果是這樣的話，既然銘文中説明其緣由，青銅器的製作必須在王下了賞賜青銅彝器的命令之後。但師毀簋、公臣簋銘文中説賜鐘之事。那麼最合理的解釋應該是，作器者先受到了周王的賞賜，然後另外製作青銅器，在銘文中説明其緣由。
〔163〕松丸 1977:1—44。
〔164〕中國科學院考古研究所灃西考古隊 1965，圖二 :2、圖三。

兩件罍和兩件壺。這個組合與表 5 所示的井姬墓所出青銅器（即西周中期的女性用器一套）一致，可見當時製作了整套器物[165]。

《周禮‧春官‧大宗伯》云：

> 四命受器。

這句話的意思是，第四次受到升官的命令時，接受周王授予的祭器。鄭玄注引用《禮記‧禮運》"大夫具官，祭器不假，聲樂皆具，非禮也" 一句。也就是說，三命的大夫不借祭器（自備祭器）、樂器備齊是非禮的。這就是所謂周公制定的禮，但文物告訴我們的歷史事實與此很不相同。禮書的這些記載與歷史事實相合的地方，最多只在於假設有些人並不具備整套祭器的情況。

3. 帶 "子孫永寶用" 銘文器物的隨葬

（1）"生前使用品或其模型的隨葬" 條的討論說明，商周時代的墓葬中發現的青銅容器和樂器是墓主生前在祭祀、饗宴中使用的。但如果此說不誤，有些銘文的內容讓人困惑，那就是 "子孫永寶用" 句。這類句子從西周早期後半開始出現。例如旗鼎云[166]：

> 子子孫其永寶。

這種器物為什麼違背銘文的囑咐被埋入地中？ 銘文中有這類句子的青銅器被隨葬在墓中的例子現在已經發現了不少[167]。雖然如此，墓中發現的 "子孫永寶用" 銘器物，大多數例子沒有證據證明是墓主之物。只要這件器不是墓主製作的器，如贈送品、掠奪物等，銘文中的子孫就對 "子孫永寶用" 這一句不用負責任，墓主把它們隨着自己的屍骨埋葬應該沒有問題。但也有一些按照這個邏輯說不通的例子。壽縣蔡侯墓出土的 81 件有銘青銅器，如注[143]所說，除了吳王光鑑兩件外，其他器物上的銘文都說是蔡侯▨製作的，這座墓的主人毫無疑問是蔡侯▨。其中蔡侯▨製作的尊和鑑銘文基本相同，其最後一句是：

> 永保用之。

有這一句的銅器竟然在他的墓中隨葬。

此外，雖然沒有上例那麼確定無疑，但下一例也可以看作同類的例子：1975 年，扶風法門寺公社墓出土了一批青銅器[168]，從形制上看，大多數屬於西周晚期[169]。其中或製作的器物有鼎 3、簋 2、甗 1、觶 1、尊 1，此外有銘青銅器有父乙爵 1、矙盉 1、白雒父盤 1，無銘器有瓠壺 1、爵 1、觶 1。從或製作器佔的比例看，這座墓的主人恐怕只能是或。但或方鼎銘文中有 "其子子孫孫永寶用" 一句，這表明，

---

[165]　此外窰鼎也講幾種器物的製作，其銘文云："用為寶器、鼎二、段二。"（羅振玉 1936:10，1 葉）但這是偽刻。例如第一行第五字、第三行第四字等不成字，可見其偽。

[166]　史言 1972:3；圖版伍 :3。

[167]　在此舉若干例：
　　　　其子子孫孫永寶用（叔專父盨，長安張家坡，西周晚期，中國科學院考古研究所灃西考古隊 1965，圖二 :2、圖三）
　　　　子子孫孫其永用之（曾子中□瓶，新野城關鎮，春秋早期，鄭傑祥 1973，圖二）
　　　　子子孫孫永保是從（臧孫鐘，六合程橋，春秋晚期，江蘇省文物管理委員會、南京博物院 1965，圖八——一）

[168]　羅西章、吳鎮烽、雒忠如 1976:51—54。

[169]　矙盉、瓠壺是西周中期之物。

西周晚期（此例是晚期偏早）作器者所鑄“其子子孫孫永寶用”銘文的器物確實有時候隨葬在其本人的墓中。那麼“子孫永寶用”這類句子當時被理解爲什麼意思呢[170]？這個問題有待將來研究。

二、同時使用的禮器與同時代所製造的禮器之時代演變

近年來我們了解到一些小地區內密集存在的商代、西周時代墓葬羣的發掘信息。此外，雖然不成羣，但未被擾亂的墓葬發現得越來越多，其禮器組合的資料也隨之增多。還有，即使是偶然發現的青銅器，有時候也有幾件根據銘文可以知道是同時製作的器，這種例子也有相當數量。表1—8是我們整理這些資料中可用的材料而作的。只要稍微花點時間看這些表，誰都會得出同樣的結論。但爲了慎重起見，在此講一下從這些表中可以知道的事實。

表1所示的是鄭州白家莊、輝縣琉璃閣、黃陂盤龍城發現的未被擾亂墓所出容器類。表2是二戰前發掘的安陽小屯商代中期到晚期早段墓葬的資料。這段時期的容器組合以觚、爵和鼎或鬲爲主，加上簋、豆、盤，以及有肩尊、陶罐等盛酒器。這是商代晚期很普遍的組合，可見這個組合在當時已經成立。其中的有肩尊，從公家或私人收藏品的數量看，商代晚期後段開始減少，但在表1、表2的時代是很常見的器種。另外，斝這類器，在表1、表2的時代以及表4的整個商代晚期，除了少數例外，一般都是青銅製。從這一點看，斝這種器表示其擁有者有一定的社會地位。

以上用表格的形式整理幾個地方發現的墓葬羣的隨葬品，並説明了我們對這些隨葬品的看法。但要使用這種資料，我們必須注意殷墟西區墓葬發掘告訴我們的如下事實。其發掘報告云[171]：

在殷墟西區約30萬平方米的鑽探發掘面積中，共發現1003座殷墓。墓葬分片集中，可分八個墓區。墓區之間有明顯界限，墓向、葬式和陶器組合，都存在一定差別（這種差別與墓葬年代早晚無關），它反映各個墓區在生活與埋葬習俗方面的差異。

根據墓葬分期，這批墓葬可分三組，相當於殷墟陶器分期的二、三、四期。我們可把屬殷墟二、三期的併爲前期，屬四期的定爲後期。各墓區的陶器組合簡介如下：……（引者按，參見筆者所製的表三，陶器以外的器物信息沒有加入此表中）。

根據上述，我們可以看到：具有一個特定範圍的墓地，保持着特定的生活習俗和埋葬習俗的各個墓區的死者，生前應屬不同集團的成員，這個不同集團的組織形式可暫稱爲“族”。這八個不同墓區就是八個不同“族”的墓地。

根據此説，關於墓葬的隨葬品組合，我們只能指出其大概的特徵，正如我們討論商代中期到晚期早段的情況那樣。

表4以表3所引殷墟西區中佔多數的長度約3米以下的墓爲對象，搜集其中出青銅器的墓。其時代是商代晚期中接表2的時代。如上所引，發掘報告説墓區之間存在一定的差別。但從此表看，引人

[170] 禮書中不是沒有記載暗示生者使用的祭器在死者的墓中隨葬。《周禮·鬱人》云：
及葬，共其祼器，遂貍之。
鄭玄解釋此句云：
貍之於祖廟階間。
但孔廣森云：“《鬱人》‘及葬共其祼器遂貍之’。祼器言埋，則亦從葬者也，似非如注所云……也。《檀弓》曰：‘夏后氏用明器，殷人用祭器，周人兼用之。’祭器不言廞者，人器也。其言廞者，鬼器也（鄭君‘廞裘’注云：‘廞，興也，若詩之興，謂象似而作之。’）”（《禮學卮言》，收入《皇清經解》第九十一種）孫詒讓在《周禮正義》中説孔説近是。
[171] 中國社會科學院考古研究所安陽工作隊 1979a：113—114。